W0182283

Über dieses Buch »Die lyrische Sphäre sollte mir so wenig zur künstlerischen Heimat werden wie die dramatische.« Mit dramatischen Versuchen und Gedichten hatte Thomas Mann seine literarischen Fingerübungen gemacht, bis er, etwa zwanzigjährig, die Prosa als seine eigentliche Sprachform entdeckte. Skizzen entstanden, Studien, die Lust, Erfahrenes und Erlebtes zu berichten, wuchs, entwickelte sich zur Erzählung – Ambiente und Ereignisse, Charaktere und Handlungen griffen ineinander. Beschreibung und direkte Rede forderten klare Diktion, der Wortlaut verband sich dem Satzbau. Weder Rhythmus und Klang noch Dialog gab er auf – Thomas Mann hat sie früh schon für seine Prosa genutzt.
›Schwere Stunde‹ hebt das Betrachtende seiner Prosa hervor; mit ›Tonio Kröger‹ erreichte er 1903 nach ›Buddenbrooks‹ einen weiteren literarischen Erfolg – noch heute ist dies neben ›Der Tod in Venedig‹, der diesen Band beschließt, zu Recht eine seiner bekanntesten Erzählungen.
In der Taschenbuchausgabe werden sämtliche Erzählungen von Thomas Mann, chronologisch geordnet, in insgesamt vier Bänden vorgelegt. Die Titel der übrigen Bände sind: ›Der Wille zum Glück und andere Erzählungen‹ (Band 9104), ›Unordnung und frühes Leid und andere Erzählungen‹ (Band 9106) und ›Die Betrogene und andere Erzählungen‹ (Bd. 9107).

Der Autor Thomas Mann wurde 1875 in Lübeck geboren und wohnte seit 1893 in München. 1933 verließ er Deutschland und lebte zuerst in der Schweiz am Zürichsee, dann in den Vereinigten Staaten, wo er 1939 eine Professur an der Universität Princeton annahm. Später hatte er seinen Wohnsitz in Kalifornien, danach wieder in der Schweiz. Er starb in Zürich am 12. August 1955.
Ein vollständiges Verzeichnis aller im Fischer Taschenbuch Verlag lieferbaren Titel von Thomas Mann findet sich am Schluß des Bandes.

THOMAS MANN

Schwere Stunde

und andere Erzählungen

FISCHER TASCHENBUCH VERLAG

Ungekürzte Ausgabe
Veröffentlicht im Fischer Taschenbuch Verlag GmbH
Frankfurt am Main, April 1987

Lizenzausgabe mit freundlicher Genehmigung
der S. Fischer Verlags GmbH, Frankfurt am Main
© 1966, 1967 by Katia Mann
Umschlaggestaltung: Jan Buchholz / Reni Hinsch
unter Verwendung eines Aquarells von Ingrid Henzinger
Gesamtherstellung: Clausen & Bosse, Leck
Printed in Germany
780-ISBN-3-596-29105-4

INHALT

DIE HUNGERNDEN

Studie

In einem Augenblick, da Detlef sich von dem Gefühl seiner Überflüssigkeit zuinnerst ergriffen fühlte, ließ er, wie unversehens, sich von dem festlichen Gewühle hinwegtragen und entschwand ohne Abschied den Blicken der beiden Menschenkinder.

Er überließ sich einer Strömung, die ihn der einen Längswand des üppigen Theatersaales entlangführte, und nicht bevor er sich weit von Lilli und dem kleinen Maler entfernt wußte, leistete er Widerstand und faßte festen Fuß: nahe der Bühne, an die mit Gold überladene Wölbung einer Proszeniumsloge gelehnt, zwischen einer bärtigen Barockkaryatide mit tragend gebeugtem Nacken und ihrem weiblichen Gegenstück, das ein Paar schwellender Brüste in den Saal hinausschob. So gut und schlecht es ging, gab er sich die Haltung behaglichen Schauens, indem er hie und da das Opernglas zu den Augen hob, und sein umhergleitender Blick mied in der strahlenden Runde nur einen Punkt.

Das Fest war auf seiner Höhe. In den Hintergründen der bauchigen Logen ward an gedeckten Tischen gespeist und getrunken, indes an den Brüstungen sich Herren in schwarzen und farbigen Fräcken, riesige Chrysanthemen im Knopfloch, zu den gepuderten Schultern phantastisch gewandeter und ausschweifend couffürter Damen niedergeugten und plaudernd hinabwiesen auf das bunte Gewimmel im Saal, das sich in Gruppen sonderte, sich strömend dahinschob, sich staute, in Wirbeln zusammenquirlte und sich in raschem Farbenspiel wieder lichtete…

Die Frauen, in fließenden Roben, die schutenartigen Hüte in grotesken Schleifen unterm Kinn befestigt und gestützt auf hohe Stöcke, hielten langgestielte Lorgnons vor die Augen, und der Männer gepuffte Ärmel ragten fast bis zu den Krempen ihrer grauen Zylinderhüte empor... Laute Scherze flogen zu den Rängen hinauf, und Bier- und Sektgläser wurden dort grüßend erhoben. Man drängte sich zurückgelegten Hauptes vor der offenen Bühne, auf welcher sich, bunt und kreischend, irgend etwas Exzentrisches vollzog. Dann, als der Vorhang zusammenrauschte, stob unter Gelächter und Beifall alles zurück. Das Orchester erbrauste. Man drängte sich lustwandelnd durcheinander. Und das goldgelbe, weit über taghelle Licht, das den Prunkraum erfüllte, gab aller Augen einen blanken Schein, indes alle in beschleunigten, ziellos begehrlichen Atemzügen den warmen und erregenden Dunst einsogen von Blumen und Wein, von Speisen, Staub, Puder, Parfüm und festlich erhitzten Körpern...
Das Orchester brach ab. Arm in Arm blieb man stehen und blickte lachend zur Bühne, auf der sich, quäkend und seufzend, etwas Neues begab. Vier oder fünf Personen in Bauernkostüm parodierten auf Klarinetten und näselnden Streichinstrumenten das chromatische Ringen der Tristanmusik... Detlef schloß einen Augenblick seine Lider, die ihm brannten. Sein Sinn war so geartet, daß er die leidende Einheitssehnsucht vernehmen mußte, die aus diesen Tönen auch noch in ihrer mutwilligen Entstellung sprach, und plötzlich stieg aufs neue die erstickende Wehmut des Einsamen in ihm auf, der sich in Neid und Liebe an ein lichtes und gewöhnliches Kind des Lebens verlor...
Lilli... Seine Seele bildete den Namen aus Flehen und Zärtlichkeit; und nun konnte er doch seinem Blick nicht länger wehren, heimlich zu jenem fernen Punkt zu gleiten... Ja, sie war noch da, stand noch dort hinten an der-

selben Stelle, wo er sie vorhin verlassen hatte, und zuweilen, wenn das Gedränge sich teilte, ersah er sie ganz, wie sie in ihrem milchweißen, mit Silber besetzten Kleide, den blonden Kopf ein wenig schief geneigt und die Hände auf dem Rücken, an der Wand lehnte und plaudernd dem kleinen Maler in die Augen blickte, schelmisch und unverwandt in seine Augen, die ebenso blau, so freiliegend und ungetrübt waren wie ihre eigenen...

Wovon sprachen sie, wovon sprachen sie nur noch immer? Ach, dieses Geplauder, das so leicht und mühelos aus dem unerschöpflichen Born der Harmlosigkeit, der Anspruchslosigkeit, Unschuld und Munterkeit floß und an dem er, ernst und langsam gemacht durch ein Leben der Träumerei und Erkenntnis, durch lähmende Einsichten und die Drangsal des Schaffens, nicht teilzunehmen verstand! Er war gegangen, hatte sich in einem Anfall von Trotz, Verzweiflung und Großmut davongestohlen und die beiden Menschenkinder allein gelassen, um dann noch, aus der Ferne, mit dieser würgenden Eifersucht in der Kehle, des Lächelns der Erleichterung gewahr zu werden, mit dem sie sich, voll Einverständnis, seiner drükkenden Gegenwart ledig sahen.

Warum war er gekommen, warum war er nur heute wieder gekommen? Was trieb ihn, sich zu seiner Qual unter die Menge der Unbefangenen zu mischen, die ihn umdrängte und erregte, ohne ihn je in Wirklichkeit in sich aufzunehmen? Er kannte es wohl, dies Verlangen! »Wir Einsamen«, so hatte er irgendwo einmal in einer bekenntnisstillen Stunde geschrieben, »wir abgeschiedenen Träumer und Enterbten des Lebens, die wir in einem künstlichen und eisigen Abseits und Außerhalb unsere grüblerischen Tage verbringen... wir, die wir einen kalten Hauch unbesiegbarer Befremdung um uns verbreiten, sobald wir unsere mit dem Mal der Erkenntnis und der Mutlosigkeit gezeichneten Stirnen unter lebendigen Wesen sehen lassen...

wir armen Gespenster des Daseins, denen man mit einer scheuen Achtung begegnet und die man sobald als möglich wieder sich selbst überläßt, damit unser hohler und wissender Blick die Freude nicht länger störe... wir alle hegen eine verstohlene und zehrende Sehnsucht in uns nach dem Harmlosen, Einfachen und Lebendigen, nach ein wenig Freundschaft, Hingebung, Vertraulichkeit und menschlichem Glück. Das ›Leben‹, von dem wir ausgeschlossen sind –, nicht als eine Vision von blutiger Größe und wilder Schönheit, nicht als das Ungewöhnliche stellt es uns Ungewöhnlichen sich dar; sondern das Normale, Wohlanständige und Liebenswürdige ist das Reich unserer Sehnsucht, ist das Leben in seiner verführerischen Banalität...«

Er blickte hinüber zu den Plaudernden, während durch den ganzen Saal ein gutmütiges Gelächter das Spiel der Klarinetten unterbrach, die das schwere und süße Liebesmelos zu gellender Sentimentalität verzerrten... Ihr seid es, empfand er. Ihr seid das warme, holde, törichte Leben, wie es als ewiger Gegensatz dem Geist gegenübersteht. Glaubt nicht, daß er euch verachtet. Glaubt ihm nicht *eine* Miene der Geringschätzung. Wir schleichen euch nach, wir tiefen Kobolde und erkenntnisstummen Unholde, wir stehen ferne, und in unseren Augen brennt eine gierig schauende Sehnsucht, euch gleich zu sein.

Regt sich der Stolz? Möchte er leugnen, daß wir einsam sind? Prahlt er, daß des Geistes Werke der Liebe eine höhere Vereinigung sichert mit Lebenden an allen Orten und zu aller Zeit? Ach, mit wem? Mit wem? Immer doch nur mit unseresgleichen, mit Leidenden und Sehnsüchtigen und Armen, und niemals mit euch, ihr Blauäugigen, die ihr den Geist nicht nötig habt!

... Nun tanzten sie. Die Produktionen auf der Bühne waren beendet. Das Orchester schmetterte und sang. Auf dem glatten Boden schleiften, drehten und wiegten sich die Paare. Und Lilli tanzte mit dem kleinen Maler. Wie zierlich ihr holdes Köpfchen aus dem Kelch des silbergestickten steifen Kragens erwuchs! In einem gelassenen und elastischen Schreiten und Wenden bewegten sie sich auf engem Raume umher; sein Gesicht war dem ihren zugewandt, und lächelnd, in beherrschter Hingabe an die süße Trivialität der Rhythmen, fuhren sie fort zu plaudern.

Eine Bewegung wie von greifenden und formenden Händen entstand plötzlich in dem Einsamen. Ihr seid dennoch mein, empfand er, und ich bin über euch! Durchschaue ich nicht lächelnd eure einfachen Seelen? Merke und bewahre ich nicht mit spöttischer Liebe jede naive Regung eurer Körper? Spannen sich nicht angesichts eures unbewußten Treibens in mir die Kräfte des Wortes und der Ironie, daß mir das Herz pocht vor Begier und lustvollem Machtgefühl, euch spielend nachzubilden und im Lichte meiner Kunst euer törichtes Glück der Rührung der Welt preiszugeben?...

Und dann sank matt und sehnsüchtig alles wieder in ihm zusammen, was sich so trotzig aufgerichtet hatte. Ach, einmal, nur eine Nacht wie diese, kein Künstler sein, sondern ein Mensch! Einmal dem Fluche entfliehen, der da unverbrüchlich lautete: Du darfst nicht sein, du sollst schauen; du darfst nicht leben, du sollst schaffen; du darfst nicht lieben, du sollst wissen! Einmal in treuherzigem und schlichtem Gefühle leben, lieben und loben! Einmal unter euch sein, in euch sein, ihr sein, ihr Lebendigen! Einmal euch in entzückten Zügen schlürfen – ihr Wonnen der Gewöhnlichkeit!

... Er zuckte zusammen, wandte sich ab. Ihm war, als ob in alle diese hübschen, erhitzten Gesichter, wurden sie seiner gewahr, ein forschender und abgestoßener Ausdruck träte. Der Wunsch, das Feld zu räumen, die Stille und Dunkelheit zu suchen, wurde plötzlich so stark in ihm, daß er nicht widerstand. Ja, fortgehen, ohne Abschied sich ganz zurückziehen, wie er sich vorhin von Lilli's Seite zurückgezogen hatte, und daheim den heißen und unselig berauschten Kopf auf ein kühles Kissen legen. Er schritt zum Ausgang.

Würde sie es bemerken? Er kannte es so wohl, dies Fortgehen, dies schweigende, stolze und verzweifelte Entweichen aus einem Saale, einem Garten, von irgendeinem Orte fröhlicher Geselligkeit, mit der verhehlten Hoffnung, dem lichten Wesen, zu dem man sich hinübersehnt, einen kurzen Augenblick des Schattens, des betroffenen Nachdenkens, des Mitleidens zu bereiten... Er blieb stehen, schaute noch einmal hinüber. Ein Flehen entstand in ihm. Dableiben, ausharren, bei ihr verweilen, wenn auch von ferne, und irgendein unvorhergesehenes Glück erwarten? – Umsonst. Es gab keine Annäherung, keine Verständigung, keine Hoffnung. Geh, geh ins Dunkel, stütze den Kopf in die Hände und weine, wenn du kannst, wenn es Tränen gibt in deiner Welt der Erstarrung, der Öde, des Eises, des Geistes und der Kunst! – Er verließ den Saal.

Ein brennender, still bohrender Schmerz war in seiner Brust und zugleich eine unsinnige, unvernünftige Erwartung... Sie müßte es sehen, müßte begreifen, müßte kommen, ihm folgen, wenn auch aus Mitleid nur, müßte ihn aufhalten auf halbem Wege und zu ihm sagen: Bleib da, sei froh, ich liebe dich. Und er ging ganz langsam, obgleich er wußte, so zum Lachen gewiß wußte, daß sie keineswegs kommen werde, die kleine tanzende, plaudernde Lilli...

Es war zwei Uhr am Morgen. Die Korridore lagen verödet, und hinter den langen Tischen der Garderoben nickten schläfrig die Aufseherinnen. Kein Mensch außer ihm dachte ans Heimgehen. – Er hüllte sich in seinen Mantel, nahm Hut und Stock und verließ das Theater.

Auf dem Platze, in dem weißlich durchleuchteten Nebel der Winternacht, standen Droschken in langer Reihe. Mit hängenden Köpfen, Decken über den Rücken, hielten die Pferde vor den Wagen, indes die vermummten Kutscher in Gruppen den harten Schnee stampften. Detlef winkte einem von ihnen, und während der Mann sein Tier bereitete, verharrte er im Ausgang des erleuchteten Vestibüls und ließ die kalte, herbe Luft seine pochenden Schläfen umspielen.
Der fade Nachgeschmack des Schaumweins machte ihm Lust zu rauchen. Mechanisch zog er eine Zigarette hervor, entzündete ein Streichholz und setzte sie in Brand. Und da, in diesem Augenblick, als das Flämmchen erlosch, begegnete ihm etwas, was er zunächst nicht begriff, wovor er ratlos und entsetzt mit hängenden Armen stand, was er nicht verwinden, nicht vergessen konnte...
Aus dem Dunkel tauchte, wie seine Sehkraft sich von der Blendung durch das kleine Feuer erholte, ein verwildertes, ausgehöhltes, rotbärtiges Antlitz auf, dessen entzündete und elend umränderte Augen mit einem Ausdruck von wüstem Hohn und einem gewissen gierigen Forschen in die seinen starrten... Zwei oder drei Schritte nur von ihm entfernt, die Fäuste in den tiefsitzenden Taschen seiner Hose vergraben, den Kragen seiner zerlumpten Jacke emporgeklappt, lehnte an einem der Laternenpfähle, die den Eingang des Theaters flankierten, der Mensch, dem dies leidvolle Gesicht gehörte. Sein Blick glitt über Detlefs ganze Gestalt, über seinen Pelzmantel, auf dem das Opernglas hing, hinab bis auf seine Lackschuhe, um sich dann wieder mit diesem lüsternen und gierigen Prüfen in den seinen zu bohren; ein einziges Mal stieß der Mensch kurz und verächtlich die Luft durch die Nase aus... und dann schauerte sein Körper im Frost zusammen, schienen seine schlaffen Wangen sich noch tiefer auszuhöhlen, indes seine Lider sich zitternd schlossen und

seine Mundwinkel sich hämisch zugleich und gramvoll abwärts zogen.

Detlef stand erstarrt. Er rang danach, zu begreifen... Der Anschein von Behagen und Wohlleben, mit dem er, der Festteilnehmer, das Vestibül verlassen, dem Kutscher gewinkt, seiner silbernen Dose die Zigarette entnommen haben mochte, kam ihm plötzlich zum Bewußtsein. Unwillkürlich erhob er die Hand, im Begriffe, sich an den Kopf zu schlagen. Er tat einen Schritt auf den Menschen zu, er atmete auf, um zu sprechen, zu erklären... Und dann stieg er dennoch stumm in den bereitstehenden Wagen, indem er fast dem Kutscher die Adresse zu nennen vergaß, fassungslos, außer sich über die Unmöglichkeit, hier Klarheit zu schaffen.

Welch Irrtum, mein Gott, – welch ungeheures Mißverständnis! Dieser Darbende und Ausgeschlossene hatte ihn mit Gier und Bitterkeit betrachtet, mit der gewaltsamen Verachtung, welche Neid und Sehnsucht ist! Hatte er sich nicht ein wenig zur Schau gestellt, dieser Hungernde? Hatte aus seinem Frösteln, seiner gramvollen und hämischen Grimasse nicht der Wunsch gesprochen, Eindruck zu machen, ihm, dem kecken Glücklichen, einen Augenblick des Schattens, des betroffenen Nachdenkens, des Mitleidens zu bereiten? Du irrst, Freund, du verfehltest die Wirkung; dein Jammerbild ist mir keine schreckende und beschämende Mahnung aus einer fremden, furchtbaren Welt. *Wir sind ja Brüder!* –

Sitzt es hier, Kamerad, hier oberhalb der Brust und brennt? Wie wohl ich das kenne! Und warum kamst du doch? Warum bleibst du nicht trotzig und stolz im Dunkel, sondern nimmst deinen Platz unter erleuchteten Fenstern, hinter denen Musik und das Lachen des Lebens ist? Kenne ich nicht auch das kranke Verlangen, das dich dorthin trieb, dieses dein Elend zu nähren, das man ebensowohl Liebe heißen kann wie Haß?

Nichts ist mir fremd von allem Jammer, der dich beseelt, und du dachtest mich zu beschämen! Was ist Geist? Spielender Haß! Was ist Kunst? Bildende Sehnsucht! Daheim sind wir beide im Lande der Betrogenen, der Hungernden, Anklagenden und Verneinenden, und auch die verräterischen Stunden voll Selbstverachtung sind uns gemeinsam, die wir uns in schmählicher Liebe an das Leben, das törichte Glück verlieren. Aber du erkanntest mich nicht.

Irrtum! Irrtum!... Und wie dies Bedauern ihn ganz erfüllte, glänzte irgendwo in seiner Tiefe eine schmerzliche zugleich und süße Ahnung auf... Irrt denn nur jener? Wo ist des Irrtums Ende? Ist nicht alle Sehnsucht auf Erden ein Irrtum, die meine zuerst, die dem einfach und triebhaft Lebendigen gilt, dem stummen Leben, das die Verklärung durch Geist und Kunst, die Erlösung durch das Wort nicht kennt? Ach, wir sind alle Geschwister, wir Geschöpfe des friedlos leidenden Willens; und wir erkennen uns nicht. Eine andere Liebe tut not, eine andere...

Und während er daheim unter seinen Büchern, Bildern und still schauenden Büsten saß, bewegte ihn dies milde Wort: »Kindlein, liebet einander...«

TONIO KRÖGER

I

Die Wintersonne stand nur als armer Schein, milchig und matt hinter Wolkenschichten über der engen Stadt. Naß und zugig war's in den giebeligen Gassen, und manchmal fiel eine Art von weichem Hagel, nicht Eis, nicht Schnee.

Die Schule war aus. Über den gepflasterten Hof und heraus aus der Gatterpforte strömten die Scharen der Befreiten, teilten sich und enteilten nach rechts und links. Große Schüler hielten mit Würde ihre Bücherpäckchen hoch gegen die linke Schulter gedrückt, indem sie mit dem rechten Arm wider den Wind dem Mittagessen entgegenruderten; kleines Volk setzte sich lustig in Trab, daß der Eisbrei umherspritzte und die Siebensachen der Wissenschaft in den Seehundsränzeln klapperten. Aber hie und da riß alles mit frommen Augen die Mützen herunter vor dem Wotanshut und dem Jupiterbart eines gemessen hinschreitenden Oberlehrers...

»Kommst du endlich, Hans?« sagte Tonio Kröger, der lange auf dem Fahrdamm gewartet hatte; lächelnd trat er dem Freunde entgegen, der im Gespräch mit anderen Kameraden aus der Pforte kam und schon im Begriffe war, mit ihnen davonzugehen... »Wieso?« fragte er und sah Tonio an... »Ja, das ist wahr! Nun gehen wir noch ein bißchen.«

Tonio verstummte, und seine Augen trübten sich. Hatte Hans es vergessen, fiel es ihm erst jetzt wieder ein, daß sie heute mittag ein wenig zusammen spazierengehen wollten? Und er selbst hatte sich seit der Verabredung beinahe unausgesetzt darauf gefreut!

»Ja, adieu, ihr!« sagte Hans Hansen zu den Kameraden. »Dann gehe ich noch ein bißchen mit Kröger.« – Und die beiden wandten sich nach links, indes die anderen nach rechts schlenderten.

Hans und Tonio hatten Zeit, nach der Schule spazierenzugehen, weil sie beide Häusern angehörten, in denen erst um vier Uhr zu Mittag gegessen wurde. Ihre Väter waren große Kaufleute, die öffentliche Ämter bekleideten und mächtig waren in der Stadt. Den Hansens gehörten schon seit manchem Menschenalter die weitläufigen Holzlagerplätze drunten am Fluß, wo gewaltige Sägemaschinen unter Fauchen und Zischen die Stämme zerlegten. Aber Tonio war Konsul Krögers Sohn, dessen Getreidesäcke mit dem breiten schwarzen Firmendruck man Tag für Tag durch die Straßen kutschieren sah; und seiner Vorfahren großes altes Haus war das herrschaftlichste der ganzen Stadt... Beständig mußten die Freunde, der vielen Bekannten wegen, die Mützen herunternehmen, ja, von manchen Leuten wurden die Vierzehnjährigen zuerst gegrüßt...

Beide hatten die Schulmappen über die Schultern gehängt, und beide waren sie gut und warm gekleidet; Hans in eine kurze Seemannsüberjacke, über welcher auf Schultern und Rücken der breite, blaue Kragen seines Marineanzuges lag, und Tonio in einen grauen Gurt-Paletot. Hans trug eine dänische Matrosenmütze mit kurzen Bändern, unter der ein Schopf seines bastblonden Haares hervorquoll. Er war außerordentlich hübsch und wohlgestaltet, breit in den Schultern und schmal in den Hüften, mit freiliegenden und scharfblickenden stahlblauen Augen. Aber unter Tonio's runder Pelzmütze blickten aus einem brünetten und ganz südlich scharfgeschnittenen Gesicht dunkel und zart umschattete Augen mit zu schweren Lidern träumerisch und ein wenig zaghaft hervor... Mund und Kinn waren ihm ungewöhnlich weich gebildet. Er ging nachlässig und ungleichmäßig, während Hansens schlanke Beine in den schwarzen Strümpfen so elastisch und taktfest einherschritten...

Tonio sprach nicht. Er empfand Schmerz. Indem er seine etwas schräg stehenden Brauen zusammenzog und die Lippen zum Pfeifen gerundet hielt, blickte er seitwärts geneigten Kopfes ins Weite. Diese Haltung und Miene war ihm eigentümlich. Plötzlich schob Hans seinen Arm unter den Tonio's und sah ihn dabei von der Seite an, denn er begriff sehr wohl, um was es sich handelte. Und obgleich Tonio auch bei den nächsten Schritten noch schwieg, so ward er doch auf einmal sehr weich gestimmt.

»Ich hatte es nämlich nicht vergessen, Tonio«, sagte Hans und blickte vor sich nieder auf das Trottoir, »sondern ich dachte nur, daß heute doch wohl nichts daraus werden könnte, weil es ja so naß und windig ist. Aber mir macht das gar nichts, und ich finde es famos, daß du trotzdem auf mich gewartet hast. Ich glaubte schon, du seist nach Hause gegangen, und ärgerte mich...«

Alles in Tonio geriet in eine hüpfende und jubelnde Bewegung bei diesen Worten.

»Ja, wir gehen nun also über die Wälle!« sagte er mit bewegter Stimme. »Über den Mühlenwall und den Holstenwall, und so bringe ich dich nach Hause, Hans... Bewahre, das schadet gar nichts, daß ich dann meinen Heimweg allein mache; das nächste Mal begleitest du mich.«

Im Grunde glaubte er nicht sehr fest an das, was Hans gesagt hatte, und fühlte genau, daß jener nur halb soviel Gewicht auf diesen Spaziergang zu zweien legte wie er. Aber er sah doch, daß Hans seine Vergeßlichkeit bereute und es sich angelegen sein ließ, ihn zu versöhnen. Und er war weit von der Absicht entfernt, die Versöhnung hintanzuhalten...

Die Sache war die, daß Tonio Hans Hansen liebte und schon vieles um ihn gelitten hatte. Wer am meisten liebt, ist der Unterlegene und muß leiden –, diese schlichte und harte Lehre hatte seine vierzehnjährige Seele bereits vom Leben entgegengenommen; und er war so geartet, daß er solche Erfahrungen wohl vermerkte, sie gleichsam innerlich aufschrieb und gewissermaßen seine Freude daran hatte, ohne sich freilich für seine Person danach zu richten und praktischen Nutzen daraus zu ziehen. Auch war es so mit ihm bestellt, daß er solche Lehren weit wichtiger und interessanter achtete als die Kenntnisse, die man ihm in der Schule aufnötigte, ja, daß er sich während der Unterrichtsstunden in den gotischen Klassengewölben meistens damit abgab, solche Einsichten bis auf den Grund zu empfinden und völlig auszudenken. Und diese Beschäftigung bereitete ihm eine ganz ähnliche Genugtuung, wie wenn er mit seiner Geige (denn er spielte die Geige) in seinem Zimmer umherging und die Töne, so weich, wie er sie nur hervorzubringen vermochte, in das Plätschern des Springstrahles hinein erklingen ließ, der drunten im Garten unter den Zweigen des alten Walnußbaumes tänzelnd emporstieg...

Der Springbrunnen, der alte Walnußbaum, seine Geige und in der Ferne das Meer, die Ostsee, deren sommerliche Träume er in den Ferien belauschen durfte, diese Dinge waren es, die er liebte, mit denen er sich gleichsam umstellte, und zwischen denen sich sein inneres Leben abspielte, Dinge, deren Namen mit guter Wirkung in Versen zu verwenden sind und auch wirklich in den Versen, die Tonio Kröger zuweilen verfertigte, immer wieder erklangen.

Dieses, daß er ein Heft mit selbstgeschriebenen Versen besaß, war durch sein eigenes Verschulden bekannt geworden und schadete ihm sehr, bei seinen Mitschülern sowohl wie bei den Lehrern. Dem Sohne Konsul Krögers schien es einerseits, als sei es dumm und gemein, daran Anstoß zu nehmen, und er verachtete dafür sowohl die Mitschüler wie die Lehrer, deren schlechte Manieren ihn obendrein abstießen und deren persönliche Schwächen er seltsam eindringlich durchschaute. Andererseits aber empfand er selbst es als ausschweifend und eigentlich ungehörig, Verse zu machen, und mußte all denen gewissermaßen recht geben, die es für eine befremdende Beschäftigung hielten. Allein das vermochte ihn nicht, davon abzulassen...

Da er daheim seine Zeit vertat, beim Unterricht langsamen und abgewandten Geistes war und bei den Lehrern schlecht angeschrieben stand, so brachte er beständig die erbärmlichsten Zensuren nach Hause, worüber sein Vater, ein langer, sorgfältig gekleideter Herr mit sinnenden blauen Augen, der immer eine Feldblume im Knopfloch trug, sich sehr erzürnt und bekümmert zeigte. Der Mutter Tonio's jedoch, seiner schönen, schwarzhaarigen Mutter, die Consuelo mit Vornamen hieß und überhaupt so anders war als die übrigen Damen der Stadt, weil der Vater sie sich einstmals von ganz unten auf der Landkarte heraufgeholt hatte –, seiner Mutter waren die Zeugnisse grundeinerlei...

Tonio liebte seine dunkle und feurige Mutter, die so wunderbar den Flügel und die Mandoline spielte, und er war froh, daß sie sich ob seiner zweifelhaften Stellung unter den Menschen nicht grämte. Andererseits aber empfand er, daß der Zorn des Vaters weit würdiger und respektabler sei, und war, obgleich er von ihm gescholten wurde, im Grunde ganz einverstanden mit ihm, während er die heitere Gleichgültigkeit der Mutter ein wenig liederlich fand. Manchmal dachte er ungefähr: Es ist gerade genug, daß ich bin, wie ich bin, und mich nicht ändern will und kann, fahrlässig, widerspenstig und auf Dinge bedacht, an die sonst niemand denkt. Wenigstens gehört es sich, daß man mich ernstlich schilt und straft dafür, und nicht mit Küssen und Musik darüber hinweggeht. Wir sind doch keine Zigeuner im grünen Wagen, sondern anständige Leute, Konsul Krögers, die Familie der Kröger... Nicht selten dachte er auch: Warum bin ich doch so sonderlich und in Widerstreit mit allem, zerfallen mit den Lehrern und fremd unter den anderen Jungen? Siehe sie an, die guten Schüler und die von solider Mittelmäßigkeit. Sie finden die Lehrer nicht komisch, sie machen keine Verse und denken nur Dinge, die man eben denkt und die man laut aussprechen kann. Wie ordentlich und einverstanden mit allem und jedermann sie sich fühlen müssen! Das muß gut sein... Was aber ist mit mir, und wie wird dies alles ablaufen?

Diese Art und Weise, sich selbst und sein Verhältnis zum Leben zu betrachten, spielte eine wichtige Rolle in Tonio's Liebe zu Hans Hansen. Er liebte ihn zunächst, weil er schön war; dann aber, weil er in allen Stücken als sein eigenes Widerspiel und Gegenteil erschien. Hans Hansen war ein vortrefflicher Schüler und außerdem ein frischer Gesell, der ritt, turnte, schwamm wie ein Held und sich der allgemeinen Beliebtheit erfreute. Die Lehrer waren ihm beinahe mit Zärtlichkeit zugetan, nannten ihn mit Vornamen und förderten ihn auf alle Weise, die Kameraden waren auf seine Gunst bedacht, und auf der Straße hielten ihn Herren und Damen an, faßten ihn an dem Schopfe bastblonden Haares, der unter seiner dänischen Schiffermütze hervorquoll, und sagten: »Guten Tag, Hans Hansen, mit deinem netten Schopf! Bist du noch Primus? Grüß Papa und Mama, mein prächtiger Junge...«

So war Hans Hansen, und seit Tonio Kröger ihn kannte, empfand er Sehnsucht, sobald er ihn erblickte, eine neidische Sehnsucht, die oberhalb der Brust saß und brannte. Wer so blaue Augen hätte, dachte er, und so in Ordnung und glücklicher Gemeinschaft mit aller Welt lebte wie du! Stets bist du auf eine wohlanständige und allgemein respektierte Weise beschäftigt. Wenn du die Schulaufgaben erledigt hast, so nimmst du Reitstunden oder arbeitest mit der Laubsäge, und selbst in den Ferien, an der See, bist du vom Rudern, Segeln und Schwimmen in Anspruch genommen, indes ich müßiggängerisch und verloren im Sande liege und auf die geheimnisvoll wechselnden Mienenspiele starre, die über des Meeres Antlitz huschen. Aber darum sind deine Augen so klar. Zu sein wie du...

Er machte nicht den Versuch, zu werden wie Hans Hansen, und vielleicht war es ihm nicht einmal sehr ernst mit diesem Wunsche. Aber er begehrte schmerzlich, so wie er war, von ihm geliebt zu werden, und er warb um seine Liebe auf seine Art, eine langsame und innige, hingebungsvolle, leidende und wehmütige Art, aber von einer Wehmut, die tiefer und zehrender brennen kann als alle jähe Leidenschaftlichkeit, die man von seinem fremden Äußeren hätte erwarten können.

Und er warb nicht ganz vergebens, denn Hans, der übrigens eine gewisse Überlegenheit an ihm achtete, eine Gewandtheit des Mundes, die Tonio befähigte, schwierige Dinge auszusprechen, begriff ganz wohl, daß hier eine ungewöhnlich starke und zarte Empfindung für ihn lebendig sei, erwies sich dankbar und bereitete ihm manches Glück durch sein Entgegenkommen – aber auch manche Pein der Eifersucht, der Enttäuschung und der vergeblichen Mühe, eine geistige Gemeinschaft herzustellen. Denn es war das Merkwürdige, daß Tonio, der Hans Hansen doch um seine Daseinsart beneidete, beständig trachtete, ihn zu seiner eigenen herüberzuziehen, was höchstens auf Augenblicke und auch dann nur scheinbar gelingen konnte...

»Ich habe jetzt etwas Wundervolles gelesen, etwas Prachtvolles...«, sagte er. Sie gingen und aßen gemeinsam aus einer Tüte Fruchtbonbons, die sie bei Krämer Iwersen in

der Mühlenstraße für zehn Pfennige erstanden hatten. »Du mußt es lesen, Hans, es ist nämlich ›Don Carlos‹ von Schiller... Ich leihe es dir, wenn du willst...«
»Ach nein«, sagte Hans Hansen, »das laß nur, Tonio, das paßt nicht für mich. Ich bleibe bei meinen Pferdebüchern, weißt du. Famose Abbildungen sind darin, sage ich dir. Wenn du mal bei mir bist, zeige ich sie dir. Es sind Augenblicksphotographien, und man sieht die Gäule im Trab und im Galopp und im Sprunge, in allen Stellungen, die man in Wirklichkeit gar nicht zu sehen bekommt, weil es zu schnell geht...«
»In allen Stellungen?« sagte Tonio höflich. »Ja, das ist fein. Was aber ›Don Carlos‹ betrifft, so geht das über alle Begriffe. Es sind Stellen darin, du sollst sehen, die so schön sind, daß es einem einen Ruck gibt, daß es gleichsam knallt...«
»Knallt es?« fragte Hans Hansen... »Wieso?«
»Da ist zum Beispiel die Stelle, wo der König geweint hat, weil er von dem Marquis betrogen ist... aber der Marquis hat ihn nur dem Prinzen zuliebe betrogen, verstehst du, für den er sich opfert. Und nun kommt aus dem Kabinett in das Vorzimmer die Nachricht, daß der König geweint hat. ›Geweint?‹ ›Der König geweint?‹ Alle Hofmänner sind fürchterlich betreten, und es geht einem durch und durch, denn es ist ein schrecklich starrer und strenger König. Aber man begreift es so gut, daß er geweint hat, und mir tut er eigentlich mehr leid als der Prinz und der Marquis zusammengenommen. Er ist immer so ganz allein und ohne Liebe, und nun glaubt er einen Menschen gefunden zu haben, und der verrät ihn...«
Hans Hansen sah von der Seite in Tonio's Gesicht, und irgend etwas in diesem Gesicht mußte ihn wohl dem Gegenstande gewinnen, denn er schob plötzlich wieder seinen Arm unter den Tonio's und fragte:
»Auf welche Weise verrät er ihn denn, Tonio?«

Tonio geriet in Bewegung.
»Ja, die Sache ist«, fing er an, »daß alle Briefe nach Brabant und Flandern...«
»Da kommt Erwin Jimmerthal«, sagte Hans.
Tonio verstummte. Möchte ihn doch, dachte er, die Erde verschlingen, diesen Jimmerthal! Warum muß er kommen und uns stören! Wenn er nur nicht mit uns geht und den ganzen Weg von der Reitstunde spricht... Denn Erwin Jimmerthal hatte ebenfalls Reitstunde. Er war der Sohn des Bankdirektors und wohnte hier draußen vorm Tore. Mit seinen krummen Beinen und Schlitzaugen kam er ihnen, schon ohne Schulmappe, durch die Allee entgegen.
»Tag, Jimmerthal«, sagte Hans. »Ich gehe ein bißchen mit Kröger...«
»Ich muß zur Stadt«, sagte Jimmerthal, »und etwas besorgen. Aber ich gehe noch ein Stück mit euch... Das sind wohl Fruchtbonbons, die ihr da habt? Ja, danke, ein paar esse ich. Morgen haben wir wieder Stunde, Hans.« – Es war die Reitstunde gemeint.
»Famos!« sagte Hans. »Ich bekomme jetzt die ledernen Gamaschen, du, weil ich neulich die Eins im Exerzitium hatte...«
»Du hast wohl keine Reitstunde, Kröger?« fragte Jimmerthal, und seine Augen waren nur ein Paar blanker Ritzen...
»Nein...«, antwortete Tonio mit ganz ungewisser Betonung.
»Du solltest«, bemerkte Hans Hansen, »deinen Vater bitten, daß du auch Stunde bekommst, Kröger.«
»Ja...«, sagte Tonio zugleich hastig und gleichgültig. Einen Augenblick schnürte sich ihm die Kehle zusammen, weil Hans ihn mit Nachnamen angeredet hatte; und Hans schien dies zu fühlen, denn er sagte erläuternd:
»Ich nenne dich Kröger, weil dein Vorname so verrückt ist, du, entschuldige, aber ich mag ihn nicht leiden. To-

nio... Das ist doch überhaupt kein Name. Übrigens kannst du ja nichts dafür, bewahre!«

»Nein, du heißt wohl hauptsächlich so, weil es so ausländisch klingt und etwas Besonderes ist...«, sagte Jimmerthal und tat, als ob er zum Guten reden wollte.

Tonio's Mund zuckte. Er nahm sich zusammen und sagte:

»Ja, es ist ein alberner Name, ich möchte, weiß Gott, lieber Heinrich oder Wilhelm heißen, das könnt ihr mir glauben. Aber es kommt daher, daß ein Bruder meiner Mutter, nach dem ich getauft worden bin, Antonio heißt; denn meine Mutter ist doch von drüben...«

Dann schwieg er und ließ die beiden von Pferden und Lederzeug sprechen. Hans hatte Jimmerthal untergefaßt und redete mit einer geläufigen Teilnahme, die für ›Don Carlos‹ niemals in ihm zu erwecken gewesen wäre... Von Zeit zu Zeit fühlte Tonio, wie der Drang zu weinen ihm prickelnd in die Nase stieg; auch hatte er Mühe, sein Kinn in der Gewalt zu behalten, das beständig ins Zittern geriet...

Hans mochte seinen Namen nicht leiden –, was war dabei zu tun? Er selbst hieß Hans, und Jimmerthal hieß Erwin, gut, das waren allgemein anerkannte Namen, die niemand befremdeten. Aber ›Tonio‹ war etwas Ausländisches und Besonderes. Ja, es war in allen Stücken etwas Besonderes mit ihm, ob er wollte oder nicht, und er war allein und ausgeschlossen von den Ordentlichen und Gewöhnlichen, obgleich er doch kein Zigeuner im grünen Wagen war, sondern ein Sohn Konsul Krögers, aus der Familie der Kröger... Aber warum nannte Hans ihn Tonio, solange sie allein waren, wenn er, kam ein dritter hinzu, anfing, sich seiner zu schämen? Zuweilen war er ihm nahe und gewonnen, ja. Auf welche Weise verrät er ihn denn, Tonio? hatte er gefragt und ihn untergefaßt. Aber als dann Jimmerthal gekommen war, hatte er dennoch erleichtert aufgeatmet, hatte ihn verlassen und ihm ohne Not seinen fremden Rufnamen vorgeworfen. Wie weh es tat, dies alles durchschauen zu müssen!... Hans Hansen hatte ihn im Grunde ein wenig gern, wenn sie unter sich waren, er wußte es. Aber kam ein dritter, so schämte er sich dessen und opferte ihn auf. Und er war wieder allein. Er dachte an König Philipp. Der König hat geweint...

»Gott bewahre«, sagte Erwin Jimmerthal, »nun muß ich aber wirklich zur Stadt! Adieu, ihr, und Dank für die Fruchtbonbons!« Darauf sprang er auf eine Bank, die am Wege stand, lief mit seinen krummen Beinen darauf entlang und trabte davon.

»Jimmerthal mag ich leiden!« sagte Hans mit Nachdruck. Er hatte eine verwöhnte und selbstbewußte Art, seine Sympathien und Abneigungen kundzugeben, sie gleichsam gnädigst zu verteilen... Und dann fuhr er fort, von der Reitstunde zu sprechen, weil er einmal im Zuge war. Es war auch nicht mehr so weit bis zum Hansen'schen Wohnhause; der Weg über die Wälle nahm nicht so viel Zeit in Anspruch. Sie hielten ihre Mützen fest und beugten die Köpfe vor dem starken, feuchten Wind, der in dem kahlen Geäst der Bäume knarrte und stöhnte. Und Hans Hansen sprach, während Tonio nur dann und wann ein künstliches Ach und Jaja einfließen ließ, ohne Freude darüber, daß Hans ihn im Eifer der Rede wieder untergefaßt hatte, denn das war nur eine scheinbare Annäherung, ohne Bedeutung.

Dann verließen sie die Wallanlagen unfern des Bahnhofes, sahen einen Zug mit plumper Eilfertigkeit vorüberpuffen, zählten zum Zeitvertreib die Wagen und winkten dem Manne zu, der in seinen Pelz vermummt zuhöchst auf dem allerletzten saß. Und am Lindenplatze, vor Großhändler Hansens Villa, blieben sie stehen, und Hans zeigte ausführlich, wie amüsant es sei, sich unten auf die Gartenpforte zu stellen und sich in den Angeln hin und her zu schlenkern, daß es nur so kreischte. Aber hierauf verabschiedete er sich.

»Ja, nun muß ich hinein«, sagte er. »Adieu, Tonio. Das nächste Mal begleite ich dich nach Hause, sei sicher.«

»Adieu, Hans«, sagte Tonio, »es war nett, spazierenzugehen.«

Ihre Hände, die sich drückten, waren ganz naß und rostig von der Gartenpforte. Als aber Hans in Tonio's Augen sah, entstand etwas wie reuiges Besinnen in seinem hübschen Gesicht.

»Übrigens werde ich nächstens ›Don Carlos‹ lesen!« sagte er rasch. »Das mit dem König im Kabinett muß famos sein!« Dann nahm er seine Mappe unter den Arm und lief durch den Vorgarten. Bevor er im Hause verschwand, nickte er noch einmal zurück.

Und Tonio Kröger ging ganz verklärt und beschwingt von dannen. Der Wind trug ihn von hinten, aber es war nicht darum allein, daß er so leicht von der Stelle kam. Hans würde ›Don Carlos‹ lesen, und dann würden sie etwas miteinander haben, worüber weder Jimmerthal noch irgendein anderer mitreden konnte! Wie gut sie einander verstanden! Wer wußte –, vielleicht brachte er ihn noch dazu, ebenfalls Verse zu schreiben?... Nein, nein, das wollte er nicht! Hans sollte nicht werden wie Tonio, sondern bleiben, wie er war, so hell und stark, wie alle ihn liebten und Tonio am meisten! Aber daß er ›Don Carlos‹ las, würde trotzdem nicht schaden... Und Tonio ging durch das alte, untersetzte Tor, ging am Hafen entlang und die steile, zugige und nasse Giebelgasse hinauf zum Haus seiner Eltern. Damals lebte sein Herz; Sehnsucht war darin und schwermütiger Neid und ein klein wenig Verachtung und eine ganze keusche Seligkeit.

2

Die blonde Inge, Ingeborg Holm, Doktor Holms Tochter, der am Markte wohnte, dort, wo hoch, spitzig und vielfach der gotische Brunnen stand, sie war's, die Tonio Kröger liebte, als er sechzehn Jahre alt war.

Wie geschah das? Er hatte sie tausendmal gesehen; an einem Abend jedoch sah er sie in einer gewissen Beleuchtung, sah, wie sie im Gespräch mit einer Freundin auf eine gewisse übermütige Art lachend den Kopf zur Seite warf, auf eine gewisse Art ihre Hand, eine gar nicht besonders schmale, gar nicht besonders feine Kleinmädchenhand zum Hinterkopfe führte, wobei der weiße Gazeärmel von ihrem Ellenbogen zurückglitt, hörte, wie sie ein Wort, ein gleichgültiges Wort, auf eine gewisse Art betonte, wobei ein warmes Klingen in ihrer Stimme war, und ein Entzükken ergriff sein Herz, weit stärker als jenes, das er früher zuweilen empfunden hatte, wenn er Hans Hansen betrachtete, damals, als er noch ein kleiner, dummer Junge war.

An diesem Abend nahm er ihr Bild mit fort, mit dem dikken, blonden Zopf, den länglich geschnittenen, lachenden, blauen Augen und dem zart angedeuteten Sattel von Sommersprossen über der Nase, konnte nicht einschlafen, weil er das Klingen in ihrer Stimme hörte, versuchte leise, die Betonung nachzuahmen, mit der sie das gleichgültige Wort ausgesprochen hatte, und erschauerte dabei. Die Erfahrung lehrte ihn, daß dies die Liebe sei. Aber obgleich er genau wußte, daß die Liebe ihm viel Schmerz, Drangsal und Demütigung bringen müsse, daß sie überdies den Frieden zerstöre und das Herz mit Melodien überfülle, ohne daß man Ruhe fand, eine Sache rund zu formen und in Gelassenheit etwas Ganzes daraus zu schmieden, so nahm er sie doch mit Freuden auf, überließ sich ihr ganz und pflegte sie mit den Kräften seines Gemütes, denn er wußte, daß sie reich und lebendig mache, und er sehnte sich, reich und lebendig zu sein, statt in Gelassenheit etwas Ganzes zu schmieden...

Dies, daß Tonio Kröger sich an die lustige Inge Holm verlor, ereignete sich in dem ausgeräumten Salon der Konsulin Husteede, die es an jenem Abend traf, die Tanzstunde zu geben; denn es war ein Privatkursus, an dem nur Angehörige von ersten Familien teilnahmen, und man versammelte sich reihum in den elterlichen Häusern, um sich Unterricht in Tanz und Anstand erteilen zu lassen. Aber zu diesem Behufe kam allwöchentlich Ballettmeister Knaak eigens von Hamburg herbei.

François Knaak war sein Name, und was für ein Mann war das! »J'ai l'honneur de me vous représenter«, sagte er, »mon nom est Knaak... Und dies spricht man nicht aus, während man sich verbeugt, sondern wenn man wieder aufrecht steht –, gedämpft und dennoch deutlich. Man ist nicht täglich in der Lage, sich auf französisch vorstellen zu müssen, aber kann man es in dieser Sprache korrekt und tadellos, so wird es einem auf deutsch erst recht nicht fehlen.« Wie wunderbar der seidig schwarze Gehrock sich an seine fetten Hüften schmiegte! In weichen Falten fiel sein Beinkleid auf seine Lackschuhe hinab, die mit breiten Atlasschleifen geschmückt waren, und seine braunen Augen blickten mit einem müden Glück über ihre eigene Schönheit umher...

Jedermann ward erdrückt durch das Übermaß seiner Sicherheit und Wohlanständigkeit. Er schritt – und niemand schritt wie er, elastisch, wogend, wiegend, königlich – auf die Herrin des Hauses zu, verbeugte sich und wartete, daß man ihm die Hand reiche. Erhielt er sie, so dankte er mit leiser Stimme dafür, trat federnd zurück, wandte sich auf dem linken Fuße, schnellte den rechten mit niedergedrückter Spitze seitwärts vom Boden ab und schritt mit bebenden Hüften davon...

Man ging rückwärts und unter Verbeugungen zur Tür

hinaus, wenn man eine Gesellschaft verließ, man schleppte einen Stuhl nicht herbei, indem man ihn an einem Bein ergriff oder am Boden entlang schleifte, sondern man trug ihn leicht an der Lehne herzu und setzte ihn geräuschlos nieder. Man stand nicht da, indem man die Hände auf dem Bauch faltete und die Zunge in den Mundwinkel schob; tat man es dennoch, so hatte Herr Knaak eine Art, es ebenso zu machen, daß man für den Rest seines Lebens einen Ekel vor dieser Haltung bewahrte...

Dies war der Anstand. Was aber den Tanz betraf, so meisterte Herr Knaak ihn womöglich in noch höherem Grade. In dem ausgeräumten Salon brannten die Gasflammen des Kronleuchters und die Kerzen auf dem Kamin. Der Boden war mit Talkum bestreut, und in stummem Halbkreise standen die Eleven umher. Aber jenseits der Portieren, in der anstoßenden Stube, saßen auf Plüschstühlen die Mütter und Tanten und betrachteten durch ihre Lorgnetten Herrn Knaak, wie er, in gebückter Haltung, den Saum seines Gehrockes mit je zwei Fingern erfaßt hielt und mit federnden Beinen die einzelnen Teile der Mazurka demonstrierte. Beabsichtigte er aber, sein Publikum gänzlich zu verblüffen, so schnellte er sich plötzlich und ohne zwingenden Grund vom Boden empor, indem er seine Beine mit verwirrender Schnelligkeit in der Luft umeinanderwirbelte, gleichsam mit denselben trillerte, worauf er mit einem gedämpften, aber alles in seinen Festen erschütternden Plumps zu dieser Erde zurückkehrte...

Was für ein unbegreiflicher Affe, dachte Tonio Kröger in seinem Sinn. Aber er sah wohl, daß Inge Holm, die lustige Inge, oft mit einem selbstvergessenen Lächeln Herrn Knaaks Bewegungen verfolgte, und nicht dies allein war es, weshalb alle diese wundervoll beherrschte Körperlichkeit ihm im Grunde etwas wie Bewunderung abgewann. Wie ruhevoll und unverwirrbar Herrn Knaaks Augen blickten! Sie sahen nicht in die Dinge hinein, bis dorthin, wo sie kompliziert und traurig werden; sie wußten nichts, als daß sie braun und schön seien. Aber deshalb war seine Haltung so stolz! Ja, man mußte dumm sein, um so schreiten zu können wie er; und dann wurde man geliebt, denn man war liebenswürdig. Er verstand es so gut, daß Inge, die blonde, süße Inge, auf Herrn Knaak blickte, wie sie es tat. Aber würde denn niemals ein Mädchen so auf ihn selbst blicken?

O doch, das kam vor. Da war Magdalena Vermehren, Rechtsanwalt Vermehrens Tochter, mit dem sanften Mund und den großen, dunklen, blanken Augen voll Ernst und Schwärmerei. Sie fiel oft hin beim Tanzen; aber sie kam zu ihm bei der Damenwahl, sie wußte, daß er Verse dichtete, sie hatte ihn zweimal gebeten, sie ihr zu zeigen, und oftmals schaute sie ihn von weitem mit gesenktem Kopfe an. Aber was sollte ihm das? Er, er liebte Inge Holm, die blonde, lustige Inge, die ihn sicher darum verachtete, daß er poetische Sachen schrieb... er sah sie an, sah ihre schmalgeschnittenen, blauen Augen, die voll Glück und Spott waren, und eine neidische Sehnsucht, ein herber, drängender Schmerz, von ihr ausgeschlossen und ihr ewig fremd zu sein, saß in seiner Brust und brannte...

»Erstes Paar en avant!« sagte Herr Knaak, und keine Worte schildern, wie wunderbar der Mann den Nasallaut hervorbrachte. Man übte Quadrille, und zu Tonio Krögers tiefem Erschrecken befand er sich mit Inge Holm in ein und demselben Karree. Er mied sie, wie er konnte, und dennoch geriet er beständig in ihre Nähe; er wehrte seinen Augen, sich ihr zu nahen, und dennoch traf sein Blick beständig auf sie... Nun kam sie an der Hand des rotköpfigen Ferdinand Matthiessen gleitend und laufend herbei, warf den Zopf zurück und stellte sich aufatmend ihm gegenüber, Herr Heinzelmann, der Klavierspieler,

griff mit seinen knochigen Händen in die Tasten, Herr Knaak kommandierte, die Quadrille begann.
Sie bewegte sich vor ihm hin und her, vorwärts und rückwärts, schreitend und drehend, ein Duft, der von ihrem Haar oder dem zarten, weißen Stoff ihres Kleides ausging, berührte ihn manchmal, und seine Augen trübten sich mehr und mehr. Ich liebe dich, liebe, süße Inge, sagte er innerlich, und er legte in diese Worte seinen ganzen Schmerz darüber, daß sie so eifrig und lustig bei der Sache war und sein nicht achtete. Ein wunderschönes Gedicht von Storm fiel ihm ein: »Ich möchte schlafen, aber du mußt tanzen.« Der demütigende Widersinn quälte ihn, der darin lag, tanzen zu müssen, während man liebte...
»Erstes Paar en avant!« sagte Herr Knaak, denn es kam eine neue Tour. »Compliment! Moulinet des dames! Tour de main!« Und niemand beschreibt, auf welch graziöse Art er das stumme e vom »de« verschluckte.
»Zweites Paar en avant!«Tonio Kröger und seine Dame waren daran. »Compliment!« und Tonio Kröger verbeugte sich. »Moulinet des dames!« Und Tonio Kröger, mit gesenktem Kopfe und finsteren Brauen, legte seine Hand auf die Hände der vier Damen, auf die Inge Holms, und tanzte ›moulinet‹.
Ringsum entstand ein Kichern und Lachen. Herr Knaak fiel in seine Ballettpose, welche ein stilisiertes Entsetzen ausdrückte. »O weh!« rief er. »Halt, halt! Kröger ist unter die Damen geraten. En arrière, Fräulein Kröger, zurück, fi donc! Alle haben es nun verstanden, nur Sie nicht. Husch! Fort! Zurück mit Ihnen!« Und er zog ein gelbseidenes Taschentuch und scheuchte Tonio Kröger damit an seinen Platz zurück.
Alles lachte, die Jungen, die Mädchen und die Damen jenseits der Portieren, denn Herr Knaak hatte etwas gar zu Drolliges aus dem Zwischenfall gemacht, und man amüsierte sich wie im Theater. Nur Herr Heinzelmann war-

tete mit trockener Geschäftsmiene auf das Zeichen zum Weiterspielen, denn er war abgehärtet gegen Herrn Knaaks Wirkungen.

Dann ward die Quadrille fortgesetzt. Und dann war Pause. Das Folgmädchen klirrte mit einem Teebrett voll Weingeleegläsern zur Tür herein, und die Köchin folgte mit einer Ladung Plumcake in ihrem Kielwasser. Aber Tonio Kröger stahl sich fort, ging heimlich auf den Korridor hinaus und stellte sich dort, die Hände auf dem Rükken, vor ein Fenster mit herabgelassener Jalousie, ohne zu bedenken, daß man durch diese Jalousie gar nichts sehen konnte, und daß es also lächerlich sei, davorzustehen und zu tun, als blicke man hinaus.

Er blickte aber in sich hinein, wo so viel Gram und Sehnsucht war. Warum, warum war er hier? Warum saß er nicht in seiner Stube am Fenster und las in Storms ›Immensee‹ und blickte hie und da in den abendlichen Garten hinaus, wo der alte Walnußbaum schwerfällig knarrte? Das wäre sein Platz gewesen. Mochten die anderen tanzen und frisch und geschickt bei der Sache sein!... Nein, nein, sein Platz war dennoch hier, wo er sich in Inge's Nähe wußte, wenn er auch nur einsam von ferne stand und versuchte, in dem Summen, Klirren und Lachen dort drinnen ihre Stimme zu unterscheiden, in welcher es klang von warmem Leben. Deine länglich geschnittenen, blauen, lachenden Augen, du blonde Inge! So schön und heiter wie du kann man nur sein, wenn man nicht ›Immensee‹ liest und niemals versucht, selbst dergleichen zu machen; das ist das Traurige!...

Sie müßte kommen! Sie müßte bemerken, daß er fort war, müßte fühlen, wie es um ihn stand, müßte ihm heimlich folgen, wenn auch nur aus Mitleid, ihm ihre Hand auf die Schulter legen und sagen: Komm herein zu uns, sei froh, ich liebe dich. Und er horchte hinter sich und wartete in unvernünftiger Spannung, daß sie kommen möge. Aber

sie kam keines Weges. Dergleichen geschah nicht auf Erden.
Hatte auch sie ihn verlacht, gleich allen anderen? Ja, das hatte sie getan, so gern er es ihret- und seinetwegen geleugnet hätte. Und doch hatte er nur aus Versunkenheit in ihre Nähe ›moulinet des dames‹ mitgetanzt. Und was verschlug das? Man würde vielleicht einmal aufhören zu lachen! Hatte etwa nicht kürzlich eine Zeitschrift ein Gedicht von ihm angenommen, wenn sie dann auch wieder eingegangen war, bevor das Gedicht hatte erscheinen können? Es kam der Tag, wo er berühmt war, wo alles gedruckt wurde, was er schrieb, und dann würde man sehen, ob es nicht Eindruck auf Inge Holm machen würde... Es würde *keinen* Eindruck machen, nein, das war es ja. Auf Magdalena Vermehren, die immer hinfiel, ja, auf die. Aber niemals auf Inge Holm, niemals auf die blauäugige, lustige Inge. Und war es also nicht vergebens?...
Tonio Krögers Herz zog sich schmerzlich zusammen bei diesem Gedanken. Zu fühlen, wie wunderbare spielende und schwermütige Kräfte sich in dir regen, und dabei zu wissen, daß diejenigen, zu denen du dich hinübersehnst, ihnen in heiterer Unzugänglichkeit gegenüberstehen, das tut sehr weh. Aber obgleich er einsam, ausgeschlossen und ohne Hoffnung vor einer geschlossenen Jalousie stand und in seinem Kummer tat, als könne er hindurchblicken, so war er dennoch glücklich. Denn damals lebte sein Herz. Warm und traurig schlug es für dich, Ingeborg Holm, und seine Seele umfaßte deine blonde, lichte und übermütig gewöhnliche kleine Persönlichkeit in seliger Selbstverleugnung.
Mehr als einmal stand er mit erhitztem Angesicht an einsamen Stellen, wohin Musik, Blumenduft und Gläsergeklirr nur leise drangen, und suchte in dem fernen Festgeräusch deine klingende Stimme zu unterscheiden, stand in Schmerzen um dich und war dennoch glücklich. Mehr als

einmal kränkte es ihn, daß er mit Magdalena Vermehren, die immer hinfiel, sprechen konnte, daß sie ihn verstand und mit ihm lachte und ernst war, während die blonde Inge, saß er auch neben ihr, ihm fern und fremd und befremdet erschien, denn seine Sprache war nicht ihre Sprache; und dennoch war er glücklich. Denn das Glück, sagte er sich, ist nicht, geliebt zu werden; das ist eine mit Ekel gemischte Genugtuung für die Eitelkeit. Das Glück ist, zu lieben und vielleicht kleine, trügerische Annäherungen an den geliebten Gegenstand zu erhaschen. Und er schrieb diesen Gedanken innerlich auf, dachte ihn völlig aus und empfand ihn bis auf den Grund.

Treue! dachte Tonio Kröger. Ich will treu sein und dich lieben, Ingeborg, solange ich lebe! So wohlmeinend war er. Und dennoch flüsterte in ihm eine leise Furcht und Trauer, daß er ja auch Hans Hansen ganz und gar vergessen habe, obgleich er ihn täglich sah. Und es war das Häßliche und Erbärmliche, daß diese leise und ein wenig hämische Stimme recht behielt, daß die Zeit verging und Tage kamen, da Tonio Kröger nicht mehr so unbedingt wie ehemals für die lustige Inge zu sterben bereit war, weil er Lust und Kräfte in sich fühlte, auf seine Art in der Welt eine Menge des Merkwürdigen zu leisten.

Und er umkreiste behutsam den Opferaltar, auf dem die lautere und keusche Flamme seiner Liebe loderte, kniete davor und schürte und nährte sie auf alle Weise, weil er treu sein wollte. Und über eine Weile, unmerklich, ohne Aufsehen und Geräusch, war sie dennoch erloschen.

Aber Tonio Kröger stand noch eine Zeitlang vor dem erkalteten Altar, voll Staunen und Enttäuschung darüber, daß Treue auf Erden unmöglich war. Dann zuckte er die Achseln und ging seiner Wege.

3

Er ging den Weg, den er gehen mußte, ein wenig nachlässig und ungleichmäßig, vor sich hin pfeifend, mit seitwärts geneigtem Kopfe ins Weite blickend, und wenn er irreging, so geschah es, weil es für etliche einen richtigen Weg überhaupt nicht gibt. Fragte man ihn, was in aller Welt er zu werden gedachte, so erteilte er wechselnde Auskunft, denn er pflegte zu sagen (und hatte es auch bereits aufgeschrieben), daß er die Möglichkeiten zu tausend Daseinsformen in sich trage, zusammen mit dem heimlichen Bewußtsein, daß es im Grunde lauter Unmöglichkeiten seien...

Schon bevor er von der engen Vaterstadt schied, hatten sich leise die Klammern und Fäden gelöst, mit denen sie ihn hielt. Die alte Familie der Kröger war nach und nach in einen Zustand des Abbröckelns und der Zersetzung geraten, und die Leute hatten Grund, Tonio Krögers eigenes Sein und Wesen ebenfalls zu den Merkmalen dieses Zustandes zu rechnen. Seines Vaters Mutter war gestorben, das Haupt des Geschlechts, und nicht lange darauf, so folgte sein Vater, der lange, sinnende, sorgfältig gekleidete Herr mit der Feldblume im Knopfloch, ihr im Tode nach. Das große Kröger'sche Haus stand mitsamt seiner würdigen Geschichte zum Verkaufe, und die Firma ward ausgelöscht. Tonio's Mutter jedoch, seine schöne, feurige Mutter, die so wunderbar den Flügel und die Mandoline spielte und der alles ganz einerlei war, vermählte sich nach Jahresfrist aufs neue, und zwar mit einem Musiker, einem Virtuosen mit italienischem Namen, dem sie in blaue Fernen folgte. Tonio Kröger fand dies ein wenig liederlich; aber war *er* berufen, es ihr zu wehren? Er schrieb Verse und konnte nicht einmal beantworten, was in aller Welt er zu werden gedachte...

Und er verließ die winklige Heimatstadt, um deren Giebel der feuchte Wind pfiff, verließ den Springbrunnen und den alten Walnußbaum im Garten, die Vertrauten seiner Jugend, verließ auch das Meer, das er so sehr liebte, und empfand keinen Schmerz dabei. Denn er war groß und klug geworden, hatte begriffen, was für eine Bewandtnis es mit ihm hatte, und war voller Spott für das plumpe und niedrige Dasein, das ihn so lange in seiner Mitte gehalten hatte.

Er ergab sich ganz der Macht, die ihm als die erhabenste auf Erden erschien, zu deren Dienst er sich berufen fühlte, und die ihm Hoheit und Ehren versprach, der Macht des Geistes und Wortes, die lächelnd über dem unbewußten und stummen Leben thront. Mit seiner jungen Leidenschaft ergab er sich ihr, und sie lohnte ihm mit allem, was sie zu schenken hat, und nahm ihm unerbittlich all das, was sie als Entgelt dafür zu nehmen pflegt.

Sie schärfte seinen Blick und ließ ihn die großen Wörter durchschauen, die der Menschen Busen blähen, sie erschloß ihm der Menschen Seelen und seine eigene, machte ihn hellsehend und zeigte ihm das Innere der Welt und alles Letzte, was hinter den Worten und Taten ist. Was er aber sah, war dies: Komik und Elend – Komik und Elend.

Da kam, mit der Qual und dem Hochmut der Erkenntnis, die Einsamkeit, weil es ihn im Kreise der Harmlosen mit dem fröhlich dunklen Sinn nicht litt und das Mal an seiner Stirn sie verstörte. Aber mehr und mehr versüßte sich ihm auch die Lust am Worte und der Form, denn er pflegte zu sagen (und hatte es auch bereits aufgeschrieben), daß die Kenntnis der Seele allein unfehlbar trübsinnig machen würde, wenn nicht die Vergnügungen des Ausdrucks uns wach und munter erhielten...

Er lebte in großen Städten und im Süden, von dessen Sonne er sich ein üppigeres Reifen seiner Kunst versprach; und vielleicht war es das Blut seiner Mutter, welches ihn dorthin zog. Aber da sein Herz tot und ohne Liebe war, so geriet er in Abenteuer des Fleisches, stieg tief hinab in Wollust und heiße Schuld und litt unsäglich dabei. Vielleicht war es das Erbteil seines Vaters in ihm, des langen, sinnenden, reinlich gekleideten Mannes mit der Feldblume im Knopfloch, das ihn dort unten so leiden machte und manchmal eine schwache, sehnsüchtige Erinnerung in ihm sich regen ließ an eine Lust der Seele, die einstmals sein eigen gewesen war, und die er in allen Lüsten nicht wiederfand.

Ein Ekel und Haß gegen die Sinne erfaßte ihn und ein Lechzen nach Reinheit und wohlanständigem Frieden, während er doch die Luft der Kunst atmete, die laue und süße, duftgeschwängerte Luft eines beständigen Frühlings, in der es treibt und braut und keimt in heimlicher Zeugungswonne. So kam es nur dahin, daß er, haltlos zwischen krassen Extremen, zwischen eisiger Geistigkeit und verzehrender Sinnenglut hin und her geworfen, unter Gewissensnöten ein erschöpfendes Leben führte, ein ausbündiges, ausschweifendes und außerordentliches Leben, das er, Tonio Kröger, im Grunde verabscheute. Welch Irrgang! dachte er zuweilen. Wie war es nur möglich, daß ich in alle diese exzentrischen Abenteuer geriet? Ich bin doch kein Zigeuner im grünen Wagen, von Hause aus...

Aber in dem Maße, wie seine Gesundheit geschwächt ward, verschärfte sich seine Künstlerschaft, ward wählerisch, erlesen, kostbar, fein, reizbar gegen das Banale und aufs höchste empfindlich in Fragen des Taktes und Geschmacks. Als er zum ersten Male hervortrat, wurde unter denen, die es anging, viel Beifall und Freude laut, denn es war ein wertvoll gearbeitetes Ding, was er geliefert hatte, voll Humor und Kenntnis des Leidens. Und schnell ward sein Name, derselbe, mit dem ihn einst seine Lehrer scheltend gerufen hatten, derselbe, mit dem er seine ersten Reime an den Walnußbaum, den Springbrunnen und das Meer unterzeichnet hatte, dieser aus Süd und Nord zusammengesetzte Klang, dieser exotisch angehauchte Bürgersname zu einer Formel, die Vortreffliches bezeichnete; denn der schmerzlichen Gründlichkeit seiner Erfahrungen gesellte sich ein seltener, zäh ausharrender und ehrsüchtiger Fleiß, der im Kampf mit der wählerischen Reizbarkeit seines Geschmacks unter heftigen Qualen ungewöhnliche Werke entstehen ließ.

Er arbeitete nicht wie jemand, der arbeitet, um zu leben, sondern wie einer, der nichts will als arbeiten, weil er sich als lebendigen Menschen für nichts achtet, nur als Schaffender in Betracht zu kommen wünscht und im übrigen grau und unauffällig umhergeht, wie ein abgeschminkter Schauspieler, der nichts ist, solange er nichts darzustellen hat. Er arbeitete stumm, abgeschlossen, unsichtbar und voller Verachtung für jene Kleinen, denen das Talent ein geselliger Schmuck war, die, ob sie nun arm oder reich waren, wild und abgerissen einhergingen oder mit persönlichen Krawatten Luxus trieben, in erster Linie glücklich, liebenswürdig und künstlerisch zu leben bedacht waren, unwissend darüber, daß gute Werke nur unter dem Druck eines schlimmen Lebens entstehen, daß, wer lebt, nicht arbeitet, und daß man gestorben sein muß, um ganz ein Schaffender zu sein.

4

»Störe ich?« fragte Tonio Kröger auf der Schwelle des Ateliers. Er hielt seinen Hut in der Hand und verbeugte sich sogar ein wenig, obgleich Lisaweta Iwanowna seine Freundin war, der er alles sagte.

»Erbarmen Sie sich, Tonio Kröger, und kommen Sie ohne Zeremonien herein!« antwortete sie mit ihrer hüpfenden Betonung. »Es ist bekannt, daß Sie eine gute Kinderstube genossen haben und wissen, was sich schickt.« Dabei steckte sie ihren Pinsel zu der Palette in die linke

Hand, reichte ihm die rechte und blickte ihm lachend und kopfschüttelnd ins Gesicht.
»Ja, aber Sie arbeiten«, sagte er. »Lassen Sie sehen... Oh, Sie sind vorwärtsgekommen.« Und er betrachtete abwechselnd die farbigen Skizzen, die zu beiden Seiten der Staffelei auf Stühlen lehnten, und die große, mit einem quadratischen Liniennetz überzogene Leinwand, auf welcher, in dem verworrenen und schemenhaften Kohleentwurf, die ersten Farbflecke aufzutauchen begannen.
Es war in München, in einem Rückgebäude der Schellingstraße, mehrere Stiegen hoch. Draußen, hinter dem breiten Nordlichtfenster, herrschte Himmelsblau, Vogelgezwitscher und Sonnenschein, und des Frühlings junger, süßer Atem, der durch eine offene Klappe hereinströmte, vermischte sich mit dem Geruch von Fixativ und Ölfarbe, der den weiten Arbeitsraum erfüllte. Ungehindert überflutete das goldige Licht des hellen Nachmittags die weitläufige Kahlheit des Ateliers, beschien freimütig den ein wenig schadhaften Fußboden, den rohen, mit Fläschchen, Tuben und Pinseln bedeckten Tisch unterm Fenster und die ungerahmten Studien an den untapezierten Wänden, beschien den Wandschirm aus rissiger Seide, der in der Nähe der Tür einen kleinen, stilvoll möblierten Wohn- und Mußewinkel begrenzte, beschien das werdende Werk auf der Staffelei und davor die Malerin und den Dichter.
Sie mochte etwa so alt sein wie er, nämlich ein wenig jenseits der Dreißig. In ihrem dunkelblauen, fleckigen Schürzenkleide saß sie auf einem niedrigen Schemel und stützte das Kinn in die Hand. Ihr braunes Haar, fest frisiert und an den Seiten schon leicht ergraut, bedeckte in leisen Scheitelwellen ihre Schläfen und gab den Rahmen zu ihrem brünetten, slawisch geformten, unendlich sympathischen Gesicht mit der Stumpfnase, den scharf herausgearbeiteten Wangenknochen und den kleinen, schwarzen, blanken Augen. Gespannt, mißtrauisch und gleichsam

gereizt musterte sie schiefen und gekniffenen Blicks ihre Arbeit...

Er stand neben ihr, hielt die rechte Hand in die Hüfte gestemmt und drehte mit der Linken eilig an seinem braunen Schnurrbart. Seine schrägen Brauen waren in einer finsteren und angestrengten Bewegung, wobei er leise vor sich hin pfiff, wie gewöhnlich. Er war äußerst sorgfältig und gediegen gekleidet, in einen Anzug von ruhigem Grau und reserviertem Schnitt. Aber in seiner durcharbeiteten Stirn, über der sein dunkles Haar so außerordentlich simpel und korrekt sich scheitelte, war ein nervöses Zucken, und die Züge seines südlich geschnittenen Gesichts waren schon scharf, von einem harten Griffel gleichsam nachgezogen und ausgeprägt, während doch sein Mund so sanft umrissen, sein Kinn so weich gebildet erschien... Nach einer Weile strich er mit der Hand über Stirn und Augen und wandte sich ab.

»Ich hätte nicht kommen sollen«, sagte er.

»Warum hätten Sie nicht, Tonio Kröger?«

»Eben stehe ich von meiner Arbeit auf, Lisaweta, und in meinem Kopf sieht es genau aus wie auf dieser Leinwand. Ein Gerüst, ein blasser, von Korrekturen beschmutzter Entwurf und ein paar Farbflecke, ja; und nun komme ich hierher und sehe dasselbe. Und auch den Konflikt und Gegensatz finde ich hier wieder«, sagte er und schnupperte in die Luft, »der mich zu Hause quälte. Seltsam ist es. Beherrscht dich ein Gedanke, so findest du ihn überall ausgedrückt, du *riechst* ihn sogar im Winde. Fixativ und Frühlingsarom, nicht wahr? Kunst und – ja, was ist das andere? Sagen Sie nicht ›Natur‹, Lisaweta, ›Natur‹ ist nicht erschöpfend. Ach, nein, ich hätte wohl lieber spazierengehen sollen, obgleich es die Frage ist, ob ich mich dabei wohler befunden hätte: Vor fünf Minuten, nicht weit von hier, traf ich einen Kollegen, Adalbert, den Novellisten. ›Gott verdamme den Frühling!‹ sagte er in seinem aggressiven Stil. ›Er ist und bleibt die gräßlichste Jahreszeit! Können Sie einen vernünftigen Gedanken fassen, Kröger, können Sie die kleinste Pointe und Wirkung in Gelassenheit ausarbeiten, wenn es Ihnen auf eine unanständige Weise im Blute kribbelt und eine Menge von unzugehörigen Sensationen Sie beunruhigt, die, sobald Sie sie prüfen, sich als ausgemacht triviales und gänzlich unbrauchbares Zeug entpuppen? Was mich betrifft, so gehe ich nun ins Café. Das ist neutrales, vom Wechsel der Jahreszeiten unberührtes Gebiet, wissen Sie, das stellt sozusagen die entrückte und erhabene Sphäre des Literarischen dar, in der man nur vornehmerer Einfälle fähig ist...‹ Und er ging ins Café; und vielleicht hätte ich mitgehen sollen.«

Lisaweta amüsierte sich.

»Das ist gut, Tonio Kröger. Das mit dem ›unanständigen Kribbeln‹ ist gut. Und er hat ja gewissermaßen recht, denn mit dem Arbeiten ist es wirklich nicht sonderlich bestellt im Frühling. Aber nun geben Sie acht. Nun mache ich trotzdem noch diese kleine Sache hier, diese kleine Pointe und Wirkung, wie Adalbert sagen würde. Nachher gehen wir in den ›Salon‹ und trinken Tee, und Sie sprechen sich aus; denn das sehe ich genau, daß Sie heute geladen sind. Bis dahin gruppieren Sie sich wohl irgendwo, zum Beispiel auf der Kiste da, wenn Sie nicht für Ihre Patriziergewänder fürchten...«

»Ach, lassen Sie mich mit meinen Gewändern in Ruh', Lisaweta Iwanowna! Wünschten Sie, daß ich in einer zerrissenen Sammetjacke oder einer rotseidenen Weste umherliefe? Man ist als Künstler innerlich immer Abenteurer genug. Äußerlich soll man sich gut anziehen, zum Teufel, und sich benehmen wie ein anständiger Mensch... Nein, geladen bin ich nicht«, sagte er und sah zu, wie sie auf der Palette eine Mischung bereitete. »Sie hören ja, daß es nur ein Problem und Gegensatz ist, was mir im Sinne liegt und mich bei der Arbeit störte... Ja, wovon sprachen wir eben? Von Adalbert, dem Novellisten, und was für ein stolzer und fester Mann er ist. ›Der Frühling ist die gräßlichste Jahreszeit‹, sagte er und ging ins Café. Denn man muß wissen, was man will, nicht wahr? Sehen Sie, auch mich macht der Frühling nervös, auch mich setzt die holde Trivialität der Erinnerungen und Empfindungen, die er erweckt, in Verwirrung; nur, daß ich es nicht über mich gewinne, ihn dafür zu schelten und zu verachten; denn die Sache ist die, daß ich mich vor ihm schäme, mich schäme vor seiner reinen Natürlichkeit und seiner siegenden Jugend. Und ich weiß nicht, ob ich Adalbert beneiden oder geringschätzen soll, dafür, daß er nichts davon weiß... Man arbeitet schlecht im Frühling, gewiß, und warum? Weil man empfindet. Und weil der ein Stümper ist, der glaubt, der Schaffende dürfe empfinden. Jeder echte und aufrichtige Künstler lächelt über die Naivität dieses Pfuscherirrtums –, melancholisch vielleicht, aber er lächelt. Denn das, was man sagt, darf ja niemals die Hauptsache sein, sondern nur das an und für sich gleichgültige Material, aus dem das ästhetische Gebilde in spielender und gelassener Überlegenheit zusammenzusetzen ist. Liegt Ihnen zu viel an dem, was Sie zu sagen haben, schlägt Ihr Herz zu warm dafür, so können Sie eines vollständigen Fiaskos sicher sein. Sie werden pathetisch, Sie werden sentimental, etwas Schwerfälliges, Täppisch-Ernstes, Unbeherrschtes, Unironisches, Ungewürztes, Langweiliges, Banales entsteht unter Ihren Händen, und nichts als Gleichgültigkeit bei den Leuten, nichts als Enttäuschung und Jammer bei Ihnen selbst ist das Ende... Denn so ist es ja, Lisaweta: Das Gefühl, das warme, herzliche Gefühl ist immer banal und unbrauchbar, und künstlerisch sind bloß die Gereiztheiten und kalten Ekstasen unseres verdorbenen, unseres artistischen Nervensystems. Es ist nötig, daß man irgend etwas Außermenschliches und Unmenschliches sei, daß man zum Menschlichen in einem seltsam fernen und unbeteiligten Verhältnis stehe, um imstande und überhaupt versucht zu sein, es zu spielen, damit zu spielen, es wirksam und geschmackvoll darzustellen. Die Begabung für Stil, Form und Ausdruck setzt bereits dies kühle und wählerische Verhältnis zum Menschlichen, ja, eine gewisse menschliche Verarmung und Verödung voraus. Denn das gesunde und starke Gefühl, dabei bleibt es, hat keinen Geschmack. Es ist aus mit dem Künstler, sobald er Mensch wird und zu empfinden beginnt. Das wußte Adalbert, und darum begab er sich ins Café, in die ›entrückte Sphäre‹, jawohl!«

»Nun, Gott mit ihm, Batuschka«, sagte Lisaweta und wusch sich die Hände in einer Blechwanne; »Sie brauchen ihm ja nicht zu folgen.«

»Nein, Lisaweta, ich folge ihm nicht, und zwar einzig, weil ich hie und da imstande bin, mich vor dem Frühling meines Künstlertums ein wenig zu schämen. Sehen Sie, zuweilen erhalte ich Briefe von fremder Hand, Lob- und Dankschreiben aus meinem Publikum, bewunderungsvolle Zuschriften ergriffener Leute. Ich lese diese Zuschriften, und Rührung beschleicht mich angesichts des warmen und unbeholfenen menschlichen Gefühls, das meine Kunst hier bewirkt hat, eine Art von Mitleid faßt mich an gegenüber der begeisterten Naivität, die aus den Zeilen spricht, und ich erröte bei dem Gedanken, wie sehr dieser redliche Mensch ernüchtert sein müßte, wenn er je einen Blick hinter die Kulissen täte, wenn seine Unschuld je begriffe, daß ein rechtschaffener, gesunder und anständiger Mensch überhaupt nicht schreibt, mimt, komponiert... was alles ja nicht hindert, daß ich seine Bewunderung für mein Genie benütze, um mich zu steigern und zu stimulieren, daß ich sie gewaltig ernst nehme, und ein Gesicht dazu mache wie ein Affe, der den großen Mann spielt... Ach, reden Sie mir nicht darein, Lisaweta! Ich sage Ihnen, daß ich es oft sterbensmüde bin, das Mensch-

liche darzustellen, ohne am Menschlichen teilzuhaben...
Ist der Künstler überhaupt ein Mann? Man frage ›das Weib‹ danach! Mir scheint, wir Künstler teilen alle ein wenig das Schicksal jener präparierten päpstlichen Sänger... Wir singen ganz rührend schön. Jedoch –«
»Sie sollten sich ein bißchen schämen, Tonio Kröger. Kommen Sie nun zum Tee. Das Wasser wird gleich kochen, und hier sind Papyros. Beim Sopransingen waren Sie stehengeblieben; und fahren Sie da nur fort. Aber schämen sollten Sie sich. Wenn ich nicht wüßte, mit welch stolzer Leidenschaft Sie Ihrem Berufe ergeben sind...«
»Sagen Sie nichts von ›Beruf‹, Lisaweta Iwanowna! Die Literatur ist überhaupt kein Beruf, sondern ein Fluch, – damit Sie's wissen. Wann beginnt er fühlbar zu werden, dieser Fluch? Früh, schrecklich früh. Zu einer Zeit, da man billig noch in Frieden und Eintracht mit Gott und der Welt leben sollte. Sie fangen an, sich gezeichnet, sich in einem rätselhaften Gegensatz zu den anderen, den Gewöhnlichen, den Ordentlichen zu fühlen, der Abgrund von Ironie, Unglaube, Opposition, Erkenntnis, Gefühl, der Sie von den Menschen trennt, klafft tiefer und tiefer, Sie sind einsam, und fortan gibt es keine Verständigung mehr. Was für ein Schicksal! Gesetzt, daß das Herz lebendig genug, *liebevoll* genug geblieben ist, es als furchtbar zu empfinden!... Ihr Selbstbewußtsein entzündet sich, weil Sie unter Tausenden das Zeichen an Ihrer Stirne spüren und fühlen, daß es niemandem entgeht. Ich kannte einen Schauspieler von Genie, der als Mensch mit einer krankhaften Befangenheit und Haltlosigkeit zu kämpfen hatte. Sein überreiztes Ichgefühl zusammen mit dem Mangel an Rolle, an darstellerischer Aufgabe, bewirkten das bei diesem vollkommenen Künstler und verarmten Menschen ... Einen Künstler, einen wirklichen, nicht einen, dessen bürgerlicher Beruf die Kunst ist, sondern einen

vorbestimmten und verdammten, ersehen Sie mit geringem Scharfblick aus einer Menschenmasse. Das Gefühl der Separation und Unzugehörigkeit, des Erkannt- und Beobachtetseins, etwas zugleich Königliches und Verlegenes ist in seinem Gesicht. In den Zügen eines Fürsten, der in Zivil durch eine Volksmenge schreitet, kann man etwas Ähnliches beobachten. Aber da hilft kein Zivil, Lisaweta! Verkleiden Sie sich, vermummen Sie sich, ziehen Sie sich an wie ein Attaché oder ein Gardeleutnant in Urlaub: Sie werden kaum die Augen aufzuschlagen und ein Wort zu sprechen brauchen, und jedermann wird wissen, daß Sie kein Mensch sind, sondern irgend etwas Fremdes, Befremdendes, anderes...

Aber *was* ist der Künstler? Vor keiner Frage hat die Bequemlichkeit und Erkenntnisträgheit der Menschheit sich zäher erwiesen als vor dieser. ›Dergleichen ist Gabe‹, sagen demütig die braven Leute, die unter der Wirkung eines Künstlers stehen, und weil heitere und erhabene Wirkungen nach ihrer gutmütigen Meinung ganz unbedingt auch heitere und erhabene Ursprünge haben müssen, so argwöhnt niemand, daß es sich hier vielleicht um eine äußerst schlimm bedingte, äußerst fragwürdige ›Gabe‹ handelt... Man weiß, daß Künstler leicht verletzlich sind, – nun, man weiß auch, daß dies bei Leuten mit gutem Gewissen und solid gegründetem Selbstgefühl nicht zuzutreffen pflegt... Sehen Sie, Lisaweta, ich hege auf dem Grunde meiner Seele – ins Geistige übertragen – gegen den Typus des Künstlers den ganzen *Verdacht*, den jeder meiner ehrenfesten Vorfahren droben in der engen Stadt irgendeinem Gaukler und abenteuernden Artisten entgegengebracht hätte, der in sein Haus gekommen wäre. Hören Sie folgendes. Ich kenne einen Bankier, einen ergrauten Geschäftsmann, der die Gabe besitzt, Novellen zu schreiben. Er macht von dieser Gabe in seinen Mußestunden Gebrauch, und seine Arbeiten sind manchmal ganz ausgezeichnet. Trotz – ich sage ›trotz‹ – dieser sublimen Veranlagung ist dieser Mann nicht völlig unbescholten; er hat im Gegenteil bereits eine schwere Freiheitsstrafe zu verbüßen gehabt, und zwar aus triftigen Gründen. Ja, es geschah ganz eigentlich erst in der Strafanstalt, daß er seiner Begabung inne wurde, und seine Sträflingserfahrungen bilden das Grundmotiv in allen seinen Produktionen. Man könnte daraus, mit einiger Keckheit, folgern, daß es nötig sei, in irgendeiner Art von Strafanstalt zu Hause zu sein, um zum Dichter zu werden. Aber drängt sich nicht der Verdacht auf, daß seine Erlebnisse im Zuchthause weniger innig mit den Wurzeln und Ursprüngen seiner Künstlerschaft verwachsen gewesen sein möchten als *das, was ihn hineinbrachte* –? Ein Bankier, der Novellen dichtet, das ist eine Rarität, nicht wahr? Aber ein nicht krimineller, ein unbescholtener und solider Bankier, welcher Novellen dichtete, – *das kommt nicht vor*... Ja, da lachen Sie nun, und dennoch scherze ich nur halb und halb. Kein Problem, keines in der Welt, ist quälender als das vom Künstlertum und seiner menschlichen Wirkung. Nehmen Sie das wunderartigste Gebilde des typischsten und darum mächtigsten Künstlers, nehmen Sie ein so morbides und tief zweideutiges Werk wie ›Tristan und Isolde‹ und beobachten Sie die Wirkung, die dieses Werk auf einen jungen, gesunden, stark normal empfindenden Menschen ausübt. Sie sehen Gehobenheit, Gestärktheit, warme, rechtschaffene Begeisterung, Angeregtheit vielleicht zu eigenem ›künstlerischen‹ Schaffen... Der gute Dilettant! In uns Künstlern sieht es gründlich anders aus, als er mit seinem ›warmen Herzen‹ und ›ehrlichen Enthusiasmus‹ sich träumen mag. Ich habe Künstler von Frauen und Jünglingen umschwärmt und umjubelt gesehen, während ich über sie *wußte*... Man macht, was die Herkunft, die Miterscheinungen und Bedingungen des

Künstlertums betrifft, immer wieder die merkwürdigsten Erfahrungen...«

»An anderen, Tonio Kröger – verzeihen Sie –, oder nicht nur an anderen?«

Er schwieg. Er zog seine schrägen Brauen zusammen und pfiff vor sich hin.

»Ich bitte um Ihre Tasse, Tonio. Er ist nicht stark. Und nehmen Sie eine neue Zigarette. Übrigens wissen Sie sehr wohl, daß Sie die Dinge ansehen, wie sie nicht notwendig angesehen zu werden brauchen...«

»Das ist die Antwort des Horatio, liebe Lisaweta. ›Die Dinge so betrachten, hieße, sie zu genau betrachten‹, nicht wahr?«

»Ich sage, daß man sie ebenso genau von einer anderen Seite betrachten kann, Tonio Kröger. Ich bin bloß ein dummes malendes Frauenzimmer, und wenn ich Ihnen überhaupt etwas zu erwidern weiß, wenn ich Ihren eigenen Beruf ein wenig gegen Sie in Schutz nehmen kann, so ist es sicherlich nichts Neues, was ich vorbringe, sondern nur eine Mahnung an das, was Sie selbst sehr wohl wissen... Wie also: Die reinigende, heiligende Wirkung der Literatur, die Zerstörung der Leidenschaften durch die Erkenntnis und das Wort, die Literatur als Weg zum Verstehen, zum Vergeben und zur Liebe, die erlösende Macht der Sprache, der literarische Geist als die edelste Erscheinung des Menschengeistes überhaupt, der Literat als vollkommener Mensch, als Heiliger, – die Dinge *so* betrachten, hieße, sie nicht genau genug betrachten?«

»Sie haben ein Recht, so zu sprechen, Lisaweta Iwanowna, und zwar im Hinblick auf das Werk Ihrer Dichter, auf die anbetungswürdige russische Literatur, die so recht eigentlich die heilige Literatur darstellt, von der Sie reden. Aber ich habe Ihre Einwände nicht außer acht gelassen, sondern sie gehören mit zu dem, was mir heute im Sinne liegt... Sehen Sie mich an. Ich sehe nicht übermäßig munter aus, wie? Ein bißchen alt und scharfzügig und müde, nicht wahr? Nun, um auf die ›Erkenntnis‹ zurückzukommen, so ließe sich ein Mensch denken, der, von Hause aus gutgläubig, sanftmütig, wohlmeinend und ein wenig sentimental, durch die psychologische Hellsicht ganz einfach aufgerieben und zugrunde gerichtet würde. Sich von der Traurigkeit der Welt nicht übermannen lassen; beobachten, merken, einfügen, auch das Quälendste, und übrigens guter Dinge sein, schon im Vollgefühl der sittlichen Überlegenheit über die abscheuliche Erfindung des Seins, – ja freilich! Jedoch zuweilen wächst Ihnen die Sache trotz aller Vergnügungen des Ausdrucks ein wenig über den Kopf. Alles verstehen hieße alles verzeihen? Ich weiß doch nicht. Es gibt etwas, was ich Erkenntnisekel nenne, Lisaweta: der Zustand, in dem es dem Menschen genügt, eine Sache zu durchschauen, um sich bereits zum Sterben angewidert (und durchaus nicht versöhnlich gestimmt) zu fühlen, – der Fall Hamlets, des Dänen, dieses typischen Literaten. Er wußte, was das ist: zum Wissen berufen werden, ohne dazu geboren zu sein. Hellsehen noch durch den Tränenschleier des Gefühls hindurch, erkennen, merken, beobachten und das Beobachtete lächelnd beiseite legen müssen noch in Augenblicken, wo Hände sich umschlingen, Lippen sich finden, wo des Menschen Blick, erblindet von Empfindungen, sich bricht, – es ist infam, Lisaweta, es ist niederträchtig, empörend... aber was hilft es, sich zu empören?

Eine andere, aber nicht minder liebenswürdige Seite der Sache ist dann freilich die Blasiertheit, Gleichgültigkeit und ironische Müdigkeit aller Wahrheit gegenüber, wie es denn Tatsache ist, daß es nirgends in der Welt stummer und hoffnungsloser zugeht als in einem Kreise von geistreichen Leuten, die bereits mit allen Hunden gehetzt sind. Alle Erkenntnis ist alt und langweilig. Sprechen Sie eine Wahrheit aus, an deren Eroberung und Besitz Sie vielleicht eine gewisse jugendliche Freude haben, und man wird Ihre ordinäre Aufgeklärtheit mit einem ganz kurzen Entlassen der Luft durch die Nase beantworten... Ach, ja, die Literatur macht müde, Lisaweta! In menschlicher Gesellschaft kann es einem, ich versichere Sie, geschehen, daß man vor lauter Skepsis und Meinungsenthaltsamkeit für dumm gehalten wird, während man doch nur hochmütig und mutlos ist... Dies zur ›Erkenntnis‹. Was aber das ›Wort‹ betrifft, so handelt es sich da vielleicht weniger um eine Erlösung als um ein Kaltstellen und Aufs-Eis-Legen der Empfindung? Im Ernst, es hat eine eisige und empörend anmaßliche Bewandtnis mit dieser prompten und oberflächlichen Erledigung des Gefühls durch die literarische Sprache. Ist Ihnen das Herz zu voll, fühlen Sie sich von einem süßen oder erhabenen Erlebnis allzusehr ergriffen: nichts einfacher! Sie gehen zum Literaten, und alles wird in kürzester Frist geregelt sein. Er wird Ihnen Ihre Angelegenheit analysieren und formulieren, bei Namen nennen, aussprechen und zum Reden bringen, wird Ihnen das Ganze für alle Zeit erledigen und gleichgültig machen und keinen Dank dafür nehmen. Sie aber werden erleichtert, gekühlt und geklärt nach Hause gehen und sich wundern, was an der Sache Sie eigentlich soeben noch mit so süßem Tumult verstören konnte. Und für diesen kalten und eitlen Scharlatan wollen Sie ernstlich eintreten? Was ausgesprochen ist, so lautet sein Glaubensbekenntnis, ist erledigt. Ist die ganze Welt ausgesprochen, so ist sie erledigt, erlöst, abgetan... Sehr gut! Jedoch ich bin kein Nihilist...«

»Sie sind kein –«, sagte Lisaweta... Sie hielt gerade ihr Löffelchen mit Tee in der Nähe des Mundes und erstarrte in dieser Haltung.

»Nun ja... nun ja... kommen Sie zu sich, Lisaweta! Ich bin es nicht, sage ich Ihnen, in bezug auf das lebendige Gefühl. Sehen Sie, der Literat begreift im Grunde nicht, daß das Leben noch fortfahren mag, zu leben, daß es sich dessen nicht schämt, nachdem es doch ausgesprochen und ›erledigt‹ ist. Aber siehe da, es sündigt trotz aller Erlösung durch die Literatur unentwegt darauf los; denn alles Handeln ist Sünde in den Augen des Geistes...

Ich bin am Ziel, Lisaweta. Hören Sie mich an. Ich liebe das Leben, – dies ist ein Geständnis. Nehmen Sie es und bewahren Sie es, – ich habe es noch keinem gemacht. Man hat gesagt, man hat es sogar geschrieben und drucken lassen, daß ich das Leben hasse oder fürchte oder verachte oder verabscheue. Ich habe dies gern gehört, es hat mir geschmeichelt; aber darum ist es nicht weniger falsch. Ich liebe das Leben... Sie lächeln, Lisaweta, und ich weiß, worüber. Aber ich beschwöre Sie, halten Sie es nicht für Literatur, was ich da sage! Denken Sie nicht an Cesare Borgia oder an irgendeine trunkene Philosophie, die ihn auf den Schild erhebt! Er ist mir nichts, dieser Cesare Borgia, ich halte nicht das geringste auf ihn, und ich werde nie und nimmer begreifen, wie man das Außerordentliche und Dämonische als Ideal verehren mag. Nein, das ›Leben‹, wie es als ewiger Gegensatz dem Geiste und der Kunst gegenübersteht, – nicht als eine Vision von blutiger Größe und wilder Schönheit, nicht als das Ungewöhnliche stellt es uns Ungewöhnlichen sich dar; sondern das Normale, Wohlanständige und Liebenswürdige ist das Reich unserer Sehnsucht, ist das Leben in seiner verführerischen Banalität! Der ist noch lange kein Künstler, meine Liebe, dessen letzte und tiefste Schwärmerei das Raffinierte, Exzentrische und Satanische ist, der die Sehnsucht nicht kennt nach dem Harmlosen, Einfachen und Lebendigen, nach ein wenig Freundschaft, Hingebung, Vertraulichkeit und menschlichem Glück, – die verstohlene und zehrende Sehnsucht, Lisaweta, nach den Wonnen der Gewöhnlichkeit!...

Ein menschlicher Freund! Wollen Sie glauben, daß es

mich stolz und glücklich machen würde, unter Menschen einen Freund zu besitzen? Aber bislang habe ich nur unter Dämonen, Kobolden, tiefen Unholden und erkenntnisstummen Gespenstern, das heißt: unter Literaten Freunde gehabt.
Zuweilen gerate ich auf irgendein Podium, finde mich in einem Saale Menschen gegenüber, die gekommen sind, mir zuzuhören. Sehen Sie, dann geschieht es, daß ich mich bei einer Umschau im Publikum beobachte, mich ertappe, wie ich heimlich im Auditorium umherspähe, mit der Frage im Herzen, wer es ist, der zu mir kam, wessen Beifall und Dank zu mir dringt, mit wem meine Kunst mir hier eine ideale Vereinigung schafft... Ich finde nicht, was ich suche, Lisaweta. Ich finde die Herde und Gemeinde, die mir wohlbekannt ist, eine Versammlung von ersten Christen gleichsam: Leute mit ungeschickten Körpern und feinen Seelen, Leute, die immer hinfallen, sozusagen. Sie verstehn mich, und denen die Poesie eine sanfte Rache am Leben ist, – immer nur Leidende und Sehnsüchtige und Arme und niemals jemand von den anderen, den Blauäugigen, Lisaweta, die den Geist nicht nötig haben!...
Und wäre es nicht zuletzt ein bedauerlicher Mangel an Folgerichtigkeit, sich zu freuen, wenn es anders wäre? Es ist widersinnig, das Leben zu lieben und dennoch mit allen Künsten bestrebt zu sein, es auf seine Seite zu ziehen, es für die Finessen und Melancholien, den ganzen kranken Adel der Literatur zu gewinnen. Das Reich der Kunst nimmt zu, und das der Gesundheit und Unschuld nimmt ab auf Erden. Man sollte, was noch davon übrig ist, aufs sorgfältigste konservieren, und man sollte nicht Leute, die viel lieber in Pferdebüchern mit Momentaufnahmen lesen, zur Poesie verführen wollen!
Denn schließlich, – welcher Anblick wäre kläglicher als der des Lebens, wenn es sich in der Kunst versucht? Wir Künstler verachten niemand gründlicher als den Dilettan-

ten, den Lebendigen, der glaubt, obendrein bei Gelegenheit einmal ein Künstler sein zu können. Ich versichere Sie, diese Art von Verachtung gehört zu meinen persönlichsten Erlebnissen. Ich befinde mich in einer Gesellschaft in gutem Hause, man ißt, trinkt und plaudert, man versteht sich aufs beste, und ich fühle mich froh und dankbar, eine Weile unter harmlosen und regelrechten Leuten als ihresgleichen verschwinden zu können. Plötzlich (dies ist mir begegnet) erhebt sich ein Offizier, ein Leutnant, ein hübscher und strammer Mensch, dem ich niemals eine seines Ehrenkleides unwürdige Handlungsweise zugetraut hätte, und bittet mit unzweideutigen Worten um die Erlaubnis, uns einige Verse mitzuteilen, die er angefertigt habe. Man gibt ihm, mit bestürztem Lächeln, diese Erlaubnis, und er führt sein Vorhaben aus, indem er von einem Zettel, den er bis dahin in seinem Rockschoß verborgen gehalten hat, seine Arbeit vorliest, etwas an die Musik und die Liebe, kurzum, ebenso tief empfunden wie unwirksam. Nun bitte ich aber jedermann: ein Leutnant! Ein Herr der Welt! Er hätte es doch wahrhaftig nicht nötig...! Nun es erfolgt, was erfolgen muß: lange Gesichter, Stillschweigen, ein wenig künstlicher Beifall und tiefstes Mißbehagen ringsum. Die erste seelische Tatsache, deren ich mir bewußt werde, ist die, daß ich mich mitschuldig fühle an der Verstörung, die dieser unbedachte junge Mann über die Gesellschaft gebracht; und kein Zweifel: auch mich, in dessen Handwerk er gepfuscht hat, treffen spöttische und entfremdete Blicke. Aber die zweite besteht darin, daß dieser Mensch, vor dessen Sein und Wesen ich soeben noch den ehrlichsten Respekt empfand, in meinen Augen plötzlich sinkt, sinkt, sinkt... Ein mitleidiges Wohlwollen faßt mich an. Ich trete, gleich einigen anderen beherzten und gutmütigen Herren, an ihn heran und rede ihm zu. ›Meinen Glückwunsch‹, sage ich, ›Herr Leutnant! Welch hübsche Begabung! Nein, das war allerliebst!‹ Und es fehlt nicht viel, daß ich ihm auf die Schulter klopfe. Aber ist Wohlwollen die Empfindung, die man einem Leutnant entgegenzubringen hat?... Seine Schuld! Da stand er und büßte in großer Verlegenheit den Irrtum, daß man ein Blättchen pflücken dürfe, ein einziges, vom Lorbeerbaume der Kunst, ohne mit seinem Leben dafür zu zahlen. Nein, da halte ich es mit meinem Kollegen, dem kriminellen Bankier. – Aber finden Sie nicht, Lisaweta, daß ich heute von einer hamletischen Redseligkeit bin?«

»Sind Sie nun fertig, Tonio Kröger?«

»Nein. Aber ich sage nichts mehr.«

»Und es genügt auch. – Erwarten Sie eine Antwort?«

»Haben Sie eine?«

»Ich dächte doch. – Ich habe Ihnen gut zugehört, Tonio, von Anfang bis zu Ende, und ich will Ihnen die Antwort geben, die auf alles paßt, was Sie heute nachmittag gesagt haben, und die die Lösung ist für das Problem, das Sie so sehr beunruhigt hat. Nun also! Die Lösung ist die, daß Sie, wie Sie da sitzen, ganz einfach ein Bürger sind.«

»Bin ich?« fragte er und sank ein wenig in sich zusammen...

»Nicht wahr, das trifft Sie hart, und das muß es ja auch. Und darum will ich den Urteilsspruch um etwas mildern, denn das kann ich. Sie sind ein Bürger auf Irrwegen, Tonio Kröger – ein verirrter Bürger.«

– Stillschweigen. Dann stand er entschlossen auf und griff nach Hut und Stock.

»Ich danke Ihnen, Lisaweta Iwanowna; nun kann ich getrost nach Hause gehn. *Ich bin erledigt.*«

5

Gegen den Herbst sagte Tonio Kröger zu Lisaweta Iwanowna:

»Ja, ich verreise nun, Lisaweta: ich muß mich auslüften, ich mache mich fort, ich suche das Weite.«

»Nun, wie denn, Väterchen, geruhen Sie wieder nach Italien zu fahren?«

»Gott, gehen Sie mir doch mit Italien, Lisaweta! Italien ist mir bis zur Verachtung gleichgültig! Das ist lange her, daß ich mir einbildete, dorthin zu gehören. Kunst, nicht wahr? Sammetblauer Himmel, heißer Wein und süße Sinnlichkeit... Kurzum, ich mag das nicht. Ich verzichte. Die ganze bellezza macht mich nervös. Ich mag auch alle diese fürchterlich lebhaften Menschen dort unten mit dem schwarzen Tierblick nicht leiden. Diese Romanen haben kein Gewissen in den Augen... Nein, ich gehe nun ein bißchen nach Dänemark.«

»Nach Dänemark?«

»Ja. Und ich verspreche mir Gutes davon. Ich bin aus Zufall noch niemals hinaufgelangt, so nah ich während meiner ganzen Jugend der Grenze war, und dennoch habe ich das Land von jeher gekannt und geliebt. Ich muß wohl diese nördliche Neigung von meinem Vater haben, denn meine Mutter war doch eigentlich mehr für die bellezza, sofern ihr nämlich nicht alles ganz einerlei war. Aber nehmen Sie die Bücher, die dort oben geschrieben werden, diese tiefen, reinen und humoristischen Bücher, Lisaweta, – es geht mir nichts darüber, ich liebe sie. Nehmen Sie die skandinavischen Mahlzeiten, diese unvergleichlichen Mahlzeiten, die man nur in einer starken Salzluft verträgt (ich weiß nicht, ob ich sie überhaupt noch vertrage), und die ich von Hause aus ein wenig kenne, denn man ißt schon ganz so bei mir zu Hause. Nehmen Sie auch nur die Namen, die Vornamen, mit denen die Leute dort oben geschmückt sind und von denen es ebenfalls schon viele bei mir zu Hause gibt, einen Laut wie ›Ingeborg‹, ein Harfenschlag makellosester Poesie. Und dann die See, – sie haben die Ostsee dort oben!... Mit einem Worte, ich fahre hinauf, Lisaweta. Ich will die Ostsee wiedersehen, will diese Vornamen wieder hören, diese Bücher an Ort und Stelle lesen; ich will auch auf der Terrasse von Kronborg stehen, wo der ›Geist‹ zu Hamlet kam und Not und Tod über den armen, edlen jungen Menschen brachte...«

»Wie fahren Sie, Tonio, wenn ich fragen darf? Welche Route nehmen Sie?«

»Die übliche«, sagte er achselzuckend und errötete deutlich. »Ja, ich berühre meine – meinen Ausgangspunkt, Lisaweta, nach dreizehn Jahren, und das kann ziemlich komisch werden.«

Sie lächelte.

»Das ist es, was ich hören wollte, Tonio Kröger. Und also fahren Sie mit Gott. Versäumen Sie auch nicht, mir zu schreiben, hören Sie? Ich verspreche mir einen erlebnisvollen Brief von Ihrer Reise nach – Dänemark...«

6

Und Tonio Kröger fuhr gen Norden. Er fuhr mit Komfort (denn er pflegte zu sagen, daß jemand, der es innerlich so viel schwerer hat als andere Leute, gerechten Anspruch auf ein wenig äußeres Behagen habe), und er rastete nicht eher, als bis die Türme der engen Stadt, von der er ausgegangen war, sich vor ihm in die graue Luft erhoben. Dort nahm er einen kurzen, seltsamen Aufenthalt...

Ein trüber Nachmittag ging schon in den Abend über, als der Zug in die schmale, verräucherte, so wunderlich vertraute Halle einfuhr; noch immer ballte sich unter dem schmutzigen Glasdach der Qualm in Klumpen zusammen und zog in gedehnten Fetzen hin und wider, wie damals, als Tonio Kröger, nichts als Spott im Herzen, von hier gefahren war. – Er versorgte sein Gepäck, ordnete an, daß es ins Hotel geschafft werde, und verließ den Bahnhof.

Das waren die zweispännigen, schwarzen, unmäßig hohen und breiten Droschken der Stadt, die draußen in einer Reihe standen! Er nahm keine davon; er sah sie nur an, wie er alles ansah, die schmalen Giebel und spitzen Türme, die über die nächsten Dächer herübergrüßten, die blonden und lässig-plumpen Menschen mit ihrer breiten und dennoch rapiden Redeweise rings um ihn her, und ein nervöses Gelächter stieg in ihm auf, das eine heimliche Verwandtschaft mit Schluchzen hatte. – Er ging zu Fuß, ging langsam, den unablässigen Druck des feuchten Windes im Gesicht, über die Brücke, an deren Geländer mythologische Statuen standen, und eine Strecke am Hafen entlang.

Großer Gott, wie winzig und winklig das Ganze erschien! Waren hier in all der Zeit die schmalen Giebelgassen so putzig steil zur Stadt emporgestiegen? Die Schornsteine und Maste der Schiffe schaukelten leis in Wind und Dämmerung auf dem trüben Flusse. Sollte er jene Straße hinaufgehen, die dort, an der das Haus lag, das er im Sinne hatte? Nein, morgen. Er war so schläfrig jetzt. Sein Kopf war schwer von der Fahrt, und langsame, nebelhafte Gedanken zogen ihm durch den Sinn.

Zuweilen in diesen dreizehn Jahren, wenn sein Magen verdorben gewesen war, hatte ihm geträumt, daß er wieder daheim sei in dem alten, hallenden Haus an der schrägen Gasse, daß auch sein Vater wieder da sei und ihn hart anlasse wegen seiner entarteten Lebensführung, was er jedesmal sehr in der Ordnung gefunden hatte. Und diese Gegenwart nun unterschied sich durch nichts von einem dieser betörenden und unzerreißbaren Traumgespinste, in denen man sich fragen kann, ob dies Trug oder Wirklichkeit ist, und sich notgedrungen mit Überzeugung für das letztere entscheidet, um dennoch am Ende zu erwachen... Er schritt durch die wenig belebten, zugigen Straßen, hielt den Kopf gegen den Wind gebeugt und schritt wie schlafwandelnd in der Richtung des Hotels, des ersten der Stadt, wo er übernachten wollte. Ein krummbeiniger Mann mit einer Stange, an deren Spitze ein Feuerchen brannte, ging mit wiegendem Matrosentritt vor ihm her und zündete die Gaslaternen an.

Wie war ihm doch? Was war das alles, was unter der Asche seiner Müdigkeit, ohne zur klaren Flamme zu werden, so dunkel und schmerzlich glomm? Still, still und kein Wort! Keine Worte! Er wäre gern lange so dahingegangen, im Wind durch die dämmerigen, traumhaft vertrauten Gassen. Aber alles war so eng und nah beieinander. Gleich war man am Ziel.

In der oberen Stadt gab es Bogenlampen, und eben erglühten sie. Da war das Hotel, und es waren die beiden schwarzen Löwen, die davor lagen, und vor denen er sich als Kind gefürchtet hatte. Noch immer blickten sie mit einer Miene, als wollten sie niesen, einander an; aber sie schienen viel kleiner geworden seit damals. – Tonio Kröger ging zwischen ihnen hindurch.

Da er zu Fuß kam, wurde er ohne viel Feierlichkeit empfangen. Der Portier und ein sehr feiner, schwarzgekleideter Herr, welcher die Honneurs machte und beständig mit den kleinen Fingern seine Manschetten in die Ärmel zurückstieß, musterten ihn prüfend und wägend vom Scheitel bis zu den Stiefeln, sichtlich bestrebt, ihn gesellschaftlich ein wenig zu bestimmen, ihn hierarchisch und bürgerlich unterzubringen und ihm einen Platz in ihrer Achtung anzuweisen, ohne doch zu einem beruhigenden Ergebnis gelangen zu können, weshalb sie sich für eine gemäßigte Höflichkeit entschieden. Ein Kellner, ein milder Mensch mit brotblonden Backenbartstreifen, einem altersblanken Frack und Rosetten auf den lautlosen Schuhen, führte ihn zwei Treppen hinauf in ein reinlich und altväterlich eingerichtetes Zimmer, hinter dessen Fenster sich im Zwielicht ein pittoresker und mittelalterlicher Ausblick auf Höfe, Giebel und die bizarren Massen der Kirche eröffnete, in deren Nähe das Hotel gelegen war. Tonio Kröger stand eine Weile vor diesem Fenster; dann setzte er sich mit gekreuzten Armen auf das weitschweifige Sofa, zog seine Brauen zusammen und pfiff vor sich hin.

Man brachte Licht, und sein Gepäck kam. Gleichzeitig legte der milde Kellner den Meldezettel auf den Tisch, und Tonio Kröger malte mit seitwärts geneigtem Kopfe etwas darauf, das aussah wie Name, Stand und Herkunft. Hierauf bestellte er ein wenig Abendbrot und fuhr fort, von seinem Sofawinkel aus ins Leere zu blicken. Als das Essen vor ihm stand, ließ er es noch lange unberührt, nahm endlich ein paar Bissen und ging noch eine Stunde im Zimmer auf und ab, wobei er zuweilen stehenblieb und die Augen schloß. Dann entkleidete er sich mit langsamen Bewegungen und ging zu Bette. Er schlief lange, unter verworrenen und seltsam sehnsüchtigen Träumen. –

Als er erwachte, sah er sein Zimmer von hellem Tage erfüllt. Verwirrt und hastig besann er sich, wo er sei, und machte sich auf, um die Vorhänge zu öffnen. Des Himmels schon ein wenig blasses Spätsommer-Blau war von dünnen, vom Wind zerzupften Wolkenfetzchen durchzogen; aber die Sonne schien über seiner Vaterstadt.

Er wandte noch mehr Sorgfalt auf seine Toilette als gewöhnlich, wusch und rasierte sich aufs beste und machte sich so frisch und reinlich, als habe er einen Besuch in gutem, korrektem Hause vor, wo es gelte, einen schmucken und untadelhaften Eindruck zu machen; und während der

Hantierungen des Ankleidens horchte er auf das ängstliche Pochen seines Herzens.
Wie hell es draußen war! Er hätte sich wohler gefühlt, wenn, wie gestern, Dämmerung in den Straßen gelegen hätte; nun aber sollte er unter den Augen der Leute durch den klaren Sonnenschein gehen. Würde er auf Bekannte stoßen, angehalten, befragt werden und Rede stehen müssen, wie er diese dreizehn Jahre verbracht? Nein, gottlob, es kannte ihn keiner mehr, und wer sich seiner erinnerte, würde ihn nicht erkennen, denn er hatte sich wirklich ein wenig verändert unterdessen. Er betrachtete sich aufmerksam im Spiegel, und plötzlich fühlte er sich sicherer hinter seiner Maske, hinter seinem früh durcharbeiteten Gesicht, das älter als seine Jahre war... Er ließ Frühstück kommen und ging dann aus, ging unter den abschätzenden Blicken des Portiers und des feinen Herrn in Schwarz durch das Vestibül und zwischen den beiden Löwen hindurch ins Freie.
Wohin ging er? Er wußte es kaum. Es war wie gestern. Kaum daß er sich wieder von diesem wunderlich würdigen und urvertrauten Beieinander von Giebeln, Türmchen, Arkaden, Brunnen umgeben sah, kaum daß er den Druck des Windes, des starken Windes, der ein zartes und herbes Aroma aus fernen Träumen mit sich führte, wieder im Angesicht spürte, als es sich ihm wie Schleier und Nebelgespinst um die Sinne legte... Die Muskeln seines Gesichtes spannten sich ab; und mit stille gewordenem Blick betrachtete er Menschen und Dinge. Vielleicht, daß er dort, an jener Straßenecke, dennoch erwachte...
Wohin ging er? Ihm war, als stehe die Richtung, die er einschlug, in einem Zusammenhange mit seinen traurigen und seltsam reuevollen Träumen zur Nacht... Auf den Markt ging er, unter den Bogengewölben des Rathauses hindurch, wo Fleischer mit blutigen Händen ihre Ware wogen, auf den Marktplatz, wo hoch, spitzig und

vielfach der gotische Brunnen stand. Dort blieb er vor einem Hause stehen, einem schmalen und schlichten, gleich anderen mehr, mit einem geschwungenen, durchbrochenen Giebel, und versank in dessen Anblick. Er las das Namensschild an der Tür und ließ seine Augen ein Weilchen auf jedem Fenster ruhen. Dann wandte er sich langsam zum Gehen.

Wohin ging er? Heimwärts. Aber er nahm einen Umweg, machte einen Spaziergang vors Tor hinaus, weil er Zeit hatte. Er ging über den Mühlenwall und den Holstenwall und hielt seinen Hut fest vor dem Winde, der in den Bäumen rauschte und knarrte. Dann verließ er die Wallanlagen unfern des Bahnhofes, sah einen Zug mit plumper Eilfertigkeit vorüberpuffen, zählte zum Zeitvertreib die Wagen und blickte dem Manne nach, der zuhöchst auf dem allerletzten saß. Aber am Lindenplatze machte er vor einer der hübschen Villen halt, die dort standen, spähte lange in den Garten und zu den Fenstern hinauf und verfiel am Ende darauf, die Gatterpforte in ihren Angeln hin- und herzuschlenkern, so daß es kreischte. Dann betrachtete er eine Weilse seine Hand, die kalt und rostig geworden war, und ging weiter, ging durch das alte, untersetzte Tor, am Hafen entlang und die steile zugige Gasse hinauf zum Haus seiner Eltern.

Es stand, eingeschlossen von den Nachbarhäusern, die sein Giebel überragte, grau und ernst wie seit dreihundert Jahren, und Tonio Kröger las den frommen Spruch, der in halb verwischten Lettern über dem Eingang stand. Dann atmete er auf und ging hinein.

Sein Herz schlug ängstlich, denn er gewärtigte, sein Vater könnte aus einer der Türen zu ebener Erde, an denen er vorüberschritt, hervortreten, im Kontor-Rock und die Feder hinterm Ohr, ihn anhalten und ihn wegen seines extravaganten Lebens streng zur Rede stellen, was er sehr in der Ordnung gefunden hätte. Aber er gelangte unbehelligt vorbei. Die Windfangtür war nicht geschlossen, sondern nur angelehnt, was er als tadelnswert empfand, während ihm gleichzeitig zumute war wie in gewissen leichten Träumen, in denen die Hindernisse von selbst vor einem weichen und man, von wunderbarem Glück begünstigt, ungehindert vorwärts dringt... Die weite Diele, mit großen, viereckigen Steinfliesen gepflastert, widerhallte von seinen Schritten. Der Küche gegenüber, in der es still war, sprangen wie vor alters in beträchtlicher Höhe die seltsamen, plumpen, aber reinlich lackierten Holzgelasse aus der Wand hervor, die Mägdekammern, die nur durch eine Art freiliegender Stiege von der Diele aus zu erreichen waren. Aber die großen Schränke und die geschnitzte Truhe waren nicht mehr da, die hier gestanden hatten... Der Sohn des Hauses beschritt die gewaltige Treppe und stützte sich mit der Hand auf das weißlackierte, durchbrochene Holzgeländer, indem er sie bei jedem Schritte erhob und beim nächsten sacht wieder darauf niedersinken ließ, wie als versuche er schüchtern, ob die ehemalige Vertrautheit mit diesem alten, soliden Geländer wieder herzustellen sei... Aber auf dem Treppenabsatz blieb er stehehn, vorm Eingang zum Zwischengeschoß. An der Tür war ein weißes Schild befestigt, auf dem in schwarzen Buchstaben zu lesen war: Volksbibliothek.

Volksbibliothek? dachte Tonio Kröger, denn er fand, daß hier weder das Volk noch die Literatur etwas zu suchen hatten. Er klopfte an die Tür... Ein Herein ward laut, und er folgte ihm. Gespannt und finster blickte er in eine höchst unziemliche Veränderung hinein.

Das Geschoß war drei Stuben tief, deren Verbindungstüren offenstanden. Die Wände waren fast in ihrer ganzen Höhe mit gleichförmig gebundenen Büchern bedeckt, die auf dunklen Gestellen in langen Reihen standen. In jedem Zimmer saß hinter einer Art von Ladentisch ein dürftiger Mensch und schrieb. Zwei davon wandten nur die Köpfe nach Tonio Kröger, aber der erste stand eilig auf, wobei er sich mit beiden Händen auf die Tischplatte stützte, den Kopf vorschob, die Lippen spitzte, die Brauen emporzog und den Besucher mit eifrig zwinkernden Augen anblickte…

»Verzeihung«, sagte Tonio Kröger, ohne den Blick von den vielen Büchern zu wenden. »Ich bin hier fremd, ich besichtige die Stadt. Dies ist also die Volksbibliothek? Würden Sie erlauben, daß ich mir ein wenig Einblick in die Sammlung verschaffe?«

»Gern!« sagte der Beamte und zwinkerte noch heftiger…

»Gewiß, das steht jedermann frei. Wollen Sie sich nur umsehen… Ist Ihnen ein Katalog gefällig?«

»Danke«, antwortete Tonio Kröger. »Ich orientiere mich leicht.« Damit begann er, langsam an den Wänden entlangzuschreiten, indem er sich den Anschein gab, als studiere er die Titel auf den Bücherrücken. Schließlich nahm er einen Band heraus, öffnete ihn und stellte sich damit ans Fenster.

Hier war das Frühstückszimmer gewesen. Man hatte hier morgens gefrühstückt, nicht droben im großen Eßsaal, wo aus der blauen Tapete weiße Götterstatuen hervortraten… Das dort hatte als Schlafzimmer gedient. Seines Vaters Mutter war dort gestorben, so alt sie war, unter schweren Kämpfen, denn sie war eine genußfrohe Weltdame und hing am Leben. Und später hatte dort sein Vater selbst den letzten Seufzer getan, der lange, korrekte, ein wenig wehmütige und nachdenkliche Herr mit der Feldblume im Knopfloch… Tonio hatte am Fußende seines Sterbebettes gesessen, mit heißen Augen, ehrlich und gänzlich hingegeben an ein stummes und starkes Gefühl, an Liebe und Schmerz. Und auch seine Mutter hatte am Lager gekniet, seine schöne, feurige Mutter, ganz aufgelöst in heißen Tränen; worauf sie mit dem südlichen

Künstler in blaue Fernen gezogen war... Aber dort hinten, das kleinere, dritte Zimmer, nun ebenfalls ganz mit Büchern angefüllt, die ein dürftiger Mensch bewachte, war lange Jahre hindurch sein eigenes gewesen. Dorthin war er nach der Schule heimgekehrt, nachdem er einen Spaziergang, wie eben jetzt, gemacht, an jener Wand hatte sein Tisch gestanden, in dessen Schublade er seine ersten, innigen und hilflosen Verse verwahrt hatte... Der Walnußbaum... Eine stechende Wehmut durchzuckte ihn. Er blickte seitwärts durchs Fenster hinaus. Der Garten lag wüst, aber der alte Walnußbaum stand an seinem Platze, schwerfällig knarrend und rauschend im Winde. Und Tonio Kröger ließ die Augen auf das Buch zurückgleiten, das er in Händen hielt, ein hervorragendes Dichtwerk und ihm wohlbekannt. Er blickte auf diese schwarzen Zeilen und Satzgruppen nieder, folgte eine Strecke dem kunstvollen Fluß des Vortrags, wie er in gestaltender Leidenschaft sich zu einer Pointe und Wirkung erhob und dann effektvoll absetzte...

»Ja, das ist gut gemacht«, sagte er, stellte das Dichtwerk weg und wandte sich. Da sah er, daß der Beamte noch immer aufrecht stand und mit einem Mischausdruck von Diensteifer und nachdenklichem Mißtrauen seine Augen zwinkern ließ.

»Eine ausgezeichnete Sammlung, wie ich sehe«, sagte Tonio Kröger. »Ich habe schon einen Überblick gewonnen. Ich bin Ihnen sehr verbunden. Adieu.« Damit ging er zur Tür hinaus; aber es war ein zweifelhafter Abgang, und er fühlte deutlich, daß der Beamte, voller Unruhe über diesen Besuch, noch minutenlang stehen und zwinkern würde.

Er spürte keine Neigung, noch weiter vorzudringen. Er war zu Hause gewesen. Droben, in den großen Zimmern hinter der Säulenhalle, wohnten fremde Leute, er sah es; denn der Treppenkopf war durch eine Glastür verschlossen, die ehemals nicht dagewesen war, und irgendein Namensschild war daran. Er ging fort, ging die Treppe hinunter, über die hallende Diele, und verließ sein Elternhaus. In einem Winkel eines Restaurants nahm er in sich gekehrt eine schwere und fette Mahlzeit ein und kehrte dann ins Hotel zurück.

»Ich bin fertig«, sagte er zu dem feinen Herrn in Schwarz. »Ich reise heute nachmittag.« Und er bestellte seine Rechnung sowie den Wagen, der ihn an den Hafen bringen sollte, zum Dampfschiff nach Kopenhagen. Dann ging er auf sein Zimmer und setzte sich an den Tisch, saß still und aufrecht, indem er die Wange in die Hand stützte und mit blicklosen Augen auf die Tischplatte niedersah. Später beglich er seine Rechnung und machte seine Sachen bereit. Zur festgesetzten Zeit ward der Wagen gemeldet, und Tonio Kröger stieg reisefertig hinab.

Drunten, am Fuße der Treppe, erwartete ihn der feine Herr in Schwarz.

»Um Vergebung!« sagte er und stieß mit den kleinen Fingern seine Manschetten in die Ärmel zurück... »Verzeihen Sie, mein Herr, daß wir Sie noch eine Minute in Anspruch nehmen müssen. Herr Seehaase – der Besitzer des Hotels – ersucht Sie um eine Unterredung von zwei Worten. Eine Formalität... Er befindet sich dort hinten... Es ist *nur* Herr Seehaase, der Besitzer des Hotels.«

Und er führte Tonio Kröger unter einladendem Gestenspiel in den Hintergrund des Vestibüls. Dort stand in der Tat Herr Seehaase. Tonio Kröger kannte ihn vom Ansehen aus alter Zeit. Er war klein, fett und krummbeinig. Sein geschorener Backenbart war weiß geworden; aber noch immer trug er eine weit ausgeschnittene Frackjacke und dazu ein grüngesticktes Sammetmützchen. Übrigens war er nicht allein. Bei ihm, an einem kleinen, an der Wand befestigten Pultbrett, stand, den Helm auf dem Kopf, ein Polizist, welcher seine behandschuhte Rechte auf einem buntbeschriebenen Papier ruhen ließ, das vor ihm auf dem Pulte lag, und Tonio Kröger mit seinem ehrlichen Soldatengesicht so entgegensah, als erwartete er, daß dieser bei seinem Anblick in den Boden versinken müsse.

Tonio Kröger blickte von einem zum andern und verlegte sich aufs Warten.

»Sie kommen von München?« fragte endlich der Polizist mit einer gutmütigen und schwerfälligen Stimme.

Tonio Kröger bejahte dies.

»Sie reisen nach Kopenhagen?«

»Ja, ich bin auf der Reise in ein dänisches Seebad.«

»Seebad? – Ja, Sie müssen mal Ihre Papiere vorweisen«, sagte der Polizist, indem er das letzte Wort mit besonderer Genugtuung aussprach.

»Papiere...« Er hatte keine Papiere. Er zog seine Brieftasche hervor und blickte hinein; aber es befand sich außer einigen Geldscheinen nichts darin als die Korrektur einer Novelle, die er an seinem Reiseziel zu erledigen gedachte. Er verkehrte nicht gern mit Beamten und hatte sich noch niemals einen Paß ausstellen lassen...

»Es tut mir leid«, sagte er, »aber ich führe keine Papiere bei mir.«

»So?« sagte der Polizist... »Gar keine? – Wie ist Ihr Name?«

Tonio Kröger antwortete ihm.

»Ist das auch wahr?!« fragte der Polizist, reckte sich auf und öffnete plötzlich seine Nasenlöcher, so weit er konnte...

»Vollkommen wahr«, antwortete Tonio Kröger.

»Was sind Sie denn?«

Tonio Kröger schluckte hinunter und nannte mit fester Stimme sein Gewerbe. – Herr Seehaase hob den Kopf und sah neugierig in sein Gesicht empor.

»Hm!« sagte der Polizist. »Und Sie geben an, nicht identisch zu sein mit einem Individium namens –« Er sagte »Individium« und buchstabierte dann aus dem buntbeschriebenen Papier einen ganz verzwickten und romantischen Namen zusammen, der aus den Lauten verschiedener Rassen abenteuerlich gemischt erschien und den Tonio Kröger im nächsten Augenblick wieder vergessen hatte. »– welcher«, fuhr er fort, »von unbekannten Eltern und unbestimmter Zuständigkeit wegen verschiedener Betrügereien und anderer Vergehen von der Münchener Polizei verfolgt wird und sich wahrscheinlich auf der Flucht nach Dänemark befindet?«

»Ich gebe das nicht nur an«, sagte Tonio Kröger und machte eine nervöse Bewegung mit den Schultern. – Dies rief einen gewissen Eindruck hervor.

»Wie? Ach so, na gewiß!« sagte der Polizist. »Aber daß Sie auch gar nichts vorweisen können!«

Auch Herr Seehaase legte sich beschwichtigend ins Mittel. »Das Ganze ist eine Formalität«, sagte er, »nichts weiter! Sie müssen bedenken, daß der Beamte nur seine Schuldigkeit tut. Wenn Sie sich irgendwie legitimieren könnten... Ein Papier...«

Alle schwiegen. Sollte er der Sache ein Ende machen, indem er sich zu erkennen gab, indem er Herrn Seehaase eröffnete, daß er kein Hochstapler von unbestimmter Zuständigkeit sei, von Geburt kein Zigeuner im grünen Wagen, sondern der Sohn Konsul Krögers, aus der Familie der Kröger? Nein, er hatte keine Lust dazu. Und waren diese Männer der bürgerlichen Ordnung nicht im Grunde ein wenig im Recht? Gewissermaßen war er ganz einverstanden mit ihnen... Er zuckte die Achseln und blieb stumm.

»Was haben Sie denn da?« fragte der Polizist. »Da, in dem Porteföhch?«

»Hier? Nichts. Es ist eine Korrektur«, antwortete Tonio Kröger.

»Korrektur? Wieso? Lassen Sie mal sehen.«
Und Tonio Kröger überreichte ihm seine Arbeit. Der Polizist breitete sie auf der Pultplatte aus und begann darin zu lesen. Auch Herr Seehaase trat näher herzu und beteiligte sich an der Lektüre. Tonio Kröger blickte ihnen dabei über die Schultern und beobachtete, bei welcher Stelle sie seien. Es war ein guter Moment, eine Pointe und Wirkung, die er vortrefflich herausgearbeitet hatte. Er war zufrieden mit sich.
»Sehen Sie!« sagte er. »Da steht mein Name. Ich habe dies geschrieben, und nun wird es veröffentlicht, verstehen Sie.«
»Nun, das genügt!« sagte Herr Seehaase mit Entschluß, raffte die Blätter zusammen, faltete sie und gab sie ihm zurück. »Das muß genügen, Petersen!« wiederholte er kurz, indem er verstohlen die Augen schloß und abwinkend den Kopf schüttelte. »Wir dürfen den Herrn nicht länger aufhalten. Der Wagen wartet. Ich bitte sehr, die kleine Störung zu entschuldigen, mein Herr. Der Beamte hat ja nur seine Pflicht getan, aber ich sagte ihm sofort, daß er auf falscher Fährte sei...«
So? dachte Tonio Kröger.
Der Polizist schien nicht ganz einverstanden; er wandte noch etwas ein von »Individium« und »vorweisen«. Aber Herr Seehaase führte seinen Gast unter wiederholten Ausdrücken des Bedauerns durch das Vestibül zurück, geleitete ihn zwischen den beiden Löwen hindurch zum Wagen und schloß selbst unter Achtungsbezeugungen den Schlag hinter ihm. Und dann rollte die lächerlich hohe und breite Droschke stolpernd, klirrend und lärmend die steilen Gassen hinab zum Hafen...
Dies war Tonio Krögers seltsamer Aufenthalt in seiner Vaterstadt.

7

Die Nacht fiel ein, und mit einem schwimmenden Silberglanz stieg schon der Mond empor, als Tonio Krögers Schiff die offene See gewann. Er stand am Bugspriet, in seinen Mantel gehüllt vor dem Winde, der mehr und mehr erstarkte, und blickte hinab in das dunkle Wandern und Treiben der starken, glatten Wellenleiber dort unten, die umeinander schwankten, sich klatschend begegneten, in unerwarteten Richtungen auseinanderschossen und plötzlich schaumig aufleuchteten...

Eine schaukelnde und still entzückte Stimmung erfüllte ihn. Er war ein wenig niedergeschlagen gewesen, daß man ihn daheim als Hochstapler hatte verhaften wollen, ja, – obgleich er es gewissermaßen in der Ordnung gefunden hatte. Aber dann, nachdem er sich eingeschifft, hatte er, wie als Knabe zuweilen mit seinem Vater, dem Verladen der Waren zugesehen, mit denen man, unter Rufen, die ein Gemisch aus Dänisch und Plattdeutsch waren, den tiefen Bauch des Dampfers füllte, hatte gesehen, wie man außer den Ballen und Kosten auch einen Eisbären und einen Königstiger in dick vergitterten Käfigen hinabließ, die wohl von Hamburg kamen und für eine dänische Menagerie bestimmt waren; und dies hatte ihn zerstreut. Während dann das Schiff zwischen den flachen Ufern den Fluß entlangglitt, hatte er Polizist Petersens Verhör ganz und gar vergessen, und alles, was vorher gewesen war, seine süßen, traurigen und reuigen Träume der Nacht, der Spaziergang, den er gemacht, der Anblick des Walnußbaumes, war wieder in seiner Seele stark geworden. Und nun, da das Meer sich öffnete, sah er von fern den Strand, an dem er als Knabe die sommerlichen Träume des Meeres hatte belauschen dürfen, sah die Glut des Leuchtturms und die Lichter des Kurhauses, darin er mit seinen Eltern gewohnt... Die Ostsee! Er lehnte den Kopf gegen den starken Salzwind, der frei und ohne Hindernis daherkam, die Ohren umhüllte und einen gelinden Schwindel, eine gedämpfte Betäubung hervorrief, in der die Erinnerung an alles Böse, an Qual und Irrsal, an Wollen und Mühen träge und selig unterging. Und in dem Sausen, Klatschen, Schäumen und Ächzen rings um ihn her glaubte er das Rauschen und Knarren des alten Walnußbaumes, das Kreischen einer Gartenpforte zu hören... Es dunkelte mehr und mehr.

»Die Sderne, Gott, sehen Sie doch bloß die Sderne an«, sagte plötzlich mit schwerfällig singender Betonung eine Stimme, die aus dem Innern einer Tonne zu kommen schien. Er kannte sie schon. Sie gehörte einem rotblonden und schlicht gekleideten Mann mit geröteten Augenlidern und einem feuchtkalten Aussehen, als habe er soeben gebadet. Beim Abendessen in der Kajüte war er Tonio Krögers Nachbar gewesen und hatte mit zagen und bescheidenen Bewegungen erstaunliche Mengen von Hummer-Omelette zu sich genommen. Nun lehnte er neben ihm an der Brüstung und blickte zum Himmel empor, indem er sein Kinn mit Daumen und Zeigefinger erfaßt hielt. Ohne Zweifel befand er sich in einer jener außerordentlichen und festlich-beschaulichen Stimmungen, in denen die Schranken zwischen den Menschen dahinsinken, in denen das Herz auch Fremden sich öffnet und der Mund Dinge spricht, vor denen er sich sonst schamhaft verschließen würde...

»Sehen Sie, Herr, doch bloß die Sderne an. Da sdehen sie und glitzern, es ist, weiß Gott, der ganze Himmel voll. Und nun bitt' ich Sie, wenn man hinaufsieht und bedenkt, daß viele davon doch hundertmal größer sein sollen als die Erde, wie wird einem da zu Sinn? Wir Menschen haben den Telegraphen erfunden und das Telephon und so viele Errungenschaften der Neuzeit, ja, das haben wir. Aber wenn wir da hinaufsehen, so müssen wir doch erkennen und versdehen, daß wir im Grunde Gewürm sind, elendes Gewürm und nichts weiter, – hab' ich recht oder unrecht, Herr? Ja, wir sind Gewürm!« antwortete er sich selbst und nickte demütig und zerknirscht zum Firmament empor.

Au... nein, der hat keine Litaratur im Leibe! dachte Tonio Kröger. Und alsbald fiel ihm etwas ein, was er kürzlich gelesen hatte, der Aufsatz eines berühmten französischen Schriftstellers über kosmologische und psychologische Weltanschauung; es war ein recht feines Geschwätz gewesen.

Er gab dem jungen Mann etwas wie eine Antwort auf seine tief erlebte Bemerkung, und dann fuhren sie fort, miteinander zu sprechen, indem sie, über die Brüstung gelehnt, in den unruhig erhellten, bewegten Abend hinausblickten. Es erwies sich, daß der Reisegefährte ein junger Kaufmann aus Hamburg war, der seinen Urlaub zu dieser Vergnügungsfahrt benutzte...

»Sollst«, sagte er, »ein bißchen mit dem Steamer nach Kopenhagen fahren, denk' ich, und da sdeh' ich nun, und es ist ja soweit ganz schön. Aber das mit den Hummer-Omeletten, das war nicht richtig, Herr, das sollen Sie sehn, denn die Nacht wird sdürmisch, das hat der Kapitän selbst gesagt, und mit so einem unbekömmlichen Essen im Magen ist das kein Sbaß...«

Tonio Kröger lauschte all dieser zutunlichen Torheit mit einem heimlichen und freundschaftlichen Gefühl.

»Ja«, sagte er, »man ißt überhaupt zu schwer hier oben. Das macht faul und wehmütig.«

»Wehmütig?« wiederholte der junge Mann und betrachtete ihn verdutzt... »Sie sind wohl fremd hier, Herr?« fragte er plötzlich...

»Ach ja, ich komme weit her!« antwortete Tonio Kröger mit einer vagen und abwehrenden Armbewegung.

»Aber Sie haben recht«, sagte der junge Mann; »Sie haben, weiß Gott, recht in dem, was Sie von wehmütig sagen! Ich bin fast immer wehmütig, aber besonders an solchen Abenden wie heute, wenn die Sderne am Himmel sdehn.« Und er stützte wieder sein Kinn mit Daumen und Zeigefinger.

Sicherlich schreibt er Verse, dachte Tonio Kröger, tief ehrlich empfundene Kaufmannsverse...

Der Abend rückte vor, und der Wind war nun so heftig geworden, daß er das Sprechen behinderte. So beschlossen sie, ein wenig zu schlafen, und wünschten einander gute Nacht.

Tonio Kröger streckte sich in seiner Koje auf der schmalen Bettstatt aus, aber er fand keine Ruhe. Der strenge Wind und sein herbes Arom hatten ihn seltsam erregt, und sein Herz war unruhig wie in ängstlicher Erwartung von etwas Süßem. Auch verursachte die Erschütterung, welche entstand, wenn das Schiff einen steilen Wellenberg hinabglitt und die Schraube wie im Krampf außerhalb des Wassers arbeitete, ihm arge Übelkeit. Er kleidete sich wieder vollends an und stieg ins Freie hinauf.

Wolken jagten am Monde vorbei. Das Meer tanzte. Nicht runde und gleichmäßige Wellen kamen in Ordnung daher, sondern weithin, in bleichem und flackerndem Licht, war die See zerrissen, zerpeitscht, zerwühlt, leckte und sprang in spitzen, flammenartigen Riesenzungen empor, warf neben schaumerfüllten Klüften zackige und unwahrscheinliche Gebilde auf und schien mit der Kraft ungeheurer Arme in tollem Spiel den Gischt in alle Lüfte zu schleudern. Das Schiff hatte schwere Fahrt; stampfend, schlenkernd und ächzend arbeitete es sich durch den Tumult, und manchmal hörte man den Eisbären und den Tiger, die unter dem Seegang litten, in seinem Innern brüllen. Ein Mann im Wachstuchmantel, die Kapuze überm Kopf und eine Laterne um den Leib geschnallt, ging breitbeinig und mühsam balancierend auf dem Verdecke hin und her. Aber dort hinten stand, tief über Bord gebeugt, der junge Mann aus Hamburg und ließ es sich schlecht ergehen. »Gott«, sagte er mit hohler und wankender Stimme, als er Tonio Kröger gewahrte, »sehen Sie doch bloß den Aufruhr der Elemente, Herr!« Aber dann wurde er unterbrochen und wandte sich eilig ab.

Tonio Kröger hielt sich an irgendeinem gestrafften Tau und blickte hinaus in all den unbändigen Übermut. In ihm schwang sich ein Jauchzen auf, und ihm war, als sei es mächtig genug, um Sturm und Flut zu übertönen. Ein Sang an das Meer, begeistert von Liebe, tönte in ihm. Du meiner Jugend wilder Freund, so sind wir einmal noch vereint... Aber dann war das Gedicht zu Ende. Es ward nicht fertig, nicht rund geformt und nicht in Gelassenheit zu etwas Ganzem geschmiedet. Sein Herz lebte...

Lange stand er so; dann streckte er sich auf einer Bank am Kajütenhäuschen aus und blickte zum Himmel hinauf, an dem die Sterne flackerten. Er schlummerte sogar ein wenig. Und wenn der kalte Schaum in sein Gesicht spritzte, so war es ihm im Halbschlaf wie eine Liebkosung.

Senkrechte Kreidefelsen, gespenstisch im Mondschein, kamen in Sicht und näherten sich; das war Möen, die Insel. Und wieder trat Schlummer dazwischen, unterbrochen von salzigen Sprühschauern, die scharf ins Gesicht bissen und die Züge erstarren ließen... Als er völlig wach wurde, war es schon Tag, ein hellgrauer, frischer Tag, und die grüne See ging ruhiger. Beim Frühstück sah er den jungen Kaufmann wieder, der heftig errötete, wahrscheinlich vor Scham, im Dunklen so poetische und blamable Dinge geäußert zu haben, mit allen fünf Fingern seinen kleinen rötlichen Schnurrbart emporstrich und ihm einen soldatisch scharfen Morgengruß zurief, um ihn dann ängstlich zu meiden.

Und Tonio Kröger landete in Dänemark. Er hielt Ankunft in Kopenhagen, gab Trinkgeld an jeden, der sich die

Miene gab, als hätte er Anspruch darauf, durchwanderte von seinem Hotelzimmer aus drei Tage lang die Stadt, indem er sein Reisebüchlein aufgeschlagen vor sich hertrug, und benahm sich ganz wie ein besserer Fremder, der seine Kenntnisse zu bereichern wünscht. Er betrachtete des Königs Neumarkt und das ›Pferd‹ in seiner Mitte, blickte achtungsvoll an den Säulen der Frauenkirche empor, stand lange vor Thorwaldsens edlen und lieblichen Bildwerken, stieg auf den Runden Turm, besichtigte Schlösser und verbrachte zwei bunte Abende im Tivoli. Aber es war nicht so recht eigentlich all dies, was er sah.
An den Häusern, die oft ganz das Aussehen der alten Häuser seiner Vaterstadt mit geschwungenen, durchbrochenen Giebeln hatten, sah er Namen, die ihm aus alten Tagen bekannt waren, die ihm etwas Zartes und Köstliches zu bezeichnen schienen und bei alledem etwas wie Vorwurf, Klage und Sehnsucht nach Verlorenem in sich schlossen. Und allerwegen, indes er in verlangsamten, nachdenklichen Zügen die feuchte Seeluft atmete, sah er Augen, die so blau, Haare, die so blond, Gesichter, die von eben der Art und Bildung waren, wie er sie in den seltsam wehen und reuigen Träumen der Nacht geschaut, die er in seiner Vaterstadt verbracht hatte. Es konnte geschehen, daß auf offener Straße ein Blick, ein klingendes Wort, ein Auflachen ihn ins Innerste traf...
Es litt ihn nicht lange in der munteren Stadt. Eine Unruhe, süß und töricht, Erinnerung halb und halb Erwartung, bewegte ihn, zusammen mit dem Verlangen, irgendwo still am Strande liegen zu dürfen und nicht den angelegentlich sich umtuenden Touristen spielen zu müssen. So schiffte er sich aufs neue ein und fuhr an einem trüben Tage (die See ging schwarz) nordwärts die Küste von Seeland entlang gen Helsingör. Von dort setzte er seine Reise unverzüglich zu Wagen auf dem Chausseewege fort, noch drei Viertelstunden lang, immer ein we-

nig oberhalb des Meeres, bis er an seinem letzten und eigentlichen Ziele hielt, dem kleinen weißen Badehotel mit grünen Fensterläden, das inmitten einer Siedlung niedriger Häuschen stand und mit seinem holzgedeckten Turm auf den Sund und die schwedische Küste hinausblickte. Hier stieg er ab, nahm Besitz von dem hellen Zimmer, das man ihm bereitgehalten, füllte Bord und Spind mit dem, was er mit sich führte, und schickte sich an, hier eine Weile zu leben.

8

Schon rückte der September vor: es waren nicht mehr viele Gäste in Aalsgaard. Bei den Mahlzeiten in dem großen, balkengedeckten Eßsaal zu ebener Erde, dessen hohe Fenster auf die Glasveranda und die See hinausblickten, führte die Wirtin den Vorsitz, ein bejahrtes Mädchen mit weißem Haar, farblosen Augen, zartrosigen Wangen und einer haltlosen Zwitscherstimme, das immer seine roten Hände auf dem Tafeltuche ein wenig vorteilhaft zu gruppieren trachtete. Ein kurzhalsiger alter Herr mit eisgrauem Schifferbart und dunkelbläulichem Gesicht war da, ein Fischhändler aus der Hauptstadt, der des Deutschen mächtig war. Er schien gänzlich verstopft und zum Schlagfluß geneigt, denn er atmete kurz und stoßweise und hob von Zeit zu Zeit den beringten Zeigefinger zu einem seiner Nasenlöcher empor, um es zuzudrücken und dem anderen durch starkes Blasen ein wenig Luft zu verschaffen. Nichtsdestoweniger sprach er beständig der Aquavitflasche zu, die sowohl beim Frühstück als beim Mittag- und Abendessen vor ihm stand. Dann waren nur noch drei große amerikanische Jünglinge mit ihrem Gouverneur oder Hauslehrer zugegen, der schweigend an seiner Brille rückte und tagüber mit ihnen Fußball spielte.

Sie trugen ihr rotgelbes Haar in der Mitte gescheitelt und hatten lange, unbewegte Gesichter. »Please, give me the wurstthings there!« sagte der eine. »That's not wurst; that's schinken!« sagte ein anderer, und dies war alles, was sowohl sie als der Hauslehrer zur Unterhaltung beitrugen; denn sonst saßen sie still und tranken heißes Wasser.

Tonio Kröger hätte sich keine andere Art von Tischgesellschaft gewünscht. Er genoß seinen Frieden, horchte auf die dänischen Kehllaute, die hellen und trüben Vokale, in denen der Fischhändler und die Wirtin zuweilen konversierten, wechselte hie und da mit dem ersteren eine schlichte Bemerkung über den Barometerstand und erhob sich dann, um durch die Veranda wieder an den Strand hinunterzugehen, wo er schon lange Morgenstunden verbracht hatte.

Manchmal war es dort still und sommerlich. Die See ruhte träge und glatt, in blauen, flaschengrünen und rötlichen Streifen, von silbrig glitzernden Lichtreflexen überspielt, der Tang dörrte zu Heu in der Sonne, und die Quallen lagen da und verdunsteten. Es roch ein wenig faulig und ein wenig auch nach dem Teer des Fischerbootes, an welches Tonio Kröger, im Sande sitzend, den Rücken lehnte, – so gewandt, daß er den offenen Horizont und nicht die schwedische Küste vor Augen hatte; aber des Meeres leiser Atem strich rein und frisch über alles hin.

Und graue, stürmische Tage kamen. Die Wellen beugten die Köpfe wie Stiere, die die Hörner zum Stoße einlegen, und rannten wütend gegen den Strand, der hoch hinauf überspült und mit naßglänzendem Seegras, Muscheln und angeschwemmtem Holzwerk bedeckt war. Zwischen den langgestreckten Wellenhügeln dehnten sich unter dem verhängten Himmel blaßgrün-schaumig die Täler; aber dort, wo hinter den Wolken die Sonne stand, lag auf den Wassern ein weißlicher Sammetglanz.

Tonio Kröger stand in Wind und Brausen eingehüllt, versunken in dies ewige, schwere, betäubende Getöse, das er so sehr liebte. Wandte er sich und ging fort, so schien es plötzlich ganz ruhig und warm um ihn her. Aber im Rükken wußte er sich das Meer; es rief, lockte und grüßte. Und er lächelte.

Er ging landeinwärts, auf Wiesenwegen durch die Einsamkeit, und bald nahm Buchenwald ihn auf, der sich hügelig weit in die Gegend erstreckte. Er setzte sich ins Moos, an einen Baum gelehnt, so, daß er zwischen den Stämmen einen Streifen des Meeres gewahren konnte. Zuweilen trug der Wind das Geräusch der Brandung zu ihm, das klang, wie wenn in der Ferne Bretter aufeinanderfallen. Krähengeschrei über den Wipfeln, heiser, öde und verloren... Er hielt ein Buch auf den Knien, aber er las nicht eine Zeile darin. Er genoß ein tiefes Vergessen, ein erlöstes Schweben über Raum und Zeit, und nur zuweilen war es, als würde sein Herz von einem Weh durchzuckt, einem kurzen, stechenden Gefühl von Sehnsucht oder Reue, das nach Namen und Herkunft zu fragen er zu träge und versunken war.

So verging mancher Tag; er hätte nicht zu sagen vermocht, wie viele, und trug kein Verlangen danach, es zu wissen. Dann aber kam einer, an welchem etwas geschah; es geschah, während die Sonne am Himmel stand und Menschen zugegen waren, und Tonio Kröger war nicht einmal so außerordentlich erstaunt darüber.

Gleich dieses Tages Anfang gestaltete sich festlich und entzückend. Tonio Kröger erwachte sehr früh und ganz plötzlich, fuhr mit einem feinen und unbestimmten Erschrecken aus dem Schlafe empor und glaubte, in ein Wunder, einen feenhaften Beleuchtungszauber hineinzublicken. Sein Zimmer, mit Glastür und Balkon nach dem Sunde hinaus gelegen und durch einen dünnen, weißen Gazevorhang in Wohn- und Schlafraum geteilt, war zartfarbig tapeziert und mit leichten, hellen Möbeln versehen, so daß es stets einen lichten und freundlichen Anblick bot. Nun aber sahen seine schlaftrunkenen Augen es in einer unirdischen Verklärung und Illumination vor sich liegen, über und über getaucht in einen unsäglich holden und duftigen Rosenschein, der Wände und Möbel vergoldete und den Gazevorhang in ein mildes, rotes Glühen versetzte... Tonio Kröger begriff lange nicht, was sich ereignete. Als er aber vor der Glastür stand und hinausblickte, sah er, daß es die Sonne war, die aufging.

Mehrere Tage war es trüb und regnicht gewesen; jetzt aber spannte sich der Himmel wie aus straffer, blaßblauer Seide schimmernd klar über See und Land, und durchquert und umgeben von rot und golden durchleuchteten Wolken erhob sich feierlich die Sonnenscheibe über das flimmernd gekrauste Meer, das unter ihr zu erschauern und zu erglühen schien... So hub der Tag an, und verwirrt und glücklich warf Tonio Kröger sich in die Kleider, frühstückte vor allen anderen drunten in der Veranda, schwamm hierauf von dem kleinen hölzernen Badehäuschen aus eine Strecke in den Sund hinaus und tat dann einen stundenlangen Gang am Strande hin. Als er zurückkehrte, hielten mehrere omnibusartige Wagen vorm Hotel, und vom Eßsaal aus gewahrte er, daß sowohl in dem anstoßenden Gesellschaftszimmer, dort, wo das Klavier stand, als auch in der Veranda und auf der Terrasse, die davor lag, Menschen in großer Anzahl, kleinbürgerlich gekleidete Herrschaften, an runden Tischen saßen und unter angeregten Gesprächen Bier mit Butterbrot genossen. Es waren ganze Familien, ältere und junge Leute, ja sogar ein paar Kinder.

Beim zweiten Frühstück (der Tisch trug schwer an kalter Küche, Geräuchertem, Gesalzenem und Gebackenem) erkundigte sich Tonio Kröger, was vor sich gehe.

»Gäste!« sagte der Fischhändler. »Ausflügler und Ballgäste aus Helsingör! Ja, Gott soll uns bewahren, wir werden nicht schlafen können, diese Nacht! Es wird Tanz geben, Tanz und Musik, und man muß fürchten, daß das lange dauert. Es ist eine Familienvereinigung, eine Landpartie nebst Reunion, kurzum, eine Subskription oder dergleichen, und sie genießen den schönen Tag. Sie sind zu Boot und zu Wagen gekommen, und jetzt frühstücken sie. Später fahren sie noch weiter über Land, aber abends kommen sie wieder, und dann ist Tanzbelustigung hier im Saale. Ja, verdammt und verflucht, wir werden kein Auge zutun...«

»Das ist eine hübsche Abwechslung«, sagte Tonio Kröger.

Hierauf wurde längere Zeit nichts mehr gesprochen. Die Wirtin ordnete ihre roten Finger, der Fischhändler blies durch das rechte Nasenloch, um sich ein wenig Luft zu verschaffen, und die Amerikaner tranken heißes Wasser und machten lange Gesichter dazu.

Da geschah dies auf einmal: *Hans Hansen und Ingeborg Holm gingen durch den Saal.* –

Tonio Kröger lehnte, in einer wohligen Ermüdung nach dem Bade und seinem hurtigen Gang, im Stuhl und aß geräucherten Lachs auf Röstbrot: – er saß der Veranda und dem Meere zugewandt. Und plötzlich öffnete sich die Tür, und Hand in Hand kamen die beiden herein, – schlendernd und ohne Eile. Ingeborg, die blonde Inge, war hell gekleidet, wie sie in der Tanzstunde bei Herrn Knaak zu sein pflegte. Das leichte, geblümte Kleid reichte ihr nur bis zu den Knöcheln, und um die Schultern trug sie einen breiten, weißen Tüllbesatz mit spitzem Ausschnitt, der ihren weichen, geschmeidigen Hals frei ließ. Der Hut hing ihr an seinen zusammengeknüpften Bändern über dem einen Arm. Sie war vielleicht ein klein wenig erwachsener als sonst und trug ihren wunderbaren Zopf nun um den Kopf gelegt; aber Hans Hansen war ganz wie immer. Er hatte seine Seemannsüberjacke mit den goldenen Knöpfen an, über welcher auf Schultern und Rücken der breite, blaue Kragen lag; die Matrosenmütze mit den kurzen Bändern hielt er in der hinabhängenden Hand und schlenkerte sie sorglos hin und her. Ingeborg hielt ihre schmal geschnittenen Augen abgewandt, vielleicht ein wenig geniert durch die speisenden Leute, die auf sie schauten. Allein Hans Hansen wandte nun grade und aller Welt zum Trotz den Kopf nach der Frühstückstafel und musterte mit seinen stahlblauen Augen einen nach dem anderen herausfordernd und gewissermaßen verächtlich; er ließ sogar Ingeborgs Hand fahren und schwenkte seine Mütze noch heftiger hin und her, um zu zeigen, was für ein Mann er sei. So gingen die beiden, mit dem still blauenden Meere als Hintergrund, vor Tonio Krögers Augen vorüber, durchmaßen den Saal seiner Länge nach und verschwanden durch die entgegengesetzte Tür im Klavierzimmer.

Dies begab sich um halb zwölf Uhr vormittags, und noch während die Kurgäste beim Frühstück saßen, brach nebenan und in der Veranda die Gesellschaft auf und verließ, ohne daß noch jemand den Eßsaal betreten hätte, durch den Seitenzugang, der vorhanden war, das Hotel. Man hörte, wie draußen unter Scherzen und Gelächter die Wagen bestiegen wurden, wie ein Gefährt nach dem anderen auf der Landstraße sich knirschend in Bewegung setzte und davonrollte...

»Sie kommen also wieder?« fragte Tonio Kröger...

»Das tun sie!« sagte der Fischhändler. »Und Gott sei's geklagt. Sie haben Musik bestellt, müssen Sie wissen, und ich schlafe hier überm Saale.«

»Das ist eine hübsche Abwechslung«, wiederholte Tonio Kröger. Dann stand er auf und ging fort.

Er verbrachte den Tag, wie er die anderen verbracht hatte, am Strande, im Walde, hielt ein Buch auf den Knien und blinzelte in die Sonne. Er bewegte nur einen Gedanken: diesen, daß sie wiederkehren und im Saale Tanzbelustigungen abhalten würden, wie es der Fischhändler versprochen hatte; und er tat nichts, als sich hierauf freuen, mit einer so ängstlichen und süßen Freude, wie er sie lange, tote Jahre hindurch nicht mehr erprobt hatte. Einmal, durch irgendeine Verknüpfung von Vorstellungen, erinnerte er sich flüchtig eines fernen Bekannten, Adalberts, des Novellisten, der wußte, was er wollte, und sich ins Kaffeehaus begeben hatte, um der Frühlingsluft zu entgehen. Und er zuckte die Achseln über ihn...

Es wurde früher als gewöhnlich zu Mittag gegessen, und das Abendbrot nahm man ebensfalls zeitiger als sonst, im Klavierzimmer, weil im Saale schon Vorbereitungen zum Balle getroffen wurden: auf so festliche Art war alles in Unordnung gebracht. Dann, als es schon dunkel war und Tonio Kröger in seinem Zimmer saß, ward es wieder lebendig auf der Landstraße und im Hause. Die Ausflügler kehrten zurück; ja, aus der Richtung von Helsingör trafen zu Rad und zu Wagen noch neue Gäste ein, und bereits hörte man drunten im Hause eine Geige stimmen und eine Klarinette näselnde Übungsläufe vollführen...

Alles versprach, daß es ein glänzendes Ballfest geben werde.

Nun setzte das kleine Orchester mit einem Marsche ein: gedämpft und taktfest scholl es herauf: man eröffnete den Tanz mit einer Polonäse. Tonio Kröger saß noch eine Weile still und lauschte. Als er aber vernahm, wie das Marschtempo in Walzertakt überging, machte er sich auf und schlich geräuschlos aus seinem Zimmer.

Von dem Korridor, an dem es gelegen war, konnte man über eine Nebentreppe zu dem Seiteneingang des Hotels und von dort, ohne ein Zimmer zu berühren, in die Glasveranda gelangen. Diesen Weg nahm er, leise und verstohlen, als befinde er sich auf verbotenen Pfaden, tastete sich behutsam durch das Dunkel, unwiderstehlich angezogen von dieser dummen und selig wiegenden Musik, deren Klänge schon klar und ungedämpft zu ihm drangen.

Die Veranda war leer und unerleuchtet, aber die Glastür zum Saale, wo die beiden großen, mit blanken Reflektoren versehenen Petroleumlampen hell erstrahlten, stand geöffnet. Dorthin schlich er sich auf leisen Sohlen, und der diebische Genuß, hier im Dunkeln stehen und ungesehen die belauschen zu dürfen, die im Lichte tanzten, verursachte ein Prickeln in seiner Haut. Hastig und begierig sandte er seine Blicke nach den beiden aus, die er suchte...

Die Fröhlichkeit des Festes schien schon ganz frei entfaltet, obgleich es kaum seit einer halben Stunde eröffnet war; aber man war ja bereits warm und angeregt hierhergekommen, nachdem man den ganzen Tag miteinander verbracht, sorglos, gemeinsam und glücklich. Im Klavierzimmer, das Tonio Kröger überblicken konnte, wenn er sich ein wenig weiter vorwagte, hatten sich mehrere ältere Herren rauchend und trinkend beim Kartenspiel vereinigt; aber andere saßen bei ihren Gattinnen im Vordergrunde auf den Plüschstühlen und an den Wänden des Saales und sahen dem Tanze zu. Sie hielten die Hände auf die gespreizten Knie gestützt und bliesen mit einem wohlhabenden Ausdruck die Wangen auf, indes die Mütter, Kapotthütchen auf den Scheiteln, die Hände unter der Brust zusammenlegten und mit seitwärts geneigten Köpfen in das Getümmel der jungen Leute schauten. Ein Podium war an der einen Längswand des Saales errichtet worden, und dort taten die Musikanten ihr Bestes. Sogar eine Trompete war da, welche mit einer gewissen zögernden Behutsamkeit blies, als fürchtete sie sich vor ihrer eigenen Stimme, die sich dennoch beständig brach und überschlug... Wogend und kreisend bewegten sich die

Paare umeinander, indes andere Arm in Arm den Saal umwandelten. Man war nicht ballmäßig gekleidet, sondern nur wie an einem Sommersonntag, den man im Freien verbringt: die Kavaliere in kleinstädtisch geschnittenen Anzügen, denen man ansah, daß sie die ganze Woche geschont wurden, und die jungen Mädchen in lichten und leichten Kleidern mit Feldblumensträußchen an den Miedern. Auch ein paar Kinder waren im Saale und tanzten untereinander auf ihre Art, sogar, wenn die Musik pausierte. Ein langbeiniger Mensch in schwalbenschwanzförmigem Röckchen, ein Provinzlöwe mit Augenglas und gebranntem Haupthaar, Postadjunkt oder dergleichen und wie die fleischgewordene komische Figur aus einem dänischen Roman, schien Festordner und Kommandeur des Balles zu sein. Eilfertig, transpirierend und mit ganzer Seele bei der Sache, war er überall zugleich, schwänzelte übergeschäftig durch den Saal, indem er kunstvoll mit den Zehenspitzen zuerst auftrat und die Füße, die in glatten und spitzen Militärstiefeletten steckten, auf eine verzwickte Art kreuzweise übereinander setzte, schwang die Arme in der Luft, traf Anordnungen, rief nach Musik, klatschte in die Hände, und bei all dem flogen die Bänder der großen, bunten Schleife, die als Zeichen seiner Würde auf seiner Schulter befestigt war und nach der er manchmal liebevoll den Kopf drehte, flatternd hinter ihm drein.

Ja, sie waren da, die beiden, die heute im Sonnenlicht an Tonio Kröger vorübergezogen waren, er sah sie wieder und erschrak vor Freude, als er sie fast gleichzeitig gewahrte. Hier stand Hand Hansen, ganz nahe bei ihm, dicht an der Tür; breitbeinig und ein wenig vorgebeugt, verzehrte er bedächtig ein großes Stück Sandtorte, wobei er die hohle Hand unters Kinn hielt, um die Krümel aufzufangen. Und dort an der Wand saß Ingeborg Holm, die blonde Inge, und eben schwänzelte der Adjunkt auf sie zu, um sie durch eine ausgesuchte Verbeugung zum Tanze aufzufordern, wobei er die eine Hand auf den Rücken legte und die andere graziös in den Busen schob; aber sie schüttelte den Kopf und deutete an, daß sie zu atemlos sei und ein wenig ruhen müsse, worauf der Adjunkt sich neben sie setzte.

Tonio Kröger sah sie an, die beiden, um die er vorzeiten Liebe gelitten hatte, – Hans und Ingeborg. Sie waren es nicht so sehr vermöge einzelner Merkmale und der Ähnlichkeit der Kleidung, als kraft der Gleichheit der Rasse und des Typus, dieser lichten, stahlblauäugigen und blondhaarigen Art, die eine Vorstellung von Reinheit, Ungetrübtheit, Heiterkeit und einer zugleich stolzen und schlichten, unberührbaren Sprödigkeit hervorrief... Er sah sie an, sah, wie Hans Hansen so keck und wohlgestaltet wie nur jemals, breit in den Schultern und schmal in den Hüften, in seinem Matrosenanzug dastand, sah, wie Ingeborg auf eine gewisse übermütige Art lachend den Kopf zur Seite warf, auf eine gewisse Art ihre Hand, eine gar nicht besonders schmale, gar nicht besonders feine Kleinmädchenhand, zum Hinterkopfe führte, wobei der leichte Ärmel von ihrem Ellenbogen zurückglitt, – und plötzlich erschütterte das Heimweh seine Brust mit einem solchen Schmerz, daß er unwillkürlich weiter ins Dunkel zurückwich, damit niemand das Zucken seines Gesichtes sähe.

Hatte ich euch vergessen? fragte er. Nein, niemals! Nicht dich, Hans, noch dich, blonde Inge! Ihr wart es ja, für die ich arbeitete, und wenn ich Applaus vernahm, blickte ich heimlich um mich, ob ihr daran teilhättet... Hast du nun den ›Don Carlos‹ gelesen, Hans Hansen, wie du es mir an eurer Gartenpforte versprachst? Tu's nicht! Ich verlange es nicht mehr von dir. Was geht dich der König an, der weint, weil er einsam ist? Du sollst deine hellen Augen nicht trüb und traumblöde machen vom Starren in Verse und Melancholie... Zu sein wie du! Noch einmal anfangen, aufwachsen gleich dir, rechtschaffen, fröhlich und schlicht, regelrecht, ordnungsgemäß und im Einverständnis mit Gott und der Welt, geliebt werden von den Harmlosen und Glücklichen, dich zum Weibe nehmen, Ingeborg Holm, und einen Sohn haben wie du, Hans Hansen, – frei vom Fluch der Erkenntnis und der schöpferischen Qual leben, lieben und loben in seliger Gewöhnlichkeit!... Noch einmal anfangen? Aber es hülfe nichts. Er würde wieder so werden, – alles würde wieder so kommen, wie es gekommen ist. Denn etliche gehen mit Notwendigkeit in die Irre, weil es einen rechten Weg für sie überhaupt nicht gibt.

Nun schwieg die Musik; es war Pause, und Erfrischungen wurden gereicht. Der Adjunkt eilte persönlich mit einem Teebrett voll Heringssalat umher und bediente die Damen; aber vor Ingeborg Holm ließ er sich sogar auf ein Knie nieder, als er ihr das Schälchen reichte, und sie errötete vor Freude darüber.

Man begann jetzt dennoch im Saale, auf den Zuschauer unter der Glastür aufmerksam zu werden, und aus hübschen, erhitzten Gesichtern trafen ihn fremde und forschende Blicke; aber er behauptete trotzdem seinen Platz. Auch Ingeborg und Hans streiften ihn beinahe gleichzeitig mit den Augen, mit jener vollkommenen Gleichgültigkeit, die fast das Ansehen der Verachtung hat. Plötzlich jedoch ward er sich bewußt, daß von irgendwoher ein Blick zu ihm drang und auf ihm ruhte... Er wandte den Kopf, und sofort trafen seine Augen mit denen zusammen, deren Berührung er empfunden hatte. Ein Mädchen stand nicht weit von ihm, mit blassem, schmalem und feinem Gesicht, das er schon früher bemerkt hatte. Sie hatte nicht viel getanzt, die Kavaliere hatten sich nicht sonderlich um sie bemüht, und er hatte sie einsam mit herb geschlossenen Lippen an der Wand sitzen sehen.

Auch jetzt stand sie allein. Sie war hell und duftig gekleidet wie die anderen, aber unter dem durchsichtigen Stoff ihres Kleides schimmerten ihre bloßen Schultern spitz und dürftig, und der magere Hals stak so tief zwischen diesen armseligen Schultern, daß das stille Mädchen fast ein wenig verwachsen erschien. Ihre Hände, mit dünnen Halbhandschuhen bekleidet, hielt sie vor der flachen Brust, daß die Fingerspitzen sich sacht berührten. Gesenkten Kopfes blickte sie Tonio Kröger von unten herauf mit schwarzen, schwimmenden Augen an. Er wandte sich ab...

Hier, ganz nahe bei ihm, saßen Hans und Ingeborg. Er hatte sich zu ihr gesetzt, die vielleicht seine Schwester war, und umgeben von anderen rotwangigen Menschenkindern aßen und tranken sie, schwatzten und vergnügten sich, riefen sich mit klingenden Stimmen Neckereien zu und lachten hell in die Luft. Konnte er sich ihnen nicht ein wenig nähern? Nicht an ihn oder sie ein Scherzwort richten, das ihm einfiel, und das sie ihm wenigstens mit einem Lächeln beantworten mußten? Es würde ihn beglücken, er sehnte sich danach; er würde dann zufriedener in sein Zimmer zurückkehren, mit dem Bewußtsein, eine kleine Gemeinschaft mit den beiden hergestellt zu haben. Er dachte sich aus, was er sagen könnte; aber er fand nicht den Mut, es zu sagen. Auch war es ja wie immer: sie würden ihn nicht verstehen, würden befremdet auf das horchen, was er zu sagen vermöchte. Denn ihre Sprache war nicht seine Sprache.

Nun schien der Tanz aufs neue beginnen zu sollen. Der Adjunkt entfaltete eine umfassende Tätigkeit. Er eilte umher und forderte alle Welt zum Engagieren auf, räumte mit Hilfe des Kellners Stühle und Gläser aus dem Wege, erteilte den Musikern Befehle und schob einzelne Täppische, die nicht wußten wohin, an den Schultern vor sich her. Was hatte man vor? Je vier und vier Paare bilde-

ten Karrees... Eine schreckliche Erinnerung machte Tonio Kröger erröten. Man tanzte Quadrille.
Die Musik setzte ein, und die Paare schritten unter Verbeugungen durcheinander. Der Adjunkt kommandierte; er kommandierte, bei Gott, auf französisch und brachte die Nasallaute auf unvergleichlich distinguierte Art hervor. Ingeborg Holm tanzte dicht vor Tonio Kröger, in dem Karree, das sich unmittelbar an der Glastür befand. Sie bewegte sich vor ihm hin und her, vorwärts und rückwärts, schreitend und drehend; ein Duft, der von ihrem Haar oder dem zarten Stoff ihres Kleides ausging, berührte ihn manchmal, und er schloß die Augen in einem Gefühl, das ihm von je so wohl bekannt gewesen, dessen Arom und herben Reiz er in all diesen letzten Tagen leise verspürt hatte, und das ihn nun wieder ganz mit seiner süßen Drangsal erfüllte. Was war es doch? Sehnsucht? Zärtlichkeit? Neid, Selbstverachtung?... Moulinet des dames? Lachtest du, blonde Inge, lachtest du mich aus, als ich moulinet tanzte und mich so jämmerlich blamierte? Und würdest du auch heute noch lachen, nun, da ich doch so etwas wie ein berühmter Mann geworden bin? Ja, das würdest du und würdest dreimal recht daran tun! Und wenn ich, ich ganz allein, die neun Symphonien, ›Die Welt als Wille und Vorstellung‹ und ›Das Jüngste Gericht‹ vollbracht hätte, – du würdest ewig recht haben zu lachen... Er sah sie an, und eine Verszeile fiel ihm ein, deren er sich lange nicht erinnert hatte, und die ihm doch so vertraut und verwandt war: »Ich möchte schlafen, aber du mußt tanzen.« Er kannte sie so gut, die melancholisch-nordische, innig-ungeschickte Schwerfälligkeit der Empfindung, die daraus sprach. Schlafen... Sich danach sehnen, einfach und völlig dem Gefühle leben zu dürfen, das ohne die Verpflichtung, zur Tat und zum Tanz zu werden, süß und träge in sich selber ruht, – und dennoch tanzen, behend und geistesgegenwärtig den schweren, schweren

und gefährlichen Messertanz der Kunst vollführen zu müssen, ohne je ganz des demütigenden Widersinnes zu vergessen, der darin lag, tanzen zu müssen, indes man liebte...

Auf einmal geriet das Ganze in eine tolle und ausgelassene Bewegung. Die Karrees hatten sich aufgelöst, und springend und gleitend stob alles umher; man beschloß die Quadrille mit einem Galopp. Die Paare flogen zum rasenden Eiltakt der Musik an Tonio Kröger vorüber, chassierend, hastend, einander überholend, mit kurzem, atemlosem Gelächter. Eines kam daher, mitgerissen von der allgemeinen Jagd, kreisend und vorwärts sausend. Das Mädchen hatte ein blasses, feines Gesicht und magere, zu hohe Schultern. Und plötzlich, dicht vor ihm, entstand ein Stolpern, Rutschen und Stürzen... Das blasse Mädchen fiel hin. Sie fiel so hart und heftig, daß es fast gefährlich aussah, und mit ihr der Kavalier. Dieser mußte sich so gröblich weh getan haben, daß er seiner Tänzerin ganz vergaß, denn, nur halbwegs aufgerichtet, begann er unter Grimassen seine Knie mit den Händen zu reiben; und das Mädchen, scheinbar ganz betäubt vom Falle, lag noch immer am Boden. Da trat Tonio Kröger vor, faßte sie sacht an den Armen und hob sie auf. Abgehetzt, verwirrt und unglücklich sah sie zu ihm empor, und plötzlich färbte ihr zartes Gesicht sich mit einer matten Röte.

»Tak! O, mange Tak!« sagte sie und sah ihn von unten herauf mit dunklen, schwimmenden Augen an.

»Sie sollten nicht mehr tanzen, Fräulein«, sagte er sanft. Dann blickte er sich noch einmal nach *ihnen* um, nach Hans und Ingeborg, und ging fort, verließ die Veranda und den Ball und ging in sein Zimmer hinauf.

Er war berauscht von dem Feste, an dem er nicht teilgehabt, und müde von Eifersucht. Wie früher, ganz wie früher war es gewesen! Mit erhitztem Gesicht hatte er an dunkler Stelle gestanden, in Schmerzen um euch, ihr Blonden, Lebendigen, Glücklichen, und war dann einsam hinweggegangen. Jemand müßte nun kommen! Ingeborg müßte nun kommen, müßte bemerken, daß er fort war, müßte ihm heimlich folgen, ihm die Hand auf die Schulter legen und sagen: Komm herein zu uns! Sei froh! Ich liebe dich!... Aber sie kam keines Weges. Dergleichen geschah nicht. Ja, wie damals war es, und er war glücklich wie damals. Denn sein Herz lebte. Was aber war gewesen während all der Zeit, in der er das geworden, was er nun war? – Erstarrung; Öde; Eis; und Geist! Und Kunst!...

Er entkleidete sich, legte sich zur Ruhe, löschte das Licht. Er flüsterte zwei Namen in das Kissen hinein, diese paar keuschen, nordischen Silben, die ihm seine eigentliche und ursprüngliche Liebes-, Leides- und Glückesart, das Leben, das simple und innige Gefühl, die Heimat bezeichneten. Er blickte zurück auf die Jahre seit damals bis auf diesen Tag. Er gedachte der wüsten Abenteuer der Sinne, der Nerven und des Gedankens, die er durchlebt, sah sich zerfressen von Ironie und Geist, verödet und gelähmt von Erkenntnis, halb aufgerieben von den Fiebern und Frösten des Schaffens, haltlos und unter Gewissensnöten zwischen krassen Extremen, zwischen Heiligkeit und Brunst hin und her geworfen, raffiniert, verarmt, erschöpft von kalten und künstlich erlesenen Exaltationen, verirrt, verwüstet, zermartert, krank – und schluchzte vor Reue und Heimweh.

Um ihn war es still und dunkel. Aber von unten tönte gedämpft und wiegend des Lebens süßer, trivialer Dreitakt zu ihm herauf.

9

Tonio Kröger saß im Norden und schrieb an Lisaweta Iwanowna, seine Freundin, wie er es ihr versprochen hatte.

Liebe Lisaweta dort unten in Arkadien, wohin ich bald zurückkehren werde, schrieb er. Hier ist nun also so etwas wie ein Brief, aber er wird Sie wohl enttäuschen, denn ich denke, ihn ein wenig allgemein zu halten. Nicht, daß ich so gar nichts zu erzählen, auf meine Weise nicht dies und das erlebt hätte. Zu Hause, in meiner Vaterstadt, wollte man mich sogar verhaften... aber davon sollen Sie mündlich hören. Ich habe jetzt manchmal Tage, an denen ich es vorziehe, auf gute Art etwas Allgemeines zu sagen, anstatt Geschichten zu erzählen.

Wissen Sie wohl noch, Lisaweta, daß Sie mich einmal einen Bürger, einen verirrten Bürger nannten? Sie nannten mich so in einer Stunde, da ich Ihnen, verführt durch andere Geständnisse, die ich mir vorher hatte entschlüpfen lassen, meine Liebe zu dem gestand, was ich das ›Leben‹ nenne; und ich frage mich, ob Sie wohl wußten, wie sehr Sie damit die Wahrheit trafen, wie sehr mein Bürgertum und meine Liebe zum ›Leben‹ eins und dasselbe sind. Diese Reise hat mir Veranlassung gegeben, darüber nachzudenken...

Mein Vater, wissen Sie, war ein nordisches Temperament: betrachtsam, gründlich, korrekt aus Puritanismus und zur Wehmut geneigt; meine Mutter von unbestimmt exotischem Blut, schön, sinnlich, naiv, zugleich fahrlässig und leidenschaftlich und von einer impulsiven Liederlichkeit. Ganz ohne Zweifel war dies eine Mischung, die außerordentliche Möglichkeiten – und außerordentliche Gefahren in sich schloß. Was herauskam, war dies: ein Bürger, der sich in die Kunst verirrte, ein Bohemien mit Heimweh nach der guten Kinderstube, ein Künstler mit schlechtem Gewissen. Denn mein bürgerliches Gewissen ist es ja, was mich in allem Künstlertum, aller Außerordentlichkeit und allem Genie etwas tief Zweideutiges, tief Anrüchiges, tief Zweifelhaftes erblicken läßt, was mich mit dieser verliebten Schwäche für das Simple, Treuherzige und Angenehm-Normale, das Ungeniale und Anständige erfüllt.

Ich stehe zwischen zwei Welten, bin in keiner daheim und habe es infolgedessen ein wenig schwer. Ihr Künstler nennt mich einen Bürger, und die Bürger sind versucht, mich zu verhaften ... ich weiß nicht, was von beiden mich bitterer kränkt. Die Bürger sind dumm; ihr Anbeter der Schönheit aber, die ihr mich phlegmatisch und ohne Sehnsucht heißt, solltet bedenken, daß es ein Künstlertum gibt, so tief, so von Anbeginn und Schicksals wegen, daß keine Sehnsucht ihm süßer und empfindenswerter erscheint als die nach den Wonnen der Gewöhnlichkeit.

Ich bewundere die Stolzen und Kalten, die auf den Pfaden der großen, der dämonischen Schönheit abenteuern und den ›Menschen‹ verachten, – aber ich beneide sie nicht. Denn wenn irgend etwas imstande ist, aus einem Literaten einen Dichter zu machen, so ist es diese meine Bürgerliebe zum Menschlichen, Lebendigen und Gewöhnlichen. Alle Wärme, alle Güte, aller Humor kommt aus ihr, und fast will mir scheinen, als sei sie jene Liebe selbst, von der geschrieben steht, daß einer mit Menschen- und Engelszungen reden könne und ohne sie doch nur ein tönendes Erz und eine klingende Schelle sei.

Was ich getan habe, ist nichts, nicht viel, so gut wie nichts. Ich werde Besseres machen, Lisaweta, – dies ist ein Versprechen. Während ich schreibe, rauscht das Meer zu mir herauf, und ich schließe die Augen. Ich schaue in eine ungeborene und schemenhafte Welt hinein, die geordnet und gebildet sein will, ich sehe in ein Gewimmel von Schatten menschlicher Gestalten, die mir winken, daß ich sie banne und erlöse: tragische und lächerliche und solche, die beides zugleich sind, – und diesen bin ich sehr zugetan. Aber meine tiefste und verstohlenste Liebe gehört den Blonden und Blauäugigen, den hellen Lebendigen, den Glücklichen, Liebenswürdigen und Gewöhnlichen.

Schelten Sie diese Liebe nicht, Lisaweta; sie ist gut und fruchtbar. Sehnsucht ist darin und schwermütiger Neid und ein klein wenig Verachtung und eine ganze keusche Seligkeit.

EIN GLÜCK

Studie

Still! Wir wollen in eine Seele schauen. Im Fluge gleichsam, im Vorüberstreichen und nur ein paar Seiten lang, denn wir sind gewaltig beschäftigt. Wir kommen aus Florenz, aus alter Zeit, dort handelt es sich um letzte und schwierige Angelegenheiten. Und sind sie bezwungen, – wohin? Zu Hofe vielleicht, in ein Königsschloß, – wer weiß? Seltsame, matt schimmernde Dinge sind im Begriffe, sich zurechtzuschieben... Anna, arme kleine Baronin Anna, wir haben nicht lange Zeit für dich! – –

Dreitakt und Gläserklang, – Tumult, Dunst, Summen und Tanzschritt: man kennt uns, man kennt unsere kleine Schwäche. Ist es, weil dort der Schmerz die tiefsten, sehnsüchtigsten Augen bekommt, daß wir heimlich so gern an Orten verweilen, wo das Leben seine simplen Feste feiert?

»Avantageur!« rief Baron Harry, der Rittmeister, durch den ganzen Saal, indem er zu tanzen aufhörte. Er hielt noch mit dem rechten Arm seine Dame umschlungen und stemmte die linke Hand in die Seite. »Das ist kein Walzer, sondern ein Trauergeläute, Mensch! Sie haben ja keinen Takt im Leibe; Sie schwimmen und schweben bloß immer so. Leutnant von Gelbsattel soll wieder spielen, damit man doch einen Rhythmus hat. Treten Sie ab, Avantageur! Tanzen Sie, wenn Sie das besser können!«

Und der Avantageur stand auf, schlug die Sporen zusammen und räumte schweigend das Podium dem Leutnant von Gelbsattel, der alsbald mit seinen großen und weißen, weit gespreizten Händen das klirrende und surrende Fortepiano zu schlagen begann.

Baron Harry nämlich hatte Takt im Leibe, Walzer- und Marschtakt, Frohmut und Stolz, Glück, Rhythmus und Siegersinn. Die golden verschnürte Husarenjacke stand prächtig zu seinem jungen, erhitzten Gesicht, das nicht einen Zug von Sorge und Nachdenken zeigte. Es war rötlich verbrannt, wie bei blonden Leuten, obgleich Haupthaar und Schnurrbart braun erschienen, und das war eine Pikanterie für die Damen. Die rote Narbe über der rechten Backe gab seiner offenen Miene einen wildkecken Ausdruck. Man wußte nicht, ob sie Waffenhieb oder Sturz vom Pferde bedeute, – auf jeden Fall etwas Herrliches. Er tanzte wie ein Gott.
Aber der Avantageur schwamm und schwebte, wenn es erlaubt ist, Baron Harry's Redewendung in übertragener Bedeutung zu gebrauchen. Seine Lider waren viel zu lang, so daß er niemals ordentlich die Augen zu öffnen vermochte; auch saß ihm die Uniform ein wenig schlottricht und unwahrscheinlich am Leibe, und Gott mochte wissen, wie er in die soldatische Laufbahn geraten war. Er hatte sich nur ungern an diesem Kasinospaß mit den ›Schwalben‹ beteiligt, aber er war dennoch gekommen, weil er ohnedies auf seiner Hut sein mußte, Anstoß zu erregen; denn erstens war er bürgerlicher Herkunft, und zweitens gab es eine Art Buch von ihm, eine Reihe erdichteter Geschichten, die er selbst geschrieben oder verfaßt hatte, wie man es nennt, und die jedermann im Buchladen kaufen konnte. Dies mußte ein gewisses Mißtrauen gegen den Avantageur erwecken.
Der Saal des Offizierskasinos in Hohendamm war lang und breit, er war eigentlich viel zu geräumig für die dreißig Herrschaften, die sich heute abend darin belustigten. Die Wände und die Musikantentribüne waren mit falschen Draperien aus rotbemaltem Gips geziert, und von der geschmacklosen Decke hingen zwei verbogene Kronleuchter herab, in denen schief und triefend die Kerzen

brannten. Aber der gedielte Fußboden war von sieben hierzu kommandierten Husaren den ganzen Vormittag gescheuert worden, und am Ende konnten selbst die Herren Offiziere in einem Nest, einem Abdera und Krähwinkel wie Hohendamm keine größere Pracht verlangen. Auch wurde, was etwa dem Feste an Glanz gebrach, durch die eigentümliche, verschmitzte Stimmung ersetzt, die dem Abend sein Gepräge gab, durch das verbotene und übermütige Gefühl, mit den ›Schwalben‹ zusammen zu sein. Selbst die dummen Ordonnanzen schmunzelten auf verschlagene Weise, wenn sie neue Champagnerflaschen in die Eiskübel zur Seite der weißgedeckten Tischchen stellten, die an drei Saalseiten aufgeschlagen waren, blickten sich um und schlugen lächelnd die Augen nieder, wie dienende Leute, die schweigend und verantwortungslos ihre Beihilfe zu einer gewagten Ausschreitung gewähren, – alles im Hinblick auf die ›Schwalben‹.
Die Schwalben, die Schwalben? – Nun, kurzum, es waren die ›Wiener Schwalben‹! Sie zogen durch die Lande wie ein Schwarm von Wandervögeln, schwangen sich, wohl dreißig an der Zahl, von Stadt zu Stadt und traten in Singspielhallen und Varietétheatern fünften Ranges auf, indem sie in zwangloser Haltung mit jubelnden und zwitschernden Stimmen ihr Leib- und Glanzlied sangen:

Wenn die Schwalben wiederkommen,
Die wer'n schaun! Die wer'n schaun!

Es war ein gutes Lied, von leicht faßlichem Humor, und sie sangen es unter dem Beifall des verständnisvollen Teils des Publikums.
So waren die ›Schwalben‹ nach Hohendamm gekommen und sangen in Gugelfings Bierhalle. Garnison lag in Hohendamm, ein ganzes Regiment Husaren, und also waren sie berechtigt, bei den maßgebenden Kreisen ein tieferes

Interesse vorauszusetzen. Sie fanden mehr, sie fanden Begeisterung. Abend für Abend saßen die unverheirateten Offiziere zu ihren Füßen, hörten das Schwalbenlied und tranken den Mädchen mit Gugelfings gelbem Biere zu; nicht lange, so fanden sich auch die verheirateten Herren ein, und eines Abends war Oberst von Rummler in eigener Person erschienen, war dem Programm mit gespannter Teilnahme gefolgt und hatte sich endlich nach verschiedenen Seiten mit rückhaltloser Anerkennung über die ›Schwalben‹ geäußert.

Da aber war unter den Leutnants und Rittmeistern der Plan gereift, die ›Schwalben‹ in die Intimität zu ziehen, eine Auswahl von ihnen, zehn der Hübschesten etwa, auf einen lustigen Abend mit Schaumwein und Hallo ins Kasino zu laden. Die höheren Herren durften der Welt gegenüber von dem Unternehmen nichts wissen und mußten sich schweren Herzens davon zurückhalten; aber nicht nur die ledigen Leutnants, sondern auch die verheirateten Oberleutnants und Rittmeister nahmen teil daran, und zwar (dies war das Prickelnde an der Sache, die eigentliche Pointe), und zwar mit ihren Damen.

Hindernisse und Bedenken? Oberleutnant von Levzahn hatte das goldene Wort gefunden, daß für den Soldaten Hindernisse und Bedenken dazu da seien, überwunden und zerstreut zu werden! Mochten die guten Hohendammer, wenn sie's vernahmen, entsetzt darüber sein, daß die Offiziere ihre Damen mit den ›Schwalben‹ zusammenbrachten, – sie freilich hätten sich dergleichen nicht erlauben dürfen. Aber es gibt eine Höhe, gibt kecke und jenseitige Regionen des Lebens, in welchen es bereits wieder freisteht, zu tun, was in tieferen Sphären besudeln und entehren würde. Und waren vielleicht die ehrsamen Eingeborenen nicht *gewohnt*, allerlei Ungewöhnliches von ihren Husaren zu gewärtigen? Die Offiziere ritten in Gottes hellem Sonnenschein auf dem Trottoir, wenn es ihnen einfiel: das war vorgekommen. Einmal, gegen Abend, war auf dem Marktplatz mit Pistolen geschossen worden, was ebenfalls nur die Offiziere gewesen sein konnten: und hatte sich's jemand beikommen lassen, darüber zu murren? Die folgende Anekdote ist mehrfach verbürgt.

Eines Morgens zwischen fünf und sechs Uhr befand sich Rittmeister Baron Harry in angeregter Stimmung mit einigen Kameraden auf dem Heimwege von einer nächtlichen Unterhaltung; es waren Rittmeister von Hühnemann sowie die Oberleutnants und Leutnants Le Maistre, Baron Truchseß, von Trautenau und von Lichterloh. Als die Herren die Alte Brücke passierten, begegnete ihnen ein Bäckerjunge, der, einen großen Korb mit Semmeln auf der Schulter tragend und sorglos sein Lied pfeifend, durch den frischen Morgen seines Weges zog. »Hergeben!« rief Baron Harry, ergriff den Korb beim Henkel, schwang ihn so geschickt, daß ihm nicht eine Semmel entfiel, dreimal im Kreise herum und schleuderte ihn dann in einem Bogen, der von der Kraft seines Armes zeugte, weit hinaus in die trüben Fluten. Der Bäckerjunge, anfangs schreckerstarrt, hob dann, als er seine Semmeln schwimmen und versinken sah, unter Jammerrufen die Arme empor und gebärdete sich wie ein Verzweifelter. Nachdem aber die Herren sich eine Weile an seiner kindischen Angst ergötzt hatten, warf ihm Baron Harry ein Geldstück zu, das an Wert den Inhalt des Korbes um das Dreifache übertraf, worauf die Offiziere lachend ihren Heimweg fortsetzten. Da begriff der Knabe, daß er es mit Edelleuten zu tun gehabt habe, und verstummte...

Diese Geschichte war rasch in der Leute Mund gekommen, aber es hätte nur jemand wagen sollen, ein Maul darüber zu ziehen! Lächelnd oder knirschend – man nahm sie hin von Baron Harry und seinen Kameraden.

Herren waren sie! Herren über Hohendamm! Und so kamen die Offiziersdamen mit den ›Schwalben‹ zusammen. – –

Es schien, daß der Avantageur sich auch auf das Tanzen nicht besser verstand als aufs Walzerspielen, denn er ließ sich, ohne zu engagieren, mit einer Verbeugung an einem der Tischchen nieder, neben der kleinen Baronin Anna, der Gattin Baron Harry's, an die er einige schüchterne Worte richtete. Mit den ›Schwalben‹ sich zu unterhalten, war der junge Mann außerstande. Er hatte eine wahre Angst vor ihnen, da er sich einbildete, daß diese Art von Mädchen ihn, was er auch sprechen mochte, befremdet ansah; und dies schmerzte den Avantageur. Da ihn aber, nach Art vieler schlaffer und untauglicher Naturen, selbst die schlechteste Musik in eine schweigsame, müdselige und brütende Stimmung versetzte, auch die Baronin Anna, der er vollständig gleichgültig war, nur zerstreute Antworten gab, so verstummten beide bald und beschränkten sich darauf, mit einem etwas starren und etwas verzerrten Lächeln, das ihnen merkwürdigerweise gemeinsam war, in das Wiegen und Kreisen des Tanzes zu blicken.

Die Kerzen der Kronleuchter flackerten und troffen so sehr, daß sie durch knorrige und halberstarrte Stearinauswüchse ganz verunstaltet waren, und unter ihnen drehten sich und glitten zu Leutnant von Gelbsattels befeuernden Rhythmen die Paare. Mit niedergedrückten Spitzen schritten die Füße aus, wandten sich elastisch und schleiften dahin. Die langen Beine der Herren bogen sich ein wenig, federten, schnellten und schwangen sich fort. Die Röcke flogen. Die bunten Husarenjacken wirbelten durcheinander, und mit einer genußsüchtigen Kopfneigung lehnten die Damen ihre Taillen in die Arme der Tänzer.

Baron Harry hielt eine erstaunlich hübsche ›Schwalbe‹

ziemlich fest an seine verschnürte Brust gepreßt, indem er sein Gesicht nahe dem ihrigen hielt und ihr unverwandt in die Augen blickte. Baronin Anna's Lächeln folgte dem Paare. Dort rollte der ellenlange Leutnant von Lichterloh eine kleine, fette, kugelrunde und ungewöhnlich dekolletierte ›Schwalbe‹ mit sich fort. Aber unter dem einen Kronleuchter tanzte wahr und wahrhaftig Frau Rittmeister von Hühnemann, die den Champagner über alle Dinge liebte, völlig selbstvergessen mit einer dritten ›Schwalbe‹ im Kreise herum, einem niedlichen, sommersprossigen Geschöpf, dessen Gesicht über die ungewohnte Ehre über und über erstrahlte. »Liebe Baronin«, äußerte sich später Frau von Hühnemann gegen Frau Oberleutnant von Truchseß, »diese Mädchen sind gar nicht ungebildet, sie zählen Ihnen alle Kavalleriegarnisonen des Reiches an den Fingern her.« Sie tanzten miteinander, weil zwei Damen überzählig waren, und beachteten gar nicht, daß alles sich nach und nach vom Schauplatz zurückzog, um sie ganz allein sich produzieren zu lassen. Endlich merkten sie es dennoch und standen nebeneinander inmitten des Saales, ganz von Gelächter, Applaus und Bravorufen überschüttet...

Dann wurde Champagner getrunken, und die Ordonnanzen liefen mit ihren weißen Handschuhen von Tisch zu Tisch, um einzuschenken. Aber dann mußten die ›Schwalben‹ noch einmal singen, ganz einerlei, das mußten sie, ob sie nun außer Atem waren oder nicht!

In einer Reihe standen sie auf dem Podium, das die eine Schmalseite des Saales einnahm, und machten Augen. Ihre Schultern und Arme waren nackt, und ihre Kleider waren so gearbeitet, daß sie hellgraue Westen mit dunkleren Schwalbenfräcken darüber darstellten. Dazu trugen sie graue Zwickelstrümpfe und weitausgeschnittene Schuhe mit gewaltig hohen Absätzen. Es waren Blonde und Schwarze, Gutmütig-Dicke und solche von interessanter Dürre, solche mit ganz eigentümlich stumpf karmoisinroten Wangen und andere, die so weiß im Gesicht waren wie Clowns. Aber die Hübscheste von allen war doch die kleine Bräunliche mit den Kinderarmen und den mandelförmig umrissenen Augen, mit der Baron Harry soeben getanzt hatte. Auch Baronin Anna fand, daß diese die Hübscheste sei, und fuhr fort zu lächeln.

Nun sangen die ›Schwalben‹, und Leutnant von Gelbsattel begleitete sie, indem er zurückgeworfenen Oberleibes den Kopf nach ihnen umwandte und dabei mit weitausgestreckten Armen in die Tasten griff. Sie sangen einstimmig, daß sie flotte Vögel seien, die schon die ganze Welt bereist hätten und alle Herzen mit sich nähmen, wenn sie davonflögen. Sie sangen ein äußerst melodiöses Lied, das mit den Worten begann:

Ja, ja, das Militär,
Das lieben wir gar sehr!

und auch ganz ähnlich endigte. Aber dann sangen sie auf stürmisches Verlangen noch einmal das Schwalbenlied, und die Herren, die es schon ebenso gut auswendig konnten wie sie, stimmten begeistert ein:

Wenn die Schwalben wiederkommen,
Die wer'n schaun! Die wer'n schaun!

Der Saal dröhnte von Gesang, von Lachen und dem Klirren und Stampfen der bespornten Füße, die den Takt traten.

Auch Baronin Anna lachte über all den Unfug und Übermut; sie hatte schon den ganzen Abend so viel gelacht, daß ihr der Kopf und das Herz davon weh tat und sie gern in Frieden und Dunkelheit die Augen geschlossen hätte, wenn Harry hier nicht so eifrig bei der Sache gewesen wäre... »Heute bin ich lustig«, hatte sie vorhin, in einem Augenblick, als sie es selber glaubte, zu ihrer Tischnachbarin geäußert; aber dies hatte ihr ein Schweigen und einen spöttischen Blick eingetragen, worauf sie sich besonnen hatte, daß es unter Leuten nicht üblich war, dergleichen zu sagen. War man lustig, so benahm man sich demgemäß; es festzustellen und auszusprechen war bereits gewagt und wunderlich; aber zu sagen: »Ich bin traurig«, wäre direkt unmöglich gewesen.

Baronin Anna war in so großer Einsamkeit und Stille aufgewachsen, auf ihres Vaters Gut am Meere, daß sie noch immer allzusehr geneigt war, solche Wahrheiten außer acht zu lassen, obgleich sie sich davor fürchtete, die Leute zu befremden, und sehnlich wünschte, ganz ebenso zu sein wie die anderen, damit man sie ein wenig liebte... Sie hatte blasse Hände und aschblondes Haar, das viel zu schwer war im Verhältnis zu ihrem schmalen, zartknochigen Gesichtchen. Zwischen ihren hellen Brauen stand eine senkrechte Falte, die ihrem Lächeln etwas Bedrängtes und Wundes gab...

Es stand so mit ihr, daß sie ihren Gatten liebte... Niemand soll lachen! Sie liebte ihn sogar noch um der Geschichte mit den Semmeln willen, liebte ihn feig und elend, obgleich er sie betrog und täglich ihr Herz mißhandelte wie ein Knabe, litt Liebe um ihn wie ein Weib, das seine eigene Zartheit und Schwäche verachtet und weiß, daß die Kraft und das starke Glück auf Erden im Rechte sind. Ja, sie gab sich dieser Liebe und ihren Qualen hin, wie sie damals, als er in einem kurzen Anfall von Zärtlichkeit um sie geworben, sich ihm selbst hingegeben hatte: mit dem durstigen Verlangen eines einsamen und verträumten Geschöpfes nach dem Leben, der Leidenschaft und den Stürmen des Gefühls...

Dreitakt und Gläserklang, – Tumult, Dunst, Summen und Tanzschritt: das war Harry's Welt und sein Reich; und

es war das Reich ihrer Träume, weil dort das Glück war, Gewöhnlichkeit, Liebe und Leben.
Geselligkeit! Harmlose, festliche Geselligkeit, entnervendes, entwürdigendes, verführerisches Gift voll unfruchtbarer Reize, buhlerische Feindin des Gedankens und des Friedens, du bist etwas Fürchterliches! – Da saß sie, Abende und Nächte, gemartert von dem grellen Gegensatz zwischen der vollständigen Leere und Nichtigkeit ringsumher und der dabei herrschenden fieberhaften Erregung infolge des Weins, des Kaffees, der sinnlichen Musik und des Tanzes, saß und sah, wie Harry hübsche und lustige Frauen bezauberte, nicht, weil sie ihn sonderlich beglückten, sondern weil seine Eitelkeit verlangte, daß er sich vor den Leuten mit ihnen zeige, als ein Glücklicher, der wohlversorgt ist, keineswegs ausgeschlossen ist, keine Sehnsucht kennt... Wie weh diese Eitelkeit ihr tat, und wie sie sie dennoch liebte! Wie süß es war, zu finden, daß er schön aussah, jung, herrlich und betörend! Wie die Liebe anderer zu ihm ihre eigene zu einem qualvollen Aufflammen brachte!... Und wenn es vorüber war, wenn er am Schluß eines Festes, das sie in Not und Pein um ihn verbrachte, sich in unwissenden und egoistischen Lobpreisungen dieser Stunden erging, so kamen jene Augenblicke, wo ihr Haß und ihre Verachtung ihrer Liebe gleichkam, wo sie ihn »Wicht« und »Fant« nannte in ihrem Herzen und ihn durch Schweigen zu strafen suchte, durch lächerliches, verzweifeltes Schweigen...
Wissen wir's recht, kleine Baronin Anna? Machen wir reden, was alles sich hinter deinem armen Lächeln verbirgt, während die ›Schwalben‹ singen? – Und es kommt jener erbärmliche und unwürdige Zustand, in dem du gegen Morgen nach der harmlosen Geselligkeit in deinem Bette liegst und deine Geisteskräfte an das Nachdenken über Scherze, Witzworte, gute Antworten verausgabst, die du hättest finden müssen, um liebenswürdig zu sein, und die

du nicht gefunden hast. Es kommen jene Träume ums Tagesgrauen, daß du, vom Schmerze ganz schwach gemacht, an seiner Schulter weinst, daß er dich mit einem seiner leeren, netten, gewöhnlichen Worte zu trösten sucht und du plötzlich durchdrungen bist von dem beschämenden Widersinn, der darin liegt, an seiner Schulter über die Welt zu weinen...

Wenn er krank würde, nicht wahr? Raten wir recht, daß aus einem kleinen, gleichgültigen Übelbefinden seinerseits dir eine ganze Welt von Träumen ersteht, in denen du ihn als deinen leidenden Pflegling siehst, in denen er hilflos und zerbrochen vor dir liegt und endlich, endlich dir gehört? Schäme dich nicht! Verabscheue dich nicht! Der Kummer macht ein wenig schlecht zuweilen, – wir wissen es, wir sehen es, ach, arme kleine Seele, wir sahen ganz anderes auf unseren Reisen! Aber um den jungen Avantageur mit den zu langen Augenlidern könntest du dich ein bißchen kümmern, der neben dir sitzt und seine Einsamkeit gern mit deiner zusammentäte. Warum verschmähst du ihn? Warum verachtest du ihn? Weil er von deiner eigenen Welt ist und nicht von der anderen, wo Frohmut und Stolz herrscht, Glück, Rhythmus und Siegersinn? Freilich, es ist schwer, in einer Welt nicht heimisch zu sein und nicht in der anderen, – wir wissen es! Aber es gibt keine Versöhnung...

Der Beifall rauschte in Leutnant von Gelbsattels Nachspiel hinein, die ›Schwalben‹ waren fertig. Ohne die Stufen zu benutzen, sprangen sie vom Podium herunter, plumpsend und flatternd, und die Herren drängten sich, um ihnen behilflich zu sein. Baron Harry half der Kleinen, Bräunlichen mit den Kinderarmen, er tat es ausführlich und mit Verstand. Er umfaßte mit dem einen Arm ihre Oberschenkel und mit dem anderen ihre Taille, ließ sich Zeit, sie niederzusetzen, und trug sie beinahe zu dem Sekttischchen, wo er ihr Glas füllte, daß es überschäumte, und mit ihr anstieß, langsam und beziehungsvoll, indem er mit einem gegenstandslosen und eindringlichen Lächeln in ihre Augen blickte. Er hatte stark getrunken, und die Narbe glühte rot in seiner weißen Stirn, die scharf gegen sein verbranntes Gesicht abstach; aber er war aufgeräumt und frei, durchaus heiter erregt und ungetrübt von Leidenschaft.

Der Tisch stand demjenigen Baronin Anna's gegenüber, an der entgegengesetzten Längsseite des Saales, und indem sie mit irgend jemandem in ihrer Nähe gleichgültige Worte wechselte, horchte sie durstig auf das Lachen dort drüben, spähte schimpflich und verstohlen nach jeder Bewegung, – in diesem seltsamen Zustand voll schmerzlicher Anspannung, die es einem erlaubt, mechanisch und unter Wahrung aller gesellschaftlichen Formen eine Unterhaltung mit einer Person aufrechtzuerhalten und dabei geistig vollkommen abseits zu sein, nämlich bei einer anderen Person, die man beobachtet...

Ein- oder zweimal schien es ihr, als ob der Blick der kleinen ›Schwalbe‹ den ihren streifte... Kannte sie sie? Wußte sie, wer sie sei? Wie schön sie war! Wie keck und gedankenlos lebensvoll und verführerisch! Wenn Harry sie geliebt, sich nach ihr verzehrt, um sie gelitten hätte, sie würde es verziehen, begriffen, mitempfunden haben. Und plötzlich fühlte sie, daß ihre eigene Sehnsucht nach der kleinen ›Schwalbe‹ heißer und tiefer war als Harry's.

Die kleine ›Schwalbe‹! Lieber Gott, sie hieß Emmy und war gründlich ordinär. Aber wundervoll war sie mit ihren schwarzen Haarsträhnen, die das breite, begehrliche Gesicht umfingen, ihren dunkel umrissenen Mandelaugen, ihrem großen Mund voll weißblitzender Zähne und ihren bräunlichen, weich und lockend geformten Armen; und das Schönste an ihr waren die Schultern, die bei gewissen Bewegungen auf unvergleichlich geschmeidige Art in den Gelenken rollten... Baron Harry war voller Interesse für diese Schultern; er wollte durchaus nicht dulden, daß sie sie verhüllte, sondern veranstaltete einen geräuschvollen Kampf um den Schal, den umzulegen sie sich in den Kopf gesetzt hatte, – und bei alledem merkte niemand weit und breit, weder Baron Harry, noch seine Gattin, noch sonst irgend jemand, daß dieses kleine verwahrloste Geschöpf, das der Wein sentimental machte, den ganzen Abend zu dem jungen Avantageur hinüberschmachtete, der vorhin wegen Mangel an Rhythmus vom Klavier vertrieben worden war. Seine müden Augen und die Art seines Spieles hatten es ihr angetan, es dünkte sie edel, poetisch und aus einer anderen Welt, während Baron Harry's Sein und Wesen ihr allzu bekannt und langweilig erschien, und sie war ganz unglücklich und leiderfüllt darüber, daß der Avantageur seinerseits ihr nicht das kleinste Liebeszeichen gab...

Die tief herabgebrannten Kerzen brannten trüb in dem Zigarettenrauch, der in bläulichen Schichten über den Köpfen schwebte. Kaffeegeruch zog durch den Saal. Eine fade und schwere Atmosphäre, Festdunst, Geselligkeitsbrodem, verdickt und verwirrend gemacht durch die gewagten Parfüme der ›Schwalben‹, lagerte über allem, den weißgedeckten Tischen und Champagnerkühlern, den übernächtigen und ausgelassenen Menschen und ihrem Gesumme, Gelächter, Gekicher und Liebesgetändel.

Baronin Anna sprach nicht mehr. Die Verzweiflung und jenes furchtbare Beieinander von Sehnsucht, Neid, Liebe und Selbstverachtung, das man Eifersucht nennt und das nicht da sein dürfte, wenn die Welt gut sein sollte, hatten ihr Herz so sehr unterjocht, daß sie nicht mehr die Kraft hatte, sich zu verstellen. Mochte er sehen, wie es um sie stand, mochte er sich ihrer schämen, damit doch *ein* Gefühl, das sich auf sie bezog, in seiner Brust wäre.

Sie blickte hinüber... Das Spiel dort drüben ging ein wenig weit, und alles schaute ihm lachend und neugierig zu. Harry hatte eine neue Art von zärtlichem Ringkampf mit der kleinen ›Schwalbe‹ ausfindig gemacht. Er bestand darauf, die Ringe mit ihr zu wechseln, und seine Knie gegen die ihren gestemmt, hielt er sie auf dem Stuhle fest, haschte ausgelassen und in toller Jagd nach ihrer Hand und suchte ihre kleine, festgeballte Faust zu erbrechen. Endlich obsiegte er. Und unter dem lärmenden Beifall der Gesellschaft entwand er ihr umständlich den schmalen Schlangenreif und zwang triumphierend seinen eigenen Ehering an ihren Finger.

Da stand Baronin Anna auf. Zorn und Leid, die Sehnsucht, sich mit ihrem Gram um seine geliebte Nichtigkeit im Dunkeln zu verbergen, der verzweifelte Wunsch, ihn durch einen Skandal zu strafen, irgendwie seine Aufmerksamkeit auf sich zu lenken, überwältigten sie. Bleich schob sie ihren Stuhl zurück und ging mitten durch den Saal zur Tür.

Ein Aufsehen entstand. Ernst und ernüchtert sah man sich an. Ein paar Herren riefen mit lauter Stimme Harry beim Namen. Der Lärm verstummte.

Und da begab sich etwas ganz Seltsames. Die ›Schwalbe‹ Emmy nämlich ergriff mit vollster Entschiedenheit für Baronin Anna Partei. Sei es, daß ein allgemeiner Weibesinstinkt für den Schmerz und die leidende Liebe ihr Benehmen bestimmte, sei es, daß ihr eigener Kummer um den Avantageur mit den müden Augenlidern sie in Baronin Anna eine Kameradin erblicken ließ, – sie handelte zum allgemeinen Erstaunen.

»Sie sind gemein!« sagte sie laut in der herrschenden Stille, indem sie den verblüfften Baron Harry zurückstieß. Diesen einen Satz: »Sie sind gemein!« Und dann war sie auf einmal bei Baronin Anna, die schon den Türgriff erfaßt hielt.

»Verzeihen Sie!« sagte sie so leise, als sei niemand in der

Runde sonst wert, es zu hören. »Hier ist der Ring.« Damit schob sie Harry's Ehering in Baronin Anna's Hand. Und plötzlich fühlte Baronin Anna des Mädchens breites, warmes Gesichtchen über dieser ihrer Hand und einen weichen, inbrünstigen Kuß darauf brennen. »Verzeihen Sie!« flüsterte die kleine ›Schwalbe‹ noch einmal und lief dann fort.

Aber Baronin Anna stand draußen im Dunkeln, noch ganz betäubt, und wartete darauf, daß dies unerwartete Begebnis in ihr Gestalt und Sinn annähme. Und es kam, daß ein Glück, ein süßes, heißes und heimliches Glück einen Augenblick ihre Augen schloß...

Halt! Genug und nichts weiter! Seht doch die kostbare kleine Einzelheit! Da stand sie, ganz entzückt und bezaubert, weil dies Närrchen von einer Landstreicherin gekommen war, ihr die Hand zu küssen!

Wir verlassen dich, Baronin Anna, wir küssen dir die Stirn, leb' wohl, wir enteilen! Schlafe nun! Du wirst die ganze Nacht von der ›Schwalbe‹ träumen, die zu dir kam, und ein wenig glücklich sein.

Denn ein Glück, ein kleiner Schauer und Rausch von Glück berührt das Herz, wenn jene zwei Welten, zwischen denen die Sehnsucht hin und wider irrt, sich in einer kurzen, trügerischen Annäherung zusammenfinden.

DAS WUNDERKIND

Das Wunderkind kommt herein – im Saale wird's still. Es wird still, und dann beginnen die Leute zu klatschen, weil irgendwo seitwärts ein geborener Herrscher und Herdenführer zuerst in die Hände geschlagen hat. Sie haben noch nichts gehört, aber sie klatschen Beifall; denn ein gewaltiger Reklameapparat hat dem Wunderkinde vorgearbeitet, und die Leute sind schon betört, ob sie es wissen oder nicht.

Das Wunderkind kommt hinter einem prachtvollen Wandschirm hervor, der ganz mit Empirekränzen und großen Fabelblumen bestickt ist, klettert hurtig die Stufen zum Podium empor und geht in den Applaus hinein, wie in ein Bad, ein wenig fröstelnd, von einem kleinen Schauer angeweht, aber doch wie in ein freundliches Element. Es geht an den Rand des Podiums vor, lächelt, als sollte es photographiert werden, und dankt mit einem kleinen, schüchternen und lieblichen Damengruß, obgleich es ein Knabe ist.

Es ist ganz in weiße Seide gekleidet, was eine gewisse Rührung im Saale verbreitet. Es trägt ein weißseidenes Jäckchen von phantastischem Schnitt mit einer Schärpe darunter, und sogar seine Schuhe sind aus weißer Seide. Aber gegen die weißseidenen Höschen stechen scharf die bloßen Beinchen ab, die ganz braun sind; denn es ist ein Griechenknabe.

Bibi Saccellaphylaccas heißt er. Dies ist einmal sein Name. Von welchem Vornamen ›Bibi‹ die Abkürzung oder Koseform ist, weiß niemand, ausgenommen der Impresario, und der betrachtet es als Geschäftsgeheimnis. Bibi hat glattes, schwarzes Haar, das ihm bis zu den Schultern hinabhängt und trotzdem seitwärts gescheitelt und mit einer kleinen seidenen Schleife aus der schmal gewölbten, bräunlichen Stirn zurückgebunden ist. Er hat das harmloseste Kindergesichtchen von der Welt, ein unfertiges Näschen und einen ahnungslosen Mund, nur die Partie unter seinen pechschwarzen Mausaugen ist schon ein wenig matt und von zwei Charakterzügen deutlich begrenzt. Er sieht aus, als sei er neun Jahre alt, zählt aber erst acht und wird für siebenjährig ausgegeben. Die Leute wissen selbst nicht, ob sie es eigentlich glauben. Vielleicht wissen sie es besser und glauben dennoch daran, wie sie es in so manchen Fällen zu tun gewohnt sind. Ein wenig Lüge, denken sie, gehört zur Schönheit. Wo, denken sie, bliebe die Erbauung und Erhebung nach dem Alltag, wenn man nicht ein bißchen guten Willen mitbrächte, fünf gerade sein zu lassen? Und sie haben ganz recht in ihren Leutehirnen!

Das Wunderkind dankt, bis das Begrüßungsgeprassel sich legt; dann geht es zum Flügel, und die Leute werfen einen letzten Blick auf das Programm. Zuerst kommt ›Marche solennelle‹, dann ›Rêverie‹ und dann ›Le hibou et les moineaux‹, – alles von Bibi Saccellaphylaccas. Das ganze Programm ist von ihm, es sind seine Kompositionen. Er kann sie zwar nicht aufschreiben, aber er hat sie alle in seinem kleinen ungewöhnlichen Kopf, und es muß ihnen künstlerische Bedeutung zugestanden werden, wie ernst und sachlich auf den Plakaten vermerkt ist, die der Impresario abgefaßt hat. Es scheint, daß der Impresario dieses Zugeständnis seiner kritischen Natur in harten Kämpfen abgerungen hat.

Das Wunderkind setzt sich auf den Drehsessel und angelt mit seinen Beinchen nach den Pedalen, die vermittels eines sinnreichen Mechanismus viel höher angebracht sind als gewöhnlich, damit Bibi sie erreichen kann. Es ist sein eigener Flügel, den er überall mitnimmt. Er ruht auf Holzböcken, und seine Politur ist ziemlich strapaziert von

den vielen Transporten; aber das alles macht die Sache nur interessanter.
Bibi setzt seine weißseidenen Füße auf die Pedale; dann macht er eine kleine spitzfindige Miene, sieht geradeaus und hebt die rechte Hand. Es ist ein bräunlich naives Kinderhändchen, aber das Gelenk ist stark und unkindlich und zeigt hart ausgearbeitete Knöchel.
Seine Miene macht Bibi für die Leute, weil er weiß, daß er sie ein wenig unterhalten muß. Aber er selbst für sein Teil hat im stillen sein besonderes Vergnügen bei der Sache, ein Vergnügen, das er niemandem beschreiben könnte. Es ist dieses prickelnde Glück, dieser heimliche Wonneschauer, der ihn jedesmal überrieselt, wenn er wieder an einem offenen Klavier sitzt, – er wird das niemals verlieren. Wieder bietet sich ihm die Tastatur dar, diese sieben schwarz-weißen Oktaven, unter denen er sich so oft in Abenteuer und tief erregende Schicksale verloren, und die doch wieder so reinlich und unberührt erscheinen wie eine geputzte Zeichentafel. Es ist die Musik, die ganze Musik, die vor ihm liegt! Sie liegt vor ihm ausgebreitet wie ein lockendes Meer, und er kann sich hineinstürzen und selig schwimmen, sich tragen und entführen lassen und im Sturme gänzlich untergehen, und dennoch dabei die Herrschaft in Händen halten, regieren und verfügen... Er hält seine rechte Hand in der Luft.
Im Saal ist atemlose Stille. Es ist diese Spannung vor dem ersten Ton... Wie wird es anfangen? So fängt es an. Und Bibi holt mit seinem Zeigefinger den ersten Ton aus dem Flügel, einen ganz unerwartet kraftvollen Ton in der Mittellage, ähnlich einem Trompetenstoß. Andere fügen sich daran, eine Introduktion ergibt sich, – man löst die Glieder.
Es ist ein prunkhafter Saal, gelegen in einem modischen Gasthof ersten Ranges, mit rosig fleischlichen Gemälden an den Wänden, mit üppigen Pfeilern, umschnörkelten

Spiegeln und einer Unzahl, einem wahren Weltensystem von elektrischen Glühlampen, die in Dolden, in ganzen Bündeln überall hervorsprießen und den Raum mit einem weit übertaghellen, dünnen, goldigen, himmlischen Licht durchzittern... Kein Stuhl ist unbesetzt, ja selbst in den Seitengängen und dem Hintergrunde stehen die Leute. Vorn, wo es zwölf Mark kostet (denn der Impresario huldigt dem Prinzip der ehrfurchtgebietenden Preise), reiht sich die vornehme Gesellschaft; es ist in den höchsten Kreisen ein lebhaftes Interesse für das Wunderkind vorhanden. Man sieht viele Uniformen, viel erwählten Geschmack der Toilette... Sogar eine Anzahl von Kindern ist da, die auf wohlerzogene Art ihre Beine vom Stuhl hängen lassen und mit glänzenden Augen ihren kleinen begnadeten weißseidenen Kollegen betrachten...

Vorn links sitzt die Mutter des Wunderkindes, eine äußerst beleibte Dame, mit gepudertem Doppelkinn und einer Feder auf dem Kopf, und an ihrer Seite der Impresario, ein Herr von orientalischem Typus mit großen goldenen Knöpfen an den weit hervorstehenden Manschetten. Aber vorn in der Mitte sitzt die Prinzessin. Es ist eine kleine, runzelige, verschrumpfte alte Prinzessin, aber sie fördert die Künste, soweit sie zartsinnig sind. Sie sitzt in einem tiefen Sammetfauteuil, und zu ihren Füßen sind Perserteppiche ausgebreitet. Sie hält die Hände dicht unter der Brust auf ihrem graugestreiften Seidenkleid zusammengelegt, beugt den Kopf zur Seite und bietet ein Bild vornehmen Friedens, indes sie dem arbeitenden Wunderkinde zuschaut. Neben ihr sitzt ihre Hofdame, die sogar ein grüngestreiftes Seidenkleid trägt. Aber darum ist sie doch nur eine Hofdame und darf sich nicht einmal anlehnen.

Bibi schließt unter großem Gepränge. Mit welcher Kraft dieser Knirps den Flügel behandelt! Man traut seinen Ohren nicht. Das Thema des Marsches, eine schwunghafte, enthusiastische Melodie, bricht in voller harmonischer Ausstattung noch einmal hervor, breit und prahlerisch, und Bibi wirft bei jedem Takt den Oberkörper zurück, als marschierte er triumphierend im Festzuge. Dann schließt er gewaltig, schiebt sich gebückt und seitwärts vom Sessel herunter und lauert lächelnd auf den Applaus.

Und der Applaus bricht los, einmütig, gerührt, begeistert: Seht doch, was für zierliche Hüften das Kind hat, indes es seinen kleinen Damengruß exekutiert! Klatscht, klatscht! Wartet, nun ziehe ich meine Handschuhe aus. Bravo, kleiner Saccophylax oder wie du heißt –! Aber das ist ja ein Teufelskerl! – –

Bibi muß dreimal wieder hinter dem Wandschirm hervorkommen, ehe man Ruhe gibt. Einige Nachzügler, verspätete Ankömmlinge, drängen von hinten herein und bringen sich mühsam im vollen Saale unter. Dann nimmt das Konzert seinen Fortgang.

Bibi säuselt seine ›Rêverie‹, die ganz aus Arpeggien besteht, über welche sich manchmal mit schwachen Flügeln ein Stückchen Melodie erhebt; und dann spielt er ›Le hibou et les moineaux‹. Dieses Stück hat durchschlagenden Erfolg, übt eine zündende Wirkung. Es ist ein richtiges Kinderstück und von wunderbarer Anschaulichkeit. Im Baß sieht man den Uhu sitzen und grämlich mit seinen Schleieraugen klappen, indes im Diskant zugleich frech und ängstlich die Spatzen schwirren, die ihn necken wollen. Bibi wird viermal hervorgejubelt nach dieser Pièce. Ein Hotelbedienter mit blanken Knöpfen trägt ihm drei große Lorbeerkränze aufs Podium hinauf und hält sie von der Seite vor ihn hin, während Bibi grüßt und dankt. Sogar die Prinzessin beteiligt sich an dem Applaus, indem sie ganz zart ihre flachen Hände gegeneinander bewegt, ohne daß es irgendeinen Laut ergibt...

Wie dieser kleine versierte Wicht den Beifall hinzuziehen

versteht! Er läßt hinter dem Wandschirm auf sich warten, versäumt sich ein bißchen auf den Stufen zum Podium, betrachtet mit kindischem Vergnügen die bunten Atlasschleifen der Kränze, obgleich sie ihn längst schon langweilen, grüßt lieblich und zögernd und läßt den Leuten Zeit, sich auszutoben, damit nichts von dem wertvollen Geräusch ihrer Hände verlorengehe. ›Le hibou‹ ist mein Reißer, denkt er; denn diesen Ausdruck hat er vom Impresario gelernt. Nachher kommt die Fantaisie, die eigentlich viel besser ist, besonders die Stelle, wo es nach Cis geht. Aber ihr habt ja an diesem hibou einen Narren gefressen, ihr Publikum, obgleich er das erste und dümmste ist, was ich gemacht habe. Und er dankt lieblich.

Dann spielt er eine Meditation und dann eine Etude; – es ist ein ordentlich umfangreiches Programm. Die Meditation geht ganz ähnlich wie die ›Rêverie‹, was kein Einwand gegen sie ist, und in der Etude zeigt Bibi all seine technische Fertigkeit, die übrigens hinter seiner Erfindungsgabe ein wenig zurücksteht. Aber dann kommt die Fantaisie. Sie ist sein Lieblingsstück. Er spielt sie jedesmal ein bißchen anders, behandelt sie frei und überrascht sich zuweilen selbst dabei durch neue Einfälle und Wendungen, wenn er seinen guten Abend hat.

Er sitzt und spielt, ganz klein und weiß glänzend vor dem großen, schwarzen Flügel, allein und auserkoren auf dem Podium über der verschwommenen Menschenmasse, die zusammen nur eine dumpfe, schwer bewegliche Seele hat, auf die er mit seiner einzelnen und herausgehobenen Seele wirken soll... Sein weiches, schwarzes Haar ist ihm mitsamt der weißseidenen Schleife in die Stirn gefallen, seine starkknochigen, trainierten Handgelenke arbeiten, und man sieht die Muskeln seiner bräunlichen, kindlichen Wangen erbeben.

Zuweilen kommen Sekunden des Vergessens und Alleinseins, wo seine seltsamen, matt umränderten Mausaugen zur Seite gleiten, vom Publikum weg auf die bemalte Saalwand an seiner Seite, durch die sie hindurchblicken, um sich in einer ereignisvollen, von vagem Leben erfüllten Weite zu verlieren. Aber dann zuckt ein Blick aus dem Augenwinkel zurück in den Saal, und er ist wieder vor den Leuten.

Klage und Jubel, Aufschwung und tiefer Sturz – ›meine Fantaisie!‹ denkt Bibi ganz liebevoll. ›Hört doch, nun kommt die Stelle, wo es nach Cis geht!‹ Und er läßt die Verschiebung spielen, indes es nach Cis geht. ›Ob sie es merken?‹ Ach nein, bewahre, sie merken es nicht! Und darum vollführt er wenigstens einen hübschen Augenaufschlag zum Plafond, damit sie doch etwas zu sehen haben.

Die Leute sitzen in langen Reihen und sehen dem Wunderkinde zu. Sie denken auch allerlei in ihren Leutehirnen. Ein alter Herr mit einem weißen Bart, einem Siegelring am Zeigefinger und einer knolligen Geschwulst auf der Glatze, einem Auswuchs, wenn man will, denkt bei sich: ›Eigentlich sollte man sich schämen. Man hat es nie über ›Drei Jäger aus Kurpfalz‹ hinausgebracht, und da sitzt man nun als eisgrauer Kerl und läßt sich von diesem Dreikäsehoch Wunderdinge vormachen. Aber man muß bedenken, daß es von oben kommt. Gott verteilt seine Gaben, da ist nichts zu tun, und es ist keine Schande, ein gewöhnlicher Mensch zu sein. Es ist etwas wie mit dem Jesuskind. Man darf sich vor einem Kinde beugen, ohne sich schämen zu müssen. Wie seltsam wohltuend das ist!‹ – Er wagt nicht zu denken: Wie süß das ist! – ›Süß‹ wäre blamabel für einen kräftigen, alten Herrn. Aber er fühlt es! Er fühlt es dennoch!

›Kunst...‹, denkt der Geschäftsmann mit der Papageiennase. ›Ja, freilich, das bringt ein bißchen Schimmer ins Leben, ein wenig Klingklang und weiße Seide. Übrigens schneidet er nicht übel ab. Es sind reichlich fünfzig Plätze zu zwölf Mark verkauft: das macht allein sechshundert Mark, – und dann alles übrige. Bringt man Saalmiete, Beleuchtung und Programme in Abzug, so bleiben gut und gern tausend Mark netto. Das ist mitzunehmen.‹

›Nun, das war Chopin, was er da eben zum besten gab!‹ denkt die Klavierlehrerin, eine spitznäsige Dame in den Jahren, da die Hoffnungen sich schlafen legen und der Verstand an Schärfe gewinnt. ›Man darf sagen, daß er nicht sehr unmittelbar ist. Ich werde nachher äußern: ›Er ist wenig unmittelbar.‹ Das klingt gut. Übrigens ist seine Handhaltung vollständig unerzogen. Man muß einen Taler auf den Handrücken legen können ... Ich würde ihn mit dem Lineal behandeln.‹

Ein junges Mädchen, das ganz wächsern aussieht und sich in einem gespannten Alter befindet, in welchem man sehr wohl auf delikate Gedanken verfallen kann, denkt im geheimen: ›Aber was ist das! Was spielt er da! Es ist ja die Leidenschaft, die er da spielt! Aber er ist doch ein Kind?! Wenn er mich küßte, so wär' es, als küßte mein kleiner Bruder mich, – es wäre kein Kuß. Gibt es denn eine losgelöste Leidenschaft, eine Leidenschaft an sich und ohne irdischen Gegenstand, die nur ein inbrünstiges Kinderspiel wäre? ... Gut, wenn ich dies laut sagte, würde man mir Lebertran verabfolgen. So ist die Welt.‹

An einem Pfeiler steht ein Offizier. Er betrachtet den erfolgreichen Bibi und denkt: ›Du bist etwas, und ich bin etwas, jeder auf seine Art!‹ Im übrigen zieht er die Absätze zusammen und zollt dem Wunderkinde den Respekt, den er allen bestehenden Mächten zollt.

Aber der Kritiker, ein alternder Mann in blankem, schwarzem Rock und aufgekrempten, bespritzten Beinkleidern, sitzt auf seinem Freiplatze und denkt: ›Man sehe ihn an, diesen Bibi, diesen Fratz! Als Einzelwesen hat er noch ein Ende zu wachsen, aber als Typus ist er ganz fertig, als Typus des Künstlers. Er hat in sich des Künstlers

Hoheit und seine Würdelosigkeit, seine Scharlatanerie und seinen heiligen Funken, seine Verachtung und seinen heimlichen Rausch. Aber das darf ich nicht schreiben; es ist zu gut. Ach, glaubt mir, ich wäre selbst ein Künstler geworden, wenn ich nicht das alles so klar durchschaute...‹

Da ist das Wunderkind fertig, und ein wahrer Sturm erhebt sich im Saale. Er muß hervor und wieder hervor hinter seinem Wandschirm. Der Mann mit den blanken Knöpfen schleppt neue Kränze herbei, vier Lorbeerkränze, eine Lyra ein Veilchen, ein Bukett aus Rosen. Er hat nicht Arme genug, dem Wunderkinde all die Spenden zu reichen, der Impresario begibt sich persönlich aufs Podium, um ihm behilflich zu sein. Er hängt einen Lorbeerkranz um Bibi's Hals, er streichelt zärtlich sein schwarzes Haar. Und plötzlich, wie übermannt, beugt er sich nieder und gibt dem Wunderkinde einen Kuß, einen schallenden Kuß, gerade auf den Mund. Da aber schwillt der Sturm zum Orkan. Dieser Kuß fährt wie ein elektrischer Stoß in den Saal, durchläuft die Menge wie ein nervöser Schauer. Ein tolles Lärmbedürfnis reißt die Leute hin. Laute Hochrufe mischen sich in das wilde Geprassel der Hände. Einige von Bibi's kleinen gewöhnlichen Kameraden dort unten wehen mit ihren Taschentüchern... Aber der Kritiker denkt: ›Freilich, dieser Impresariokuß mußte kommen. Ein alter, wirksamer Scherz. Ja, Herrgott, wenn man nicht alles so klar durchschaute!‹

Und dann geht das Konzert des Wunderkindes zu Ende. Um halb acht Uhr hat es angefangen, um halb neun Uhr ist es aus. Das Podium ist voller Kränze, und zwei kleine Blumentöpfe stehen auf den Lampenbrettern des Flügels. Bibi spielt als letzte Nummer seine ›Rhapsodie grecque‹, welche schließlich in die griechische Hymne übergeht, und seine anwesenden Landsleute hätten nicht übel Lust, mitzusingen, wenn es nicht ein vornehmes Konzert wäre.

Dafür entschädigen sie sich am Schluß durch einen gewaltigen Lärm, einen heißblütigen Radau, eine nationale Demonstration. Aber der alternde Kritiker denkt: ›Freilich, die Hymne mußte kommen. Man spielt die Sache auf ein anderes Gebiet hinüber, man läßt kein Begeisterungsmittel unversucht. Ich werde schreiben, daß das unkünstlerisch ist. Aber vielleicht ist es gerade künstlerisch. Was ist der Künstler? Ein Hanswurst. Die Kritik ist das Höchste. Aber das darf ich nicht schreiben.‹ Und er entfernt sich in seinen bespritzten Hosen.

Nach neun oder zehn Hervorrufen begibt sich das erhitzte Wunderkind nicht mehr hinter den Wandschirm, sondern geht zu seiner Mama und dem Impresario hinunter in den Saal. Die Leute stehen zwischen den durcheinandergerückten Stühlen und applaudieren und drängen vorwärts, um Bibi aus der Nähe zu sehen. Einige wollen auch die Prinzessin sehen: Es bilden sich vor dem Podium zwei dichte Kreise um das Wunderkind und um die Prinzessin, und man weiß nicht recht, wer von beiden eigentlich Cercle hält. Aber die Hofdame verfügt sich auf Befehl zu Bibi; sie zupft und glättet ein wenig an seiner seidenen Jacke, um ihn hoffähig zu machen, führt ihn am Arm vor die Prinzessin und bedeutet ihm ernst, Ihrer Königlichen Hoheit die Hand zu küssen. »Wie machst du es, Kind?« fragt die Prinzessin. »Kommt es dir von selbst in den Sinn, wenn du niedersitzest?« – »Oui, Madame«, antwortet Bibi. Aber inwendig denkt er: ›Ach, du dumme, alte Prinzessin...!‹ Dann dreht er sich scheu und unerzogen um und geht wieder zu seinen Angehörigen.

Draußen an den Garderoben herrscht dichtes Gewühl. Man hält seine Nummer empor, man empfängt mit offenen Armen Pelze, Schale und Gummischuhe über die Tische hinüber. Irgendwo steht die Klavierlehrerin unter Bekannten und hält Kritik. »Er ist wenig unmittelbar«, sagt sie laut und sieht sich um...

Vor einem der großen Wandspiegel läßt sich eine junge, vornehme Dame von ihren Brüdern, zwei Leutnants, Abendmantel und Pelzschuhe anlegen. Sie ist wunderschön mit ihren stahlblauen Augen und ihrem klaren, reinrassigen Gesicht, ein richtiges Edelfräulein. Als sie fertig ist, wartet sie auf ihre Brüder. »Steh nicht so lange vor dem Spiegel, Adolf!« sagt sie leise und ärgerlich zu dem einen, der sich von dem Anblick seines hübschen, simplen Gesichts nicht trennen kann. Nun, das ist gut! Leutnant Adolf wird sich doch vor dem Spiegel seinen Paletot zuknöpfen dürfen, mit ihrer gütigen Erlaubnis! – Dann gehen sie, und draußen auf der Straße, wo die Bogenlampen trübe durch den Schneenebel schimmern, fängt Leutnant Adolf im Gehen ein bißchen an auszuschlagen, mit emporgeklapptem Kragen und die Hände in den schrägen Manteltaschen auf dem hartgefrorenen Schnee einen kleinen nigger-dance aufzuführen, weil es so kalt ist.

›Ein Kind!‹ denkt das unfrisierte Mädchen, welches mit frei hängenden Armen in Begleitung eines düsteren Jünglings hinter ihnen geht. ›Ein liebenswürdiges Kind! Dort drinnen war ein verehrungswürdiges...‹ Und mit lauter, eintöniger Stimme sagt sie: »Wir sind alle Wunderkinder, wir Schaffenden.«

›Nun!‹ denkt der alte Herr, der es nicht über ›Drei Jäger aus Kurpfalz‹ hinausgebracht hat und dessen Auswuchs jetzt von einem Zylinder bedeckt ist, ›was ist denn das! Eine Art Pythia, wie mir scheint.‹

Aber der düstere Jüngling, der sie aufs Wort versteht, nickt langsam.

Dann schweigen sie, und das unfrisierte Mädchen blickt den drei adeligen Geschwistern nach. Sie verachtet sie, aber sie blickt ihnen nach, bis sie um die Ecke entschwunden sind.

BEIM PROPHETEN

Seltsame Orte gibt es, seltsame Gehirne, seltsame Regionen des Geistes, hoch und ärmlich. An den Peripherien der Großstädte, dort, wo die Laternen spärlicher werden und die Gendarmen zu zweien gehen, muß man in den Häusern emporsteigen, bis es nicht weiter geht, bis in schräge Dachkammern, wo junge, bleiche Genies, Verbrecher des Traumes, mit verschränkten Armen vor sich hinbrüten, bis in billig und bedeutungsvoll geschmückte Ateliers, wo einsame, empörte und von innen verzehrte Künstler, hungrig und stolz, im Zigarettenqualm mit letzten und wüsten Idealen ringen. Hier ist das Ende, das Eis, die Reinheit und das Nichts. Hier gilt kein Vertrag, kein Zugeständnis, keine Nachsicht, kein Maß und kein Wert. Hier ist die Luft so dünn und keusch, daß die Miasmen des Lebens nicht mehr gedeihen. Hier herrscht der Trotz, die äußerste Konsequenz, das verzweifelt thronende Ich, die Freiheit, der Wahnsinn und der Tod...

Es war Karfreitag, abends um acht. Mehrere von denen, die Daniel geladen hatte, kamen zu gleicher Zeit. Sie hatten Einladungen in Quartformat erhalten, auf denen ein Adler einen nackten Degen in seinen Fängen durch die Lüfte trug und die in eigenartiger Schrift die Aufforderung zeigten, an dem Konvent zur Verlesung von Daniels Proklamationen am Karfreitagabend teilzunehmen, und sie trafen nun zur bestimmten Stunde in der öden und halbdunklen Vorstadtstraße vor dem banalen Mietshause zusammen, in welchem die leibliche Wohnstätte des Propheten gelegen war.

Einige kannten einander und tauschten Grüße. Es waren der polnische Maler und das schmale Mädchen, das mit ihm lebte, der Lyriker, ein langer, schwarzbärtiger Semit,

mit seiner schweren, bleichen und in hängende Gewänder gekleideten Gattin, eine Persönlichkeit von zugleich martialischem und kränklichem Aussehen, Spiritist und Rittmeister außer Dienst, und ein junger Philosoph mit dem Äußern eines Känguruhs. Nur der Novellist, ein Herr mit steifem Hut und gepflegtem Schnurrbart, kannte niemanden. Er kam aus einer andern Sphäre, war nur zufällig hierher geraten. Er hatte ein gewisses Verhältnis zum Leben, und ein Buch von ihm wurde in bürgerlichen Kreisen gelesen. Er war entschlossen, sich streng bescheiden, dankbar und im ganzen wie ein Geduldeter zu benehmen. In einem kleinen Abstande folgte er den anderen ins Haus. Sie stiegen die Treppe empor, eine nach der andern, gestützt auf das gußeiserne Geländer. Sie schwiegen, denn es waren Menschen, die den Wert des Wortes kannten und nicht unnütz zu reden pflegten. Im trüben Licht der kleinen Petroleumlampen, die an den Biegungen der Treppe auf den Fenstergesimsen standen, lasen sie im Vorübergehen die Namen an den Wohnungstüren. Sie stiegen an den Heim- und Sorgenstätten eines Versicherungsbeamten, einer Hebamme, einer Feinwäscherin, eines ›Agenten‹, eines Leichdornoperateurs vorüber, still, ohne Verachtung, aber fremd. Sie stiegen in dem engen Treppenhaus wie in einem halbdunklen Schacht empor, zuversichtlich und ohne Aufenthalt; denn von oben, von dort, wo es nicht weiter ging, winkte ihnen ein Schimmer, ein zarter und flüchtig bewegter Schein aus letzter Höhe.
Endlich standen sie am Ziel, unter dem Dach, im Lichte von sechs Kerzen, die in verschiedenen Leuchtern auf einem mit verblichenen Altardeckchen belegten Tischchen zu Häupten der Treppe brannten. An der Tür, welche bereits den Charakter eines Speichereinganges trug, war ein graues Pappschild befestigt, auf dem in römischen Lettern, mit schwarzer Kreide ausgeführt, der Name »Daniel« zu lesen war. Sie schellten... Ein breitköpfiger,

freundlich blickender Knabe in einem neuen blauen Anzug und mit blanken Schaftstiefeln öffnete ihnen, eine Kerze in der Hand, und leuchtete ihnen schräg über den kleinen, dunklen Korridor in einen untapezierten und mansardenartigen Raum, der bis auf einen hölzernen Garderobehalter durchaus leer war. Wortlos, mit einer Geste, die von einem lallenden Kehllaut begleitet war, forderte der Knabe zum Ablegen auf, und als der Novellist aus allgemeiner Teilnahme eine Frage an ihn richtete, erwies es sich vollends, daß das Kind stumm war. Es führte die Gäste mit seinem Licht über den Korridor zurück zu einer anderen Tür und ließ sie eintreten. Der Novellist folgte als letzter. Er trug Gehrock und Handschuhe, entschlossen, sich wie in der Kirche zu benehmen.

Eine feierlich schwankende und flimmernde Helligkeit, erzeugt von zwanzig oder fünfundzwanzig brennenden Kerzen, herrschte in dem mäßig großen Raum, den sie betraten. Ein junges Mädchen mit weißem Fallkragen und Manschetten über dem schlichten Kleid, Maria Josefa, Daniels Schwester, rein und töricht von Angesicht, stand dicht bei der Tür und reichte allen die Hand. Der Novellist kannte sie. Er war an einem literarischen Teetische mit ihr zusammengetroffen. Sie hatte aufrecht dagesessen, die Tasse in der Hand, und mit klarer und inniger Stimme von ihrem Bruder gesprochen. Sie betete Daniel an.

Der Novellist suchte ihn mit den Augen...

»Er ist nicht hier«, sagte Maria Josefa. »Er ist abwesend, ich weiß nicht, wo. Aber im Geiste wird er unter uns sein und die Proklamationen Satz für Satz verfolgen, während sie hier verlesen werden.«

»Wer wird sie verlesen?« fragte der Novellist gedämpft und ehrerbietig. Es war ihm ernst. Er war ein wohlmeinender und innerlich bescheidener Mensch, voller Ehrfurcht vor allen Erscheinungen der Welt, bereit, zu lernen und zu würdigen, was zu würdigen war.

»Ein Jünger meines Bruders«, antwortete Maria Josefa, »den wir aus der Schweiz erwarten. Er ist noch nicht da. Er wird im rechten Augenblick zur Stelle sein.«

Gegenüber der Tür, auf einem Tisch stehend und mit dem oberen Rande an die schräg abfallende Decke gelehnt, zeigte sich im Kerzenschein eine große, in heftigen Strichen ausgeführte Kreidezeichnung, die Napoleon darstellte, wie er in plumper und despotischer Haltung seine mit Kanonenstiefeln bekleideten Füße an einem Kamin wärmte. Zur Rechten des Einganges erhob sich ein altarartiger Schrein, auf welchem zwischen Kerzen, die in silbernen Armleuchtern brannten, eine bemalte Heiligenfigur mit aufwärts gerichteten Augen ihre Hände ausbreitete. Eine Betbank stand davor, und näherte man sich, so gewahrte man eine kleine, aufrecht an einem Fuße des Heiligen lehnende Amateurphotographie, die einen etwa dreißigjährigen jungen Mann mit gewaltig hoher, bleich zurückspringender Stirn und einem bartlosen, knochigen, raubvogelähnlichen Gesicht von konzentrierter Geistigkeit zeigte.

Der Novellist verweilte eine Weile vor Daniels Bildnis; dann wagte er sich behutsam weiter ins Zimmer hinein. Hinter einem großen Rundtisch, in dessen gelbpolierte Platte, von einem Lorbeerkranz umrahmt, derselbe degentragende Adler eingebrannt war, den man auf den Einladungen erblickt hatte, ragte zwischen niedrigen Holzsesseln ein strenger, schmaler und steiler gotischer Stuhl wie ein Thron und Hochsitz empor. Eine lange, schlicht gezimmerte Bank, mit billigem Stoff überdeckt, erstreckte sich vor der geräumigen, von Mauer und Dach gebildeten Nische, in der das niedrige Fenster gelegen war. Es stand offen, vermutlich, weil der untersetzt gebaute Kachelofen sich als überheizt erwiesen hatte, und gewährte den Ausblick auf ein Stück blauer Nacht, in deren Tiefe und Weite die unregelmäßig verteilten Gaslater-

nen als gelblich glühende Punkte sich in immer größeren Abständen verloren.
Aber dem Fenster gegenüber verengerte sich der Raum zu einem alkovenartigen Gelaß, das heller als der übrige Teil der Mansarde erleuchtet war und halb als Kabinett, halb als Kapelle behandelt erschien. In seiner Tiefe befand sich ein mit dünnem blassen Stoffe bedeckter Diwan. Zur Rechten gewahrte man ein verhängtes Büchergestell, auf dessen Höhe Kerzen in Armleuchtern und antik geformte Öllampen brannten. Zur Linken war ein weiß gedeckter Tisch aufgeschlagen, der ein Kruzifix, einen siebenarmigen Leuchter, einen mit rotem Weine gefüllten Becher und ein Stück Rosinenkuchen auf einem Teller trug. Im Vordergrunde des Alkovens jedoch erhob sich, von einem eisernen Kandelaber noch überragt, auf einem flachen Podium eine vergoldete Gipssäule, deren Kapitäl von einer blutrotseidenen Altardecke überhangen wurde. Und darauf ruhte ein Stapel beschriebenen Papiers in Folioformat: Daniels Proklamationen. Eine helle, mit kleinen Empirekränzen bedruckte Tapete bedeckte die Mauer und die schrägen Teile der Decke; Totenmasken, Rosenkränze, ein großes rostiges Schwert hingen an den Wänden; und außer dem großen Napoleonbildnis waren in verschiedenartiger Ausführung die Porträte von Luther, Nietzsche, Moltke, Alexander dem Sechsten, Robespierre und Savonarola im Raume verteilt...
»Dies alles ist erlebt«, sagte Maria Josefa, indem sie die Wirkung der Einrichtung in dem respektvoll verschlossenen Gesicht des Novellisten zu erforschen suchte. Aber unterdessen waren weitere Gäste gekommen, still und feierlich, und man fing an, sich in gemessener Haltung auf Bänken und Stühlen niederzulassen. Es saßen dort jetzt außer den zuerst Gekommenen noch ein phantastischer Zeichner mit greisenhaftem Kindergesicht, eine hinkende Dame, die sich als »Erotikerin« vorstellen zu las-

sen pflegte, eine unverheiratete junge Mutter von adeliger Herkunft, die von ihrer Familie verstoßen, aber ohne alle geistigen Ansprüche war und einzig und allein auf Grund ihrer Mutterschaft in diesen Kreisen Aufnahme gefunden hatte, eine ältere Schriftstellerin und ein verwachsener Musiker, – im ganzen etwa zwölf Personen. Der Novellist hatte sich in die Fensternische zurückgezogen, und Maria Josefa saß dicht neben der Tür auf einem Stuhl, die Hände auf den Knien nebeneinander gelegt. So warteten sie auf den Jünger aus der Schweiz, der im rechten Augenblick zur Stelle sein würde.

Plötzlich kam noch die reiche Dame an, die aus Liebhaberei solche Veranstaltungen zu besuchen pflegte. Sie war in ihrem seidenen Coupé aus der Stadt, aus ihrem prachtvollen Hause mit den Gobelins und den Türumrahmungen aus Giallo antico hierhergekommen, war alle Treppen heraufgestiegen und kam zur Tür herein, schön, duftend, luxuriös, in einem blauen Tuchkleid mit gelber Stickerei, den Pariser Hut auf dem rotbraunen Haar, und lächelte mit ihren Tizian-Augen. Sie kam aus Neugier, aus Langerweile, aus Lust an Gegensätzen, aus gutem Willen zu allem, was ein bißchen außerordentlich war, aus liebenswürdiger Extravaganz, begrüßte Daniels Schwester und den Novellisten, der in ihrem Hause verkehrte, und setzte sich auf die Bank vor der Fensternische zwischen die Erotikerin und den Philosophen mit dem Äußeren eines Känguruhs, als ob das in Ordnung sei.

»Fast wäre ich zu spät gekommen«, sagte sie leise mit ihrem schönen, beweglichen Mund zu dem Novellisten, der hinter ihr saß. »Ich hatte Leute zum Tee; das hat sich hingezogen ...«

Der Novellist war ganz ergriffen und dankte Gott, daß er in präsentabler Toilette war. Wie schön sie ist! dachte er. Sie ist wert, die Mutter dieser Tochter zu sein ...

»Und Fräulein Sonja?« fragte er über ihre Schulter hinweg. »Sie haben Fräulein Sonja nicht mitgebracht?« Sonja war die Tochter der reichen Dame und in des Novellisten Augen ein unglaubhafter Glücksfall von einem Geschöpf, ein Wunder an allseitiger Ausbildung, ein erreichtes Kulturideal. Er sagte ihren Namen zweimal, weil es ihm einen unbeschreiblichen Genuß bereitete, ihn auszusprechen.

»Sonja ist leidend«, sagte die reiche Dame. »Ja, denken Sie, sie hat einen schlimmen Fuß. Oh, nichts, eine Geschwulst, etwas wie eine kleine Entzündung oder Verfüllung. Es ist geschnitten worden. Vielleicht wäre es nicht nötig gewesen, aber sie wollte es selbst.«

»Sie wollte es selbst!« wiederholte der Novellist mit begeisterter Flüsterstimme. »Daran erkenn' ich sie! Aber wie in aller Welt kann man ihr seine Teilnahme kundgeben?«

»Nun, ich werde sie grüßen«, sagte die reiche Dame. Und da er schwieg: »Genügt Ihnen das nicht?«

»Nein, es genügt mir nicht«, sagte er ganz leise, und da sie seine Bücher schätzte, erwiderte sie lächelnd:

»So schicken Sie ihr ein Blümchen.«

»Danke!« sagte er. »Danke! Das will ich!« Und innerlich dachte er: ›Ein Blümchen? Ein Bukett! Einen ganzen Strauß! Ungefrühstückt fahre ich morgen in einer Droschke zum Blumenhändler –!‹ – Und er fühlte, daß er ein gewisses Verhältnis zum Leben habe.

Da ward draußen ein flüchtiges Geräusch laut, die Tür öffnete und schloß sich kurz und ruckhaft, und vor den Gästen stand im Kerzenschein ein untersetzter und stämmiger junger Mann in dunklem Jackenanzug: Der Jünger aus der Schweiz. Er überflog das Gemach mit einem drohenden Blick, ging mit heftigen Schritten zu der Gipssäule vorm Alkoven, stellte sich hinter sie auf das flache Podium mit einem Nachdruck, als wollte er dort einwurzeln, ergriff den zuoberst liegenden Bogen der Handschrift und begann sofort zu lesen.

Er war etwa achtundzwanzigjährig, kurzhalsig und häßlich. Sein geschorenes Haar wuchs in Form eines spitzen Winkels sonderbar weit in die ohnedies niedrige und gefurchte Stirn hinein. Sein Gesicht, bartlos, mürrisch und plump, zeigte eine Doggennase, grobe Backenknochen, eine eingefallene Wangenpartie und wulstig hervorspringende Lippen, die nur schwer, widerwillig und gleichsam mit einem schlaffen Zorn die Wörter zu bilden schienen. Dies Gesicht war roh und dennoch bleich. Er las mit einer wilden und überlauten Stimme, die aber gleichwohl im Innersten bebte, wankte und von Kurzluftigkeit beeinträchtigt war. Die Hand, in der er den beschriebenen Bogen hielt, war breit und rot, und dennoch zitterte sie. Er stellte ein unheimliches Gemisch von Brutalität und Schwäche dar, und was er las, stimmte auf seltsame Art damit überein.
Es waren Predigten, Gleichnisse, Thesen, Gesetze, Visionen, Prophezeiungen und tagesbefehlartige Aufrufe, die in einem Stilgemisch aus Psalter- und Offenbarungston mit militärisch-strategischen sowie philosophisch-kritischen Fachausdrücken in bunter und unabsehbarer Reihe einander folgten. Ein fieberhaftes und furchtbar gereiztes Ich reckte sich im einsamen Größenwahn empor und bedrohte die Welt mit einem Schwall von gewaltsamen Worten. Christus imperator maximus war sein Name, und er warb todbereite Truppen zur Unterwerfung des Erdballs, erließ Botschaften, stellte seine unerbittlichen Bedingungen, Armut und Keuschheit verlangte er, und wiederholte in grenzenlosem Aufruhr mit einer Art widernatürlicher Wollust immer wieder das Gebot des unbedingten Gehorsams. Buddha, Alexander, Napoleon und Jesus wurden als seine demütigen Vorläufer genannt, nicht wert, dem geistlichen Kaiser die Schuhriemen zu lösen...
Der Jünger las eine Stunde; dann trank er zitternd einen Schluck aus dem Becher mit rotem Wein und griff nach

neuen Proklamationen. Schweiß perlte auf seiner niedrigen Stirn, seine wulstigen Lippen bebten, und zwischen den Worten stieß er beständig mit einem kurz fauchenden Geräusch die Luft durch die Nase aus, erschöpft und brüllend. Das einsame Ich sang, raste und kommandierte. Es verlor sich in irre Bilder, ging in einem Wirbel von Unlogik unter und tauchte plötzlich an gänzlich unerwarteter Stelle gräßlich wieder empor. Lästerungen und Hosianna – Weihrauch und Qualm von Blut vermischten sich. In donnernden Schlachten ward die Welt erobert und erlöst...

Es wäre schwer gewesen, die Wirkung von Daniels Proklamationen auf die Zuhörer festzustellen. Einige blickten, weit zurückgelehnten Hauptes, mit erloschenen Augen zur Decke empor; andere hielten, tief über ihre Knie gebeugt, das Gesicht in den Händen vergraben. Die Augen der Erotikerin verschleierten sich jedesmal auf seltsame Art, wenn das Wort »Keuschheit« ertönte, und der Philosoph mit dem Äußern eines Känguruhs schrieb dann und wann etwas Ungewisses mit seinem langen und krummen Zeigefinger in die Luft. Der Novellist suchte seit längerer Zeit vergebens nach einer passenden Haltung für seinen schmerzenden Rücken. Um zehn Uhr kam ihm die Vision einer Schinkensemmel, aber er verscheuchte sie mannhaft. Gegen halb elf Uhr sah man, daß der Jünger das letzte Folioblatt in seiner roten und zitternden Rechten hielt. Er war zu Ende. »Soldaten!« schloß er, am äußersten Rande seiner Kraft, mit versagender Donnerstimme, »ich überliefere euch zur Plünderung – *die Welt!*« Dann trat er vom Podium herunter, sah alle mit einem drohenden Blick an und ging heftig, wie er gekommen war, zur Tür hinaus.

Die Zuhörer verharrten noch eine Minute lang unbeweglich in der Stellung, die sie zuletzt innegehabt hatten. Dann standen sie wie mit einem gemeinsamen Entschlusse auf und gingen unverzüglich, nachdem jeder mit einem leisen Worte Maria Josefa's Hand gedrückt hatte, die wieder mit ihrem weißen Fallkragen, still und rein, dicht an der Tür stand.

Der stumme Knabe war draußen zur Stelle. Er leuchtete den Gästen in den Garderobenraum, war ihnen beim Anlegen der Überkleider behilflich und führte sie durch das enge Stiegenhaus, in welches aus höchster Höhe, aus Daniels Reich, der bewegte Schein der Kerzen fiel, hinunter zur Haustür, die er aufschloß. Einer nach dem andern traten die Gäste auf die öde Vorstadtstraße hinaus.

Das Coupé der reichen Dame hielt vorm Hause; man sah, wie der Kutscher auf dem Bock zwischen den beiden hellstrahlenden Laternen die Hand mit dem Peitschenstiel zum Hute führte. Der Novellist geleitete die reiche Dame zum Schlage.

»Wie befinden Sie sich?« fragte er.

»Ich äußere mich ungern über solche Dinge«, antwortete sie. »Vielleicht ist er wirklich ein Genie oder doch etwas Ähnliches...«

»Ja, was ist das Genie?« sagte er nachdenklich. »Bei diesem Daniel sind alle Vorbedingungen vorhanden: die Einsamkeit, die Freiheit, die geistige Leidenschaft, die großartige Optik, der Glaube an sich selbst, sogar die Nähe von Verbrechen und Wahnsinn. Was fehlt? Vielleicht das Menschliche? Ein wenig Gefühl, Sehnsucht, Liebe? Aber das ist eine vollständig improvisierte Hypothese...

Grüßen Sie Sonja«, sagte er, als sie ihm vom Sitze aus zum Abschied die Hand reichte, und dabei las er mit Spannung in ihrer Miene, wie sie es aufnehmen werde, daß er einfach von »Sonja«, nicht von »Fräulein Sonja« oder von »Fräulein Tochter« sprach.

Sie schätzte seine Bücher, und so duldete sie es lächelnd.

»Ich werde es ausrichten.«

»Danke!« sagte er, und ein Rausch von Hoffnung verwirrte ihn. »Nun will ich zu Abend essen wie ein Wolf!«

Er hatte ein gewisses Verhältnis zum Leben.

SCHWERE STUNDE

Er stand vom Schreibtisch auf, von seiner kleinen, gebrechlichen Schreibkommode, stand auf wie ein Verzweifelter und ging mit hängendem Kopfe in den entgegengesetzten Winkel des Zimmers zum Ofen, der lang und schlank war wie eine Säule. Er legte die Hände an die Kacheln, aber sie waren fast ganz erkaltet, denn Mitternacht war lange vorbei, und so lehnte er, ohne die kleine Wohltat empfangen zu haben, die er suchte, den Rücken daran, zog hustend die Schöße seines Schlafrockes zusammen, aus dessen Brustaufschlägen das verwaschene Spitzenjabot heraushing, und schnob mühsam durch die Nase, um sich ein wenig Luft zu verschaffen; denn er hatte den Schnupfen wie gewöhnlich.

Das war ein besonderer und unheimlicher Schnupfen, der ihn fast nie völlig verließ. Seine Augenlider waren entflammt und die Ränder seiner Nasenlöcher ganz wund davon, und in Kopf und Gliedern lag dieser Schnupfen ihm wie eine schwere, schmerzliche Trunkenheit. Oder war an all der Schlaffheit und Schwere das leidige Zimmergewahrsam schuld, das der Arzt nun schon wieder seit Wochen über ihn verhängt hielt? Gott wußte, ob er wohl daran tat. Der ewige Katarrh und die Krämpfe in Brust und Unterleib mochten es nötig machen, und schlechtes Wetter war über Jena, seit Wochen, seit Wochen, das war richtig, ein miserables und hassenswertes Wetter, das man in allen Nerven spürte, wüst, finster und kalt, und der Dezemberwind heulte im Ofenrohr, verwahrlost und gottverlassen, daß es klang nach nächtiger Heide im Sturm und Irrsal und heillosem Gram der Seele. Aber gut war sie nicht, diese enge Gefangenschaft, nicht gut für die Gedanken und den Rhythmus des Blutes, aus dem die Gedanken kamen...

Das sechseckige Zimmer, kahl, nüchtern und unbequem, mit seiner geweißten Decke, unter der Tabaksrauch schwebte, seiner schräg karierten Tapete, auf der oval gerahmte Silhouetten hingen, und seinen vier, fünf dünnbeinigen Möbeln, lag im Lichte der beiden Kerzen, die zu Häupten des Manuskripts auf der Schreibkommode brannten. Rote Vorhänge hingen über den oberen Rahmen der Fenster, Fähnchen nur, symmetrisch geraffte Kattune; aber sie waren rot, von einem warmen, sonoren Rot, und er liebte sie und wollte sie niemals missen, weil sie etwas von Üppigkeit und Wollust in die unsinnlich-enthaltsame Dürftigkeit seines Zimmers brachten...

Er stand am Ofen und blickte mit einem raschen und schmerzlich angestrengten Blinzeln hinüber zu dem Werk, von dem er geflohen war, dieser Last, diesem Druck, dieser Gewissensqual, diesem Meer, das auszutrinken, dieser furchtbaren Aufgabe, die sein Stolz und sein Elend, sein Himmel und seine Verdammnis war. Es schleppte sich, es stockte, es stand – schon wieder, schon wieder! Das Wetter war schuld und sein Katarrh und seine Müdigkeit. Oder das Werk? Die Arbeit selbst? Die eine unglückselige und der Verzweiflung geweihte Empfängnis war?

Er war aufgestanden, um sich ein wenig Distanz davon zu verschaffen, denn so oft bewirkte die räumliche Entfernung vom Manuskript, daß man Übersicht gewann, einen weiteren Blick über den Stoff, und Verfügungen zu treffen vermochte. Ja, es gab Fälle, wo das Erleichterungsgefühl, wenn man sich abwendete von der Stätte des Ringens, begeisternd wirkte. Und das war eine unschuldigere Begeisterung, als wenn man Likör nahm oder schwarzen, starken Kaffee... Die kleine Tasse stand auf dem Tischchen. Wenn sie ihm über das Hemmnis hülfe? Nein, nein, nicht mehr! Nicht der Arzt nur, auch ein zweiter noch, ein Ansehnlicherer, hatte ihm dergleichen behutsam widerraten: der andere, der dort, in Weimar, den er mit einer sehnsüchtigen Feindschaft liebte. Der war weise. Der wußte zu leben, zu schaffen; mißhandelte sich nicht; war voller Rücksicht gegen sich selbst...

Stille herrschte im Hause. Nur der Wind war hörbar, der die Schloßgasse hinuntersauste, und der Regen, wenn er prickelnd gegen die Fenster getrieben ward. Alles schlief, der Hauswirt und die Seinen, Lotte und die Kinder. Und er stand einsam wach am erkalteten Ofen und blinzelte gequält zu dem Werk hinüber, an das seine kranke Ungenügsamkeit ihn glauben ließ... Sein weißer Hals ragte lang aus der Binde hervor, und zwischen den Schößen des Schlafrocks sah man seine nach innen gekrümmten Beine. Sein rotes Haar war aus der hohen und zarten Stirn zurückgestrichen, ließ blaß geäderte Buchten über den Schläfen frei und bedeckte die Ohren in dünnen Locken. An der Wurzel der großen, gebogenen Nase, die unvermittelt in eine weißliche Spitze endete, traten die starken Brauen, dunkler als das Haupthaar, nahe zusammen, was dem Blick der tiefliegenden, wunden Augen etwas tragisch Schauendes gab. Gezwungen, durch den Mund zu atmen, öffnete er die dünnen Lippen, und seine Wangen, sommersprossig und von Stubenluft fahl, erschlafften und fielen ein...

Nein, es mißlang, und alles war vergebens! Die Armee! Die Armee hätte gezeigt werden müssen! Die Armee war die Basis von allem! Da sie nicht vors Auge gebracht werden konnte – war die ungeheure Kunst denkbar, sie der Einbildung aufzuzwingen? Und der Held war kein Held, er war unedel und kalt! Die Anlage war falsch, und die Sprache war falsch, und es war ein trockenes und schwungloses Kolleg in Historie, breit, nüchtern und für die Schaubühne verloren!

Gut, es war also aus. Eine Niederlage. Ein verfehltes Unternehmen. Bankerott. Er wollte es Körnern schreiben, dem guten Körner, der an ihn glaubte, der in kindischem Vertrauen seinem Genius anhing. Er würde höhnen, flehen, poltern – der Freund; würde ihn an den Carlos gemahnen, der auch aus Zweifeln und Mühen und Wandlungen hervorgegangen und sich am Ende, nach aller Qual, als ein weithin Vortreffliches, eine ruhmvolle Tat erwiesen hat. Doch das war anders gewesen. Damals war er der Mann noch, eine Sache mit glücklicher Hand zu packen und sich den Sieg daraus zu gestalten. Skrupel und Kämpfe? O ja. Und krank war er gewesen, wohl kränker als jetzt, ein Darbender, Flüchtiger, mit der Welt Zerfallener, gedrückt und im Menschlichen bettelarm. Aber jung, ganz jung noch! Jedesmal, wie tief auch gebeugt, war sein Geist geschmeidig emporgeschnellt, und nach den Stunden des Harms waren die anderen des Glaubens und des inneren Triumphes gekommen. Die kamen nicht mehr, kamen kaum noch. Eine Nacht der flammenden Stimmung, da man auf einmal in einem genialisch leidenschaftlichen Lichte sah, was werden könnte, wenn man immer solcher Gnade genießen dürfte, mußte bezahlt werden mit einer Woche der Finsternis und der Lähmung. Müde war er, siebenunddreißig erst alt und schon am Ende. Der Glaube lebte nicht mehr, der an die Zukunft, der im Elend sein Stern gewesen. Und so war es, dies war die verzweifelte Wahrheit: Die Jahre der Not und der Nichtigkeit, die er für Leidens- und Prüfungsjahre gehalten, sie eigentlich waren reiche und fruchtbare Jahre gewesen; und nun, da ein wenig Glück sich herniedergelassen, da er aus dem Freibeutertum des Geistes in einige Rechtlichkeit und bürgerliche Verbindung eingetreten war, Amt und Ehren trug, Weib und Kinder besaß, nun war er erschöpft und fertig. Versagen und verzagen – das war's, was übrigblieb.

Er stöhnte, preßte die Hände vor die Augen und ging wie gehetzt durch das Zimmer. Was er da eben gedacht, war

so furchtbar, daß er nicht an der Stelle zu bleiben vermochte, wo ihm der Gedanke gekommen war. Er setzte sich auf einen Stuhl an der Wand, ließ die gefalteten Hände zwischen den Knien hangen und starrte trüb auf die Diele nieder.
Das Gewissen... Wie laut sein Gewissen schrie! Er hatte gesündigt, sich versündigt gegen sich selbst in all den Jahren, gegen das zarte Instrument seines Körpers. Die Ausschweifungen seines Jugendmutes, die durchwachten Nächte, die Tage in tabakrauchiger Stubenluft, übergeistig und des Leibes uneingedenk, die Rauschmittel, mit denen er sich zur Arbeit gestachelt – das rächte, rächte sich jetzt!
Und rächte es sich, so wollte er den Göttern trotzen, die Schuld schickten und dann Strafe verhängten. Er hatte gelebt, wie er leben mußte, er hatte nicht Zeit gehabt, weise, nicht Zeit, bedächtig zu sein. Hier, an dieser Stelle der Brust, wenn er atmete, hustete, gähnte, immer am selben Punkt dieser Schmerz, diese kleine, teuflische, stechende, bohrende Mahnung, die nicht schwieg, seitdem vor fünf Jahren in Erfurt das Katarrhfieber, jene hitzige Brustkrankheit, ihn angefallen – was wollte sie sagen? In Wahrheit, er wußte es nur zu gut, was sie meinte, – mochte der Arzt sich stellen wie er konnte und wollte. Er hatte nicht Zeit, sich mit kluger Schonung zu begegnen, mit milder Sittlichkeit hauszuhalten. Was er tun wollte, mußte er bald tun, heute noch, schnell... Sittlichkeit? Aber wie kam es zuletzt, daß die Sünde gerade, die Hingabe an das Schädliche und Verzehrende ihn moralischer dünkte als alle Weisheit und kühle Zucht? Nicht sie, nicht die verächtliche Kunst des guten Gewissens waren das Sittliche, sondern der Kampf und die Not, die Leidenschaft und der Schmerz!
Der Schmerz... Wie das Wort ihm die Brust weitete! Er reckte sich auf, verschränkte die Arme; und sein Blick,

unter den rötlichen, zusammenstehenden Brauen, beseelte sich mit schöner Klage. Man war noch nicht elend, ganz elend noch nicht, solange es möglich war, seinem Elend eine stolze und edle Benennung zu schenken. Eins war not: Der gute Mut, seinem Leben große und schöne Namen zu geben! Das Leid nicht auf Stubenluft und Konstipation zurückzuführen! Gesund genug sein, um pathetisch sein – um über das Körperliche hinwegsehen, hinwegfühlen zu können! Nur hierin naiv sein, wenn auch sonst wissend in allem! Glauben, an den Schmerz glauben können... Aber er glaubte ja an den Schmerz, so tief, so innig, daß etwas, was unter Schmerzen geschah, diesem Glauben zufolge weder nutzlos noch schlecht sein konnte. Sein Blick schwang sich zum Manuskript hinüber, und seine Arme verschränkten sich fester über der Brust... Das Talent selbst – war es nicht Schmerz? Und wenn *das* dort, das unselige Werk, ihn leiden machte, war es nicht in der Ordnung so und fast schon ein gutes Zeichen? Es hatte noch niemals gesprudelt, und sein Mißtrauen würde erst eigentlich beginnen, wenn es das täte. Nur bei Stümpern und Dilettanten sprudelte es, bei den Schnellzufriedenen und Unwissenden, die nicht unter dem Druck und der Zucht des Talentes lebten. Denn das Talent, meine Herren und Damen dort unten, weithin im Parterre, das Talent ist nichts Leichtes, nichts Tändelndes, es ist nicht ohne weiteres ein Können. In der Wurzel ist es *Bedürfnis*, ein kritisches Wissen um das Ideal, eine Ungenügsamkeit, die sich ihr Können nicht ohne Qual erst schafft und steigert. Und den Größten, den Ungenügsamsten ist ihr Talent die schärfste Geißel... Nicht klagen! Nicht prahlen! Bescheiden, geduldig denken von dem, was man trug! Und wenn nicht ein Tag in der Woche, nicht eine Stunde von Leiden frei war – was weiter? Die Lasten und Leistungen, die Anforderungen, Beschwerden, Strapazen gering achten, *klein* sehen, – das war's, was groß machte!

Er stand auf, zog die Dose und schnupfte gierig, warf dann die Hände auf den Rücken und schritt so heftig durch das Zimmer, daß die Flammen der Kerzen im Luftzuge flatterten... Größe! Außerordentlichkeit! Welteroberung und Unsterblichkeit des Namens! Was galt alles Glück der ewig Unbekannten gegen dies Ziel? Gekannt sein, – gekannt und geliebt von den Völkern der Erde! Schwatzet von Ichsucht, die ihr nichts wißt von der Süßigkeit dieses Traumes und Dranges! Ichsüchtig ist alles Außerordentliche, sofern es leidet. Mögt ihr selbst zusehen, spricht es, ihr Sendungslosen, die ihr's auf Erden so viel leichter habt! Und der Ehrgeiz spricht: Soll das Leiden umsonst gewesen sein? Groß muß es mich machen!...
Die Flügel seiner großen Nase waren gespannt, sein Blick drohte und schweifte. Seine Rechte war heftig und tief in den Aufschlag seines Schlafrockes geschoben, während die Linke geballt herniederhing. Eine fliegende Röte war in seine hageren Wangen getreten, eine Lohe, emporgeschlagen aus der Glut seines Künstleregoismus, jener Leidenschaft für sein Ich, die unauslöschlich in seiner Tiefe brannte. Er kannte ihn wohl, den heimlichen Rausch dieser Liebe. Zuweilen brauchte er nur seine Hand zu betrachten, um von einer begeisterten Zärtlichkeit für sich selbst erfüllt zu werden, in deren Dienst er alles, was ihm an Waffen des Talentes und der Kunst gegeben war, zu stellen beschloß. Er durfte es, nichts war unedel daran. Denn tiefer noch als diese Ichsucht lebte das Bewußtsein, sich dennoch bei alldem im Dienste vor irgend etwas Hohem, ohne Verdienst freilich, sondern unter einer Notwendigkeit, uneigennützig zu verzehren und aufzuopfern. Und dies war seine Eifersucht: daß niemand größer werde als er, der nicht auch tiefer als er um dieses Hohe gelitten.
Niemand!... Er blieb stehen, die Hand über den Augen, den Oberkörper halb seitwärts gewandt, ausweichend,

fliehend. Aber er fühlte schon den Stachel dieses unvermeidlichen Gedankens in seinem Herzen, des Gedankens an ihn, den anderen, den Hellen, Tatseligen, Sinnlichen, Göttlich-Unbewußten, an *den* dort, in Weimar, den er mit einer sehnsüchtigen Feindschaft liebte... Und wieder, wie stets, in tiefer Unruhe, mit Hast und Eifer, fühlte er die Arbeit in sich beginnen, die diesem Gedanken folgte: das eigene Wesen und Künstlertum gegen das des anderen zu behaupten und abzugrenzen... War er denn größer? Worin? Warum? War es ein blutendes Trotzdem, wenn er siegte? Würde je sein Erliegen ein tragisches Schauspiel sein? Ein Gott, vielleicht – ein Held war er nicht. Aber es war leichter, ein Gott zu sein als ein Held! – Leichter... Der andere hatte es leichter! Mit weiser und glücklicher Hand Erkennen und Schaffen zu scheiden, das mochte heiter und quallos und quellend fruchtbar machen. Aber war Schaffen göttlich, so war Erkenntnis Heldentum, und beides war der, ein Gott und ein Held, welcher erkennend schuf!

Der Wille zum Schweren... Ahnte man, wieviel Zucht und Selbstüberwindung ein Satz, ein strenger Gedanke ihn kostete? Denn zuletzt war er unwissend und wenig geschult, ein dumpfer und schwärmender Träumer. Es war schwerer, einen Brief des Julius zu schreiben, als die beste Szene zu machen, – und war es nicht darum auch fast schon das Höhere? – Vom ersten rhythmischen Drange innerer Kunst nach Stoff, Materie, Möglichkeit des Ergusses – bis zum Gedanken, zum Bilde, zum Worte, zur Zeile: welch Ringen! welch Leidensweg! Wunder der Sehnsucht waren seine Werke, der Sehnsucht nach Form, Gestalt, Begrenzung, Körperlichkeit, der Sehnsucht hinüber in die klare Welt des anderen, der unmittelbar und mit göttlichem Mund die besonnten Dinge bei Namen nannte.

Dennoch, und jenem zum Trotz: Wer war ein Künstler,

ein Dichter gleich ihm, ihm selbst? Wer schuf, wie er, aus dem Nichts, aus der eigenen Brust? War nicht als Musik, als reines Urbild des Seins ein Gedicht in seiner Seele geboren, lange bevor es sich Gleichnis und Kleid aus der Welt der Erscheinungen lieh? Geschichte, Weltweisheit, Leidenschaft: Mittel und Vorwände, nicht mehr, für etwas, was wenig mit ihnen zu schaffen, was seine Heimat in orphischen Tiefen hatte. Worte, Begriffe: Tasten nur, die sein Künstlertum schlug, um ein verborgenes Saitenspiel klingen zu machen... Wußte man das? Sie priesen ihn sehr, die guten Leute, für die Kraft der Gesinnung, mit welcher er die oder jene Taste schlug. Und sein Lieblingswort, sein letztes Pathos, die große Glocke, mit der er zu den höchsten Festen der Seele rief, sie lockte viele herbei... Freiheit... Mehr und weniger, wahrhaftig, begriff er darunter als sie, wenn sie jubelten. Freiheit – was hieß das? Ein wenig Bürgerwürde doch nicht vor Fürstenthronen? Laßt ihr euch träumen, was alles ein Geist mit dem Worte zu meinen wagt? Freiheit wovon? Wovon zuletzt noch? Vielleicht sogar noch vom Glücke, vom Menschenglück, dieser seidenen Fessel, dieser weichen und holden Verpflichtung...
Vom Glück... Seine Lippen zuckten, es war, als kehrte sein Blick sich nach innen, und langsam ließ er das Gesicht in die Hände sinken... Er war im Nebenzimmer. Bläuliches Licht floß von der Ampel, und der geblümte Vorhang verhüllte in stillen Falten das Fenster. Er stand am Bette, beugte sich über das süße Haupt auf dem Kissen... Eine schwarze Locke ringelte sich über die Wange, die von der Blässe der Perlen schien, und die kindlichen Lippen waren im Schlummer geöffnet... Mein Weib! Geliebte! Folgtest du meiner Sehnsucht und tratest du zu mir, mein Glück zu sein? Du bist es, sei still! Und schlafe! Schlag jetzt nicht diese süßen, langschattenden Wimpern auf, um mich anzuschauen, so groß und dunkel, wie

manchmal, als fragtest und suchtest du mich! Bei Gott, bei Gott, ich liebe dich sehr! Ich kann mein Gefühl nur zuweilen nicht finden, weil ich oft sehr müde vom Leiden bin und vom Ringen mit jener Aufgabe, welche mein Selbst mir stellt. Und ich darf nicht allzusehr dein, nie ganz in dir glücklich sein, um dessentwillen, was meine Sendung ist...

Er küßte sie, trennte sich von der lieblichen Wärme ihres Schlummers, sah um sich, kehrte zurück. Die Glocke mahnte ihn, wie weit schon die Nacht vorgeschritten, aber es war auch zugleich, als zeigte sie gütig das Ende einer schweren Stunde an. Er atmete auf, seine Lippen schlossen sich fest; er ging und ergriff die Feder... Nicht grübeln! Er war zu tief, um grübeln zu dürfen! Nicht ins Chaos hinabsteigen, sich wenigstens nicht dort aufhalten! Sondern aus dem Chaos, welches die Fülle ist, ans Licht emporheben, was fähig und reif ist, Form zu gewinnen. Nicht grübeln: Arbeiten! Begrenzen, ausschalten, gestalten, fertig werden...

Und es wurde fertig, das Leidenswerk. Es wurde vielleicht nicht gut, aber es wurde fertig. Und als es fertig war, siehe, da war es auch gut. Und aus seiner Seele, aus Musik und Idee, rangen sich neue Werke hervor, klingende und schimmernde Gebilde, die in heiliger Form die unendliche Heimat wunderbar ahnen ließen, wie in der Muschel das Meer saust, dem sie entfischt ist.

WÄLSUNGENBLUT

Da es sieben Minuten vor zwölf war, kam Wendelin in den Vorsaal des ersten Stockes und rührte das Tamtam. Breitbeinig, in seinen veilchenfarbenen Kniehosen, stand er auf einem altersblassen Gebetsteppich und bearbeitete das Metall mit dem Klöppel. Der erzene Lärm, wild, kannibalisch und übertrieben für seinen Zweck, drang überall hin: in die Salons zur Rechten und Linken, den Billardsaal, die Bibliothek, den Wintergarten, hinab durch das ganze Haus, dessen gleichmäßig erwärmte Atmosphäre durchaus mit einem süßen und exotischen Parfum geschwängert war. Endlich schwieg er, und Wendelin ging noch sieben Minuten lang anderen Geschäften nach, indes Florian im Eßsaal die letzte Hand an den Frühstückstisch legte. Aber Schlag zwölf Uhr ertönte die kriegerische Mahnung zum zweitenmal. Und hierauf erschien man.

Herr Aarenhold kam mit kurzen Schritten aus der Bibliothek, wo er sich mit seinen alten Drucken beschäftigt hatte. Er erwarb beständig literarische Altertümer, Ausgaben erster Hand in allen Sprachen, kostbare und moderige Scharteken. Indem er sich leise die Hände rieb, fragte er in seiner gedämpften und ein wenig leidenden Art: »Ist Beckerath noch nicht da?«

»Nun, er wird kommen. Wie wird er nicht kommen? Er spart ein Frühstück im Restaurant«, antwortete Frau Aarenhold, indem sie auf dem dicken Läufer geräuschlos über die Treppe kam, auf deren Absatz eine kleine, uralte Kirchenorgel stand.

Herr Aarenhold blinzelte. Seine Frau war unmöglich. Sie war klein, häßlich, früh gealtert und wie unter einer fremden, heißeren Sonne verdorrt. Eine Kette von Brillanten lag auf ihrer eingefallenen Brust. Sie trug ihr graues Haar in vielen Schnörkeln und Ausladungen zu einer umständlichen und hochgebauten Coiffure angeordnet, in welcher, irgendwo seitwärts, eine große, farbig funkelnde und ihrerseits mit einem weißen Federbüschel gezierte Brillant-Agraffe befestigt war. Herr Aarenhold und die Kinder hatten ihr diese Haartracht mehr als einmal mit gut gesetzten Worten verwiesen. Aber Frau Aarenhold bestand mit Zähigkeit auf ihrem Geschmack.

Die Kinder kamen. Es waren Kunz und Märit, Siegmund und Sieglind. Kunz war in betreßter Uniform, ein schöner, brauner Mensch mit aufgeworfenen Lippen und einer gefährlichen Hiebnarbe. Er übte sechs Wochen bei seinem Husarenregiment. Märit erschien in miederlosem Gewande. Sie war aschblond, ein strenges Mädchen von achtundzwanzig mit Hakennase, grauen Raubvogelaugen und einem bittern Munde. Sie studierte die Rechte und ging mit einem Ausdruck von Verachtung durchaus ihre eigenen Wege.

Siegmund und Sieglind kamen zuletzt, Hand in Hand, aus dem zweiten Stock. Sie waren Zwillinge und die Jüngsten: grazil wie Gerten und kindlich von Wuchs bei ihren neunzehn Jahren. Sie trug ein bordeauxrotes Samtkleid, zu schwer für ihre Gestalt und im Schnitt der florentinischen Mode von Fünfzehnhundert sich nähernd. Er trug einen grauen Jackett-Anzug mit einer Krawatte aus himbeerfarbener Rohseide, Lackschuhe an seinen schlanken Füßen und Manschettenknöpfe, die mit kleinen Brillanten besetzt waren. Sein starker, schwarzer Bartwuchs war rasiert, so daß auch seinem mageren und fahlen Gesicht mit den schwarz zusammengewachsenen Brauen das Ephebenhafte seiner Gestalt bewahrt blieb. Sein Kopf war mit dichten, schwarzen, gewaltsam auf der Seite gescheitelten Locken bedeckt, die ihm weit in die Schläfen wuchsen. In ihrem dunkelbraunen Haar, das in tiefem, glatten Scheitel über die Ohren frisiert war, lag ein goldener Reif, von dem in ihre Stirn hinab eine große Perle hing, – ein Geschenk von ihm. Um eines seiner knabenhaften Handgelenke lag eine gewichtige goldene Fessel, – ein Geschenk von ihr. Sie waren einander sehr ähnlich. Sie hatten dieselbe ein wenig niedergedrückte Nase, dieselben voll und weich aufeinander ruhenden Lippen, hervortretenden Wangenknochen, schwarzen und blanken Augen. Aber am meisten glichen sich ihre langen und schmalen Hände, – dergestalt, daß die seinen keine männlichere Form, nur eine rötlichere Färbung aufwiesen als die ihren. Und sie hielten einander beständig daran, worin sie nicht störte, daß ihrer beider Hände zum Feuchtwerden neigten...

Man stand eine Weile auf den Teppichen in der Halle und sprach fast nichts. Endlich kam von Beckerath, der Verlobte Sieglindens. Wendelin öffnete ihm die Flurtüre, und er kam herein in schwarzem Schoßrock und entschuldigte sein Zuspätkommen nach allen Seiten. Er war Verwaltungsbeamter und von Familie, – klein, kanariengelb, spitzbärtig und von eifriger Artigkeit. Bevor er einen Satz begann, zog er rasch die Luft durch den offenen Mund ein, indem er das Kinn auf die Brust drückte.

Er küßte Sieglinden die Hand und sagte:

»Ja, entschuldigen auch Sie, Sieglinde! Der Weg vom Ministerium zum Tiergarten ist so weit...« Er durfte sie noch nicht duzen; sie liebte das nicht. Sie antwortete ohne Zögern:

»Sehr weit. Und wie nun übrigens, wenn Sie Anbetracht dieses Weges Ihr Ministerium ein wenig früher verließen?«

Kunz fügte hinzu, und seine Augen wurden zu blitzenden Ritzen:

»Das würde von entschieden befeuernder Wirkung auf den Gang unseres Hauswesens sein.«

»Ja, mein Gott... Geschäfte...«, sagte von Beckerath matt. Er zählte fünfunddreißig Jahre.

Die Geschwister hatten mundfertig und mit scharfer Zunge gesprochen, scheinbar im Angriff und doch vielleicht nur aus eingeborener Abwehr, verletzend und wahrscheinlich doch nur aus Freude am guten Wort, so daß es pedantisch gewesen wäre, ihnen gram zu sein. Sie ließen seine arme Antwort gelten, als fänden sie, daß sie ihm angemessen sei und daß seine Art die Wehr des Witzes nicht nötig habe. Man ging zu Tische, voran Herr Aarenhold, der Herrn von Beckerath zeigen wollte, daß er Hunger habe. Sie setzten sich, sie entfalteten die steifen Servietten. In dem ungeheuren, mit Teppichen belegten und rings mit einer Boiserie aus dem achtzehnten Jahrhundert bekleideten Speisesaal, von dessen Decke drei elektrische Lüster hingen, verlor sich der Familientisch mit den sieben Personen. Er war an das große, bis zum Boden reichende Fenster gerückt, zu dessen Füßen, hinter niedrigem Gitter, der zierliche Silberstrahl eines Springbrunnens tänzelte und das einen weiten Blick über den noch winterlichen Garten bot. Gobelins mit Schäfer-Idyllen, die wie die Täfelung vorzeiten ein französisches Schloß geschmückt hatten, bedeckten den oberen Teil der Wände. Man saß tief am Tische, auf Stühlen, deren breite und nachgiebige Polster mit Gobelins bespannt waren. Auf dem starken, blitzend weißen und scharf gebügelten Damast stand bei jedem Besteck ein Spitzglas mit zwei Orchideen. Herr Aarenhold befestigte mit seiner hageren und vorsichtigen Hand das Pincenez auf halber Höhe seiner Nase und las mit argwöhnischer Miene das Menü, das in drei Exemplaren auf dem Tische lag. Er litt an einer Schwäche des Sonnengeflechts, jenes Nervenkomplexes, der sich unterhalb des Magens befindet und die Quelle schwerer Mißhelligkeiten werden kann. Er war daher gehalten, zu prüfen, was er zu sich nahm.

Es gab Fleischbrühe mit Rindermark, Sole au vin blanc, Fasan und Ananas. Nichts weiter. Es war ein Familienfrühstück. Aber Herr Aarenhold war zufrieden: es waren gute, bekömmliche Sachen. Die Suppe kam. Eine Winde, die ins Büfett mündete, trug sie geräuschlos aus der Küche herab, und die Diener reichten sie um den Tisch, gebückt mit konzentrierter Miene, in einer Art Leidenschaft des Dienens. Es waren winzige Täßchen aus zartestem durchschimmerndem Porzellan. Die weißlichen Markklümpchen schwammen in dem heißen, goldgelben Saft.
Herr Aarenhold fand sich durch die Erwärmung angeregt, ein wenig Luft aufzubringen. Mit behutsamen Fingern führte er die Serviette zum Munde und suchte nach einer Ausdrucksmöglichkeit für das, was ihm den Geist bewegte.
»Nehmen Sie noch ein Täßchen, Beckerath«, sagte er. »Das nährt. Wer arbeitet, hat das Recht, sich zu pflegen, und zwar mit Genuß... Essen Sie eigentlich gern? Essen Sie mit Vergnügen? Wo nicht, desto schlimmer für Sie. Mir ist jede Mahlzeit ein kleines Fest. Jemand hat gesagt, das Leben sei doch schön, da es so eingerichtet sei, daß man täglich viermal essen könne. Er ist mein Mann. Aber um diese Einrichtung würdigen zu können, dazu gehört eine gewisse Jugendlichkeit und Dankbarkeit, die sich nicht jeder zu erhalten versteht... Man wird alt, gut, daran ändern wir nichts. Aber worauf es ankommt, ist, daß die Dinge einem neu bleiben, und daß man sich eigentlich an nichts gewöhnt... Da sind nun«, fuhr er fort, indem er ein wenig Rindermark auf einem Semmelbrocken bettete und Salz darauf streute, »Ihre Verhältnisse im Begriffe, sich zu ändern; das Niveau Ihres Daseins soll sich nicht unwesentlich erhöhen.« (Von Beckerath lächelte.) »Wenn Sie Ihr Leben genießen wollen, wahrhaft genießen, bewußt, künstlerisch, so trachten Sie, sich nie-

mals an die neuen Umstände zu gewöhnen. Gewöhnung ist der Tod. Sie ist der Stumpfsinn. Leben Sie sich nicht ein, lassen Sie sich nichts selbstverständlich werden, bewahren Sie sich einen Kindergeschmack für die Süßigkeiten des Wohlstandes. Sehen Sie... Ich bin nun seit manchem Jahr in der Lage, mir einige Annehmlichkeiten des Lebens zu gönnen« (von Beckerath lächelte), »und doch versichere ich Sie, daß ich noch heute jeden Morgen, den Gott werden läßt, beim Erwachen ein wenig Herzklopfen habe, weil meine Bettdecke aus Seide ist. Das ist Jugendlichkeit... Ich weiß doch, wie ich's gemacht habe; und doch, ich kann um mich blicken wie ein verwunschener Prinz...«

Die Kinder tauschten Blicke, jedes mit jedem und so rücksichtslos, daß Herr Aarenhold nicht umhinkonnte, es zu bemerken und sichtlich in Verlegenheit geriet. Er wußte, daß sie einig gegen ihn waren und daß sie ihn verachteten: für seine Herkunft, für das Blut, das in ihm floß und das sie von ihm empfangen, für die Art, in der er seinen Reichtum erworben, für seine Liebhabereien, die ihm in ihren Augen nicht zukamen, für seine Selbstpflege, auf die er ebenfalls kein Recht haben sollte, für seine weiche und dichterische Geschwätzigkeit, der die Hemmungen des Geschmacks fehlten... Er wußte es und gab ihnen gewissermaßen recht; er war nicht ohne Schuldbewußtsein ihnen gegenüber. Aber zuletzt mußte er seine Persönlichkeit behaupten, mußte sein Leben führen und auch davon sprechen dürfen, namentlich dies. Er hatte ein Recht darauf, hatte nachgewiesen, daß er der Betrachtung wert war. Er war ein Wurm gewesen, eine Laus, jawohl; aber eben die Fähigkeit, dies so inbrünstig und selbstverachtungsvoll zu empfinden, war zur Ursache jenes zähen und niemals genügsamen Strebens geworden, das ihn groß gemacht hatte... Herr Aarenhold war im Osten an entlegener Stätte geboren, hatte eines begüterten Händlers

Tochter geehelicht und vermittelst einer kühnen und klugen Unternehmung, großartiger Machenschaften, welche ein Bergwerk, den Aufschluß eines Kohlenlagers zum Gegenstand gehabt hatten, einen gewaltigen und unversieglichen Goldstrom in seine Kasse gelenkt...

Das Fischgericht stieg hernieder. Die Diener eilten damit vom Büfett durch die Weite des Saales. Sie reichten die cremeartige Sauce dazu und schenkten Rheinwein, der leis auf der Zunge prickelte. Man sprach von Sieglindens und Beckeraths Hochzeit.

Sie stand nahe bevor, in acht Tagen sollte sie stattfinden. Man erwähnte der Aussteuer, man entwarf die Route der Hochzeitsreise nach Spanien. Eigentlich erörterte Herr Aarenhold allein diese Gegenstände, von seiten von Beckeraths durch eine artige Fügsamkeit unterstützt. Frau Aarenhold speiste gierig und antwortete, nach ihrer Art, ausschließlich mit Gegenfragen, die wenig förderlich waren. Ihre Rede war mit sonderbaren und an Kehllauten reichen Worten durchsetzt, Ausdrücken aus dem Dialekt ihrer Kindheit. Märit war voll schweigenden Widerstandes gegen die kirchliche Trauung, die in Aussicht genommen war und die sie in ihren vollständig aufgeklärten Überzeugungen beleidigte. Übrigens stand auch Herr Aarenhold dieser Trauung kühl gegenüber, da von Beckerath Protestant war. Eine protestantische Trauung sei ohne Schönheitswert. Ein anderes, wenn von Beckerath dem katholischen Bekenntnis angehört hätte. – Kunz blieb stumm, weil er sich in von Beckeraths Gegenwart an seiner Mutter ärgerte. Und weder Siegmund noch Sieglind legten Teilnahme an den Tag. Sie hielten einander zwischen den Stühlen an ihren schmalen und feuchten Händen. Zuweilen fanden sich ihre Blicke, verschmolzen, schlossen ein Einvernehmen, zu dem es von außen nicht Wege noch Zugang gab. Von Beckerath saß an Sieglindens anderer Seite.

»Fünfzig Stunden«, sagte Herr Aarenhold, »und Sie sind in Madrid, wenn Sie wollen. Man schreitet fort, ich habe auf dem kürzesten Weg sechzig gebraucht... Ich nehme an, daß Sie den Landweg dem Seewege von Rotterdam aus vorziehen?«
Von Beckerath zog den Landweg eilfertig vor.
»Aber Sie werden Paris nicht links liegenlassen. Sie haben die Möglichkeit, direkt über Lyon zu fahren... Sieglinde kennt Paris. Aber Sie sollten sich die Gelegenheit nicht entgehen lassen ... Ich stelle Ihnen anheim, ob Sie vorher Aufenthalt nehmen wollen. Die Wahl des Ortes, wo Ihnen der Honigmond anbrechen soll, bleibt billig Ihnen selbst überlassen...«
Sieglinde wandte den Kopf, wandte ihn zum erstenmal ihrem Verlobten zu: unverhohlen und frei, ganz unbesorgt, ob jemand acht darauf habe. Sie sah in die artige Miene an ihrer Seite, groß und schwarz, prüfend, erwartungsvoll, fragend, mit einem glänzend ernsten Blick, der diese drei Sekunden lang begrifflos redete wie der eines Tieres. Doch zwischen den Stühlen hielt sie die schmale Hand ihres Zwillings, dessen zusammengewachsene Brauen an der Nasenwurzel zwei schwarze Falten bildeten...
Das Gespräch glitt ab, plänkelte eine Weile unstet hin und her, berührte eine Sendung frischer Zigarren, welche, in Zink verschlossen, eigens für Herrn Aarenhold aus Habana eingetroffen waren, und zog dann Kreise um einen Punkt, eine Frage rein logischer Natur, die beiläufig von Kunz aufgeworfen war: ob nämlich, wenn a die notwendige und ausreichende Bedingung für b sei, auch b die notwendige und ausreichende Bedingung für a sein müsse. Dies umstritt man, zersetzte es in Scharfsinn, brachte Beispiele bei, kam vom Hundertsten ins Tausendste, befehdete einander mit einer stählernen und abstrakten Dialektik und erhitzte sich nicht wenig. Märit hatte eine philosophische Unterscheidung, nämlich die zwi-

schen dem realen und dem kausalen Grunde, in die Debatte eingeführt. Kunz erklärte, indem er mit erhobenem Kopfe auf sie hinabredete, den »kausalen Grund« für einen Pleonasmus. Märit bestand mit gereizten Worten auf dem Rechte ihrer eigenen Terminologie. Herr Aarenhold setzte sich zurecht, hob ein Brotstückchen zwischen Daumen und Zeigefinger empor und machte sich anheischig, das Ganze zu erklären. Er erlitt ein vollkommenes Fiasko. Die Kinder lachten ihn aus. Sogar Frau Aarenhold wies ihn zurück. »Was redest du?« sagte sie. »Hast du's gelernt? Wenig hast du gelernt!« Und als von Beckerath das Kinn auf die Brust drückte und die Luft durch den Mund einzog, um seine Meinung zu äußern, war man bereits bei etwas anderem.

Siegmund sprach. Er erzählte in ironisch gerührtem Tone von der gewinnenden Einfalt und Naturnähe eines Bekannten, der sich in Unwissenheit darüber erhalten habe, welches Kleidungsstück man als Jackett und welches als Smoking bezeichne. Dieser Parsifal rede von einem karierten Smoking... Kunz kannte einen noch beweglicheren Fall von Unverdorbenheit. Er handelte von einem, der zum Five o'clock tea im Smoking erschienen sei.

»Nachmittags im Smoking?« sagte Sieglinde und verzog ihre Lippen... »Das tun doch sonst nur die Tiere.«

Von Beckerath lachte eifrig, zumal sein Gewissen ihn mahnte, daß er selbst schon zu Tees im Smoking gegangen sei... Man kam so, beim Geflügel, von Fragen allgemein kultureller Natur auf Kunst zu sprechen: auf bildende Kunst, in der von Beckerath Kenner und Liebhaber war, auf Literatur und Theater, wofür im Hause Aarenhold die Neigung vorherrschte, obgleich sich Siegmund mit Malerei beschäftigte.

Die Unterhaltung ward lebhaft und allgemein, die Kinder nahmen entscheidenden Anteil daran, sie sprachen gut, ihr Gebärdenspiel war nervös und anmaßend. Sie mar-

schierten an der Spitze des Geschmacks und verlangten das Äußerste. Sie gingen hinweg über das, was Absicht, Gesinnung, Traum und ringender Wille geblieben war, sie bestanden erbarmungslos auf dem Können, der Leistung, dem Erfolg im grausamen Wettstreit der Kräfte, und das sieghafte Kunststück war es, was sie ohne Bewunderung, doch mit Anerkennung begrüßten. Herr Aarenhold selbst sagte zu von Beckerath:
»Sie sind sehr gutmütig, mein Lieber, Sie nehmen den guten Willen in Schutz. *Resultate,* – mein Freund! Sie sagen: Es ist zwar nicht ganz gut, was er macht, aber er war nur ein Bauer, bevor er zur Kunst ging; so ist auch dies schon erstaunlich. Nichts da. Die Leistung ist absolut. Es gibt keine mildernden Umstände. Er mache, was ersten Ranges ist, oder er fahre Mist. Wie weit hätte ich es gebracht mit Ihrer dankbaren Gesinnung? Ich hätte mir sagen können: Du bist nur ein Lump, ursprünglich; 's ist rührend, wenn du dich aufschwingst zum eigenen Kontor. Ich säße nicht hier. Ich habe die Welt zwingen müssen, mich anzuerkennen, – nun also, auch ich will zur Anerkennung gezwungen sein. Hier ist Rhodus; belieben Sie gütigst zu tanzen!«
Die Kinder lachten. Einen Augenblick verachteten sie ihn nicht. Sie saßen tief und weich am Tische im Saal, in lässiger Haltung, mit launisch verwöhnten Mienen, sie saßen in üppiger Sicherheit, aber ihre Rede ging scharf wie dort, wo es gilt, wo Helligkeit, Härte und Notwehr und wachsamer Witz zum Leben geboten sind. Ihr Lob war eine gehaltene Zustimmung, ihr Tadel, behend, geweckt und respektlos, entwaffnete im Handumdrehen, setzte die Begeisterung matt, machte sie dumm und stumm. Sie nannten »sehr gut« das Werk, das durch eine unverträumte Intellektualität vor jedem Einwand gesichert schien, und sie verhöhnten den Fehlgriff der Leidenschaft. Von Beckerath, zu einem unbewaffneten Enthusiasmus geneigt,

hatte schweren Stand, besonders, da er der ältere war. Er ward beständig kleiner auf seinem Stuhl, drückte das Kinn auf die Brust und atmete verstört durch den offenen Mund, bedrängt von ihrer lustigen Übermacht. Sie widersprachen auf jeden Fall, als schiene es ihnen unmöglich, kümmerlich, schimpflich, nicht zu widersprechen, sie widersprachen vorzüglich, und ihre Augen wurden zu blitzenden Ritzen dabei. Sie fielen über ein Wort her, ein einzelnes, das er gebraucht hatte, zerzausten es, verwarfen es und trieben ein anderes auf, ein tödlich bezeichnendes, das schwirrte, traf und bebend im Schwarzen saß... Von Beckerath hatte rote Augen und bot einen derangierten Anblick, als das Frühstück zu Ende ging.

Plötzlich – man streute sich Zucker auf die Ananasschnitten – sagte Siegmund und verzerrte nach seiner Art beim Sprechen das Gesicht wie jemand, den die Sonne blendet:

»Ach, hören Sie, Beckerath, eh' wir's vergessen, noch eins... Sieglind und ich, wir nahen uns Ihnen in bittender Haltung... Es ist die ›Walküre‹ heute im Opernhaus... Wir möchten sie, Sieglind und ich, noch einmal zusammen hören... dürfen wir das? Es hängt natürlich von Ihrer Huld und Gnade ab...«

»Wie sinnig!« sagte Herr Aarenhold.

Kunz trommelte auf dem Tischtuch den Rhythmus des Hunding-Motivs.

Von Beckerath, bestürzt, daß man in irgendeiner Sache nach seiner Erlaubnis verlangte, antwortete eifrig:

»Aber, Siegmund, gewiß... und Sie, Sieglind... ich finde das sehr vernünftig... gehen Sie unbedingt... ich bin imstande und schließe mich an... Es ist eine vorzügliche Besetzung heute...«

Aarenholds beugten sich lachend über ihre Teller. Von Beckerath, ausgeschlossen und blinzelnd nach Orientierung ringend, versuchte, so gut es ging, sich an ihrer Heiterkeit zu beteiligen.

Siegmund sagte vor allen Dingen:

»Ach, denken Sie, ich finde die Besetzung schlecht. Im übrigen, seien Sie unserer Dankbarkeit wohl versehen; aber Sie haben uns mißverstanden. Sieglinde und ich, wir bitten, vor der Hochzeit noch einmal *allein* miteinander die ›Walküre‹ hören zu dürfen. Ich weiß nicht, ob Sie jetzt...«

»Aber natürlich... Ich verstehe vollkommen. Das ist reizend. Sie müssen unbedingt gehen...«

»Danke. Wir danken Ihnen sehr. – Dann lasse ich also Percy und Leiermann für uns anspannen.«

»Ich erlaube mir, dir zu bemerken«, sagte Herr Aarenhold, »daß deine Mutter und ich zum Diner bei Erlangers fahren, und zwar mit Percy und Leiermann. Ihr werdet die Herablassung haben, Euch mit Baal und Zampa zu begnügen und das braune Coupé zu benützen.«

»Und Plätze?« fragte Kunz...

»Ich habe sie längst«, sagte Siegmund und warf den Kopf zurück.

Sie lachten, indem sie dem Bräutigam in die Augen sahen.

Herr Aarenhold entfaltete mit spitzen Fingern die Hülse eines Belladonna-Pulvers und schüttete es sich behutsam in den Mund. Er zündete sich hierauf eine breite Zigarette an, die alsbald einen köstlichen Duft verbreitete. Die Diener sprangen herzu, die Stühle hinter ihm und Frau Aarenhold fortzuziehen. Befehl erging, daß der Kaffee im Wintergarten gereicht werde. Kunz verlangte mit scharfer Stimme nach seinem Dogcart, um in die Kaserne zu fahren.

Siegmund machte Toilette für die Oper, und zwar seit einer Stunde. Ein außerordentliches und fortwährendes

Bedürfnis nach Reinigung war ihm eigen, dergestalt, daß er einen beträchtlichen Teil des Tages vorm Lavoir verbrachte. Er stand jetzt vor seinem großen, weißgerahmten Empire-Spiegel, tauchte den Puderquast in die getriebene Büchse und puderte sich Kinn und Wangen, die frisch rasiert waren; denn sein Bartwuchs war so stark, daß er, wenn er abends ausging, genötigt war, sich ein zweitesmal davon zu säubern.

Er stand dort ein wenig bunt: in rosaseidenen Unterbeinkleidern und Socken, roten Saffian-Pantoffeln und einer dunkel gemusterten wattierten Hausjacke mit hellgrauen Pelzaufschlägen. Und um ihn war das große, ganz mit weißlackierten und vornehm praktischen Dingen ausgestattete Schlafzimmer, hinter dessen Fenstern die nackten und nebligen Wipfelmassen des Tiergartens lagen.

Da es allzusehr dunkelte, ließ er die Leuchtkörper erglühen, die, an dem weißen Plafond in großem Kreise angeordnet, das Zimmer mit einer milchigen Helligkeit erfüllten, und zog die samtnen Vorhänge vor die dämmernden Scheiben. Das Licht ward aufgenommen von den wasserklaren Spiegeltiefen des Schrankes, des Waschtisches, der Toilette; es blitzte in den geschliffenen Flakons auf den mit Kacheln ausgelegten Borden. Und Siegmund fuhr fort, an sich zu arbeiten. Zuweilen, bei irgendeinem Gedanken, bildeten seine zusammengewachsenen Brauen über der Nasenwurzel zwei schwarze Falten.

Sein Tag war vergangen, wie seine Tage zu vergehen pflegten: leer und geschwinde. Da das Theater um halb sieben begann und da er schon um halb fünf begonnen hatte, sich umzukleiden, so hatte es kaum einen Nachmittag für ihn gegeben. Nachdem er von zwei bis drei Uhr auf seiner Chaiselongue geruht, hatte er den Tee genommen und dann die überzählige Stunde genützt, indem er, ausgestreckt in einem tiefen Lederfauteuil des Arbeitszimmers, das er mit seinem Bruder Kunz teilte, in mehre-

ren neu erschienenen Romanen je ein paar Seiten gelesen hatte. Er hatte diese Leistungen sämtlich erbärmlich schwach gefunden, immerhin aber ein paar davon zum Buchbinder gesandt, um sie für seine Bibliothek künstlerisch binden zu lassen.
Übrigens hatte er vormittags gearbeitet. Er hatte die Morgenstunde von zehn bis elf Uhr in dem Atelier seines Professors verbracht. Dieser Professor, ein Künstler von europäischem Ruf, bildete Siegmunds Talent im Zeichnen und Malen aus und erhielt von Herrn Aarenhold zweitausend Mark für den Monat. Es war gleichwohl zum Lächeln, was Siegmund malte. Er wußte es selbst und war weit entfernt, feurige Erwartungen in sein Künstlertum zu setzen. Er war zu scharfsinnig, um nicht zu begreifen, daß die Bedingungen seines Daseins für die Entwicklung einer gestaltenden Gabe nicht eben die günstigsten waren.
Die Ausstattung des Lebens war so reich, so vielfach, so überladen, daß für das Leben selbst beinahe kein Platz blieb. Jegliches Stück dieser Ausstattung war so kostbar und schön, daß es sich anspruchsvoll über seinen dienenden Zweck erhob, verwirrte, Aufmerksamkeit verbrauchte. Siegmund war in den Überfluß hinein geboren, er war seiner ohne Zweifel gewohnt. Und dennoch bestand die Tatsache, daß dieser Überfluß nie aufhörte, ihn zu beschäftigen und zu erregen, ihn mit beständiger Wollust zu reizen. Es erging ihm darin, ob er wollte oder nicht, wie Herrn Aarenhold, der die Künste übte, sich eigentlich an nichts zu gewöhnen...
Er liebte zu lesen, trachtete nach dem Wort und dem Geist als nach einem Rüstzeug, auf das ein tiefer Trieb ihn verwies. Aber niemals hatte er sich an ein Buch hingegeben und verloren, wie es geschieht, wenn einem dies eine Buch als das wichtigste, einzige gilt, als die kleine Welt, über die man nicht hinausblickt, in die man sich ver-

schließt und versenkt, um Nahrung noch aus der letzten Silbe zu saugen. Die Bücher und Zeitschriften strömten herzu, er konnte sie alle kaufen, sie häuften sich um ihn, und während er lesen wollte, beunruhigte ihn die Menge des noch zu Lesenden. Aber die Bücher wurden gebunden. In gepreßtem Leder, mit Siegmund Aarenholds schönem Zeichen versehen, prachtvoll und selbstgenügsam standen sie da und beschwerten sein Leben wie ein Besitz, den sich zu unterwerfen ihm nicht gelang.
Der Tag war sein, war frei, war ihm geschenkt mit allen seinen Stunden von Sonnen-Aufgang bis -Untergang; und dennoch fand Siegmund in seinem Innern keine Zeit zu einem Wollen, geschweige zu einem Vollbringen. Er war kein Held, er gebot nicht über Riesenkräfte. Die Vorkehrungen, die luxuriösen Zurüstungen zu dem, was das Eigentliche und Ernste sein mochte, verbrauchten, was er einzusetzen hatte. Wieviel Umsicht und Geisteskraft ging nicht auf bei einer gründlichen und vollkommenen Toilette, wieviel Aufmerksamkeit in der Überwachung seiner Garderobe, seines Bestandes an Zigaretten, Seifen, Parfums, wieviel Entschlußfähigkeit in jenem zwei- oder dreimal täglich wiederkehrenden Augenblick, da es galt, die Krawatte zu wählen! Und es galt. Es lag daran. Mochten die blonden Bürger des Landes unbekümmert in Zugstiefeletten und Klappkrägen gehen. Er gerade, er mußte unangreifbar und ohne Tadel an seinem Äußeren sein vom Kopf bis zu Füßen...
Am Ende, niemand erwartete mehr von ihm als dies. Zuweilen, in Augenblicken, wenn eine Unruhe um das, was das ›Eigentliche‹ sein mochte, sich schwach in ihm regte, empfand er, wie dieser Mangel an fremder Erwartung sie wieder lähmte und löste... Die Zeiteinteilung im Hause war unter dem Gesichtspunkte getroffen, daß der Tag schnell und ohne fühlbare Stundenleere verstreichen möge. Stets rückte rasch die nächste Mahlzeit heran. Man

dinierte vor sieben; der Abend, die Zeit des Müßigganges mit gutem Gewissen, war lang. Die Tage entschwanden, und so hurtig kamen und gingen die Jahreszeiten. Man verbrachte zwei Sommermonate in dem Schlößchen am See, dem weiten und prangenden Garten mit den Tennis-Plätzen, den kühlen Parkwegen und den Bronzestatuen auf dem geschorenen Rasen, – den dritten am Meere, im Hochgebirg, in Gasthöfen, die den Hausstand daheim an Aufwand zu überbieten suchten... An einigen Wintertagen hatte er sich vor kurzem noch zur Hochschule fahren lassen, um ein zu bequemer Stunde stattfindendes Kolleg über Kunstgeschichte zu hören; er besuchte es nicht mehr, da die Herren, die außer ihm daran teilnahmen, dem Urteil seiner Geruchsnerven nach bei weitem nicht genug badeten...

Statt dessen ging er mit Sieglind spazieren. Sie war an seiner Seite gewesen seit fernstem Anbeginn, sie hing ihm an, seit beide die ersten Laute gelallt, die ersten Schritte getan, und er hatte keinen Freund, nie einen gehabt, als sie, die mit ihm geboren, sein kostbar geschmücktes, dunkel liebliches Ebenbild, dessen schmale und feuchte Hand er hielt, während die reich behangenen Tage mit leeren Augen an ihnen vorüberglitten. Sie nahmen frische Blumen auf ihre Spaziergänge mit, ein Veilchen-, ein Maiglocken-Sträußchen, daran sie abwechselnd rochen, zuweilen auch beide zugleich. Sie atmeten im Gehen den holden Duft mit wollüstiger und fahrlässiger Hingabe, pflegten sich damit wie egoistische Kranke, berauschten sich wie Hoffnungslose, wiesen mit einer inneren Gebärde die übelriechende Welt von sich weg und liebten einander um ihrer erlesenen Nutzlosigkeit willen. Aber was sie sprachen, war scharf und funkelnd gefügt; es traf die Menschen, die ihnen begegneten, die Dinge, die sie gesehen, gehört, gelesen hatten und die von anderen gemacht waren, von jenen, die dazu da waren, dem Wort, der Bezeichnung, dem witzigen Widerspruch ein Werk auszusetzen...

Dann war von Beckerath gekommen, im Ministerium tätig und von Familie. Er hatte um Sieglind geworben und dabei die wohlwollende Neutralität Herrn Aarenholds, die Fürsprache Frau Aarenholds, die eifernde Unterstützung Kunzens, des Husaren, auf seiner Seite gehabt. Er war geduldig, beflissen und von unendlicher Artigkeit gewesen. Und endlich, nachdem sie ihm oft genug gesagt, daß sie ihn nicht liebe, hatte Sieglind begonnen, ihn prüfend, erwartungsvoll, stumm zu betrachten, mit einem glänzend ernsten Blick, der begrifflos redete wie der eines Tieres – und hatte Ja gesagt. Und Siegmund selbst, dem sie untertan war, hatte an diesem Ausgang teil, er verachtete sich, aber er war dem nicht entgegen gewesen, weil von Beckerath im Ministerium tätig und von Familie war... Zuweilen, während er an seiner Toilette arbeitete, bildeten seine zusammengewachsenen Brauen über der Nasenwurzel zwei schwarze Falten...

Er stand auf dem Eisbärfell, das vor dem Bette seine Tatzen ausstreckte und in dem seine Füße verschwanden, und nahm das gefältete Frackhemd, nachdem er sich gänzlich mit einem aromatischen Wasser gewaschen. Sein gelblicher Oberkörper, über den das gestärkte und schimmernde Leinen glitt, war mager wie der eines Knaben und dabei zottig von schwarzem Haar. Er bekleidete sich weiter mit schwarzseidenen Unterhosen. Socken von schwarzer Seide und schwarzen Strumpfbändern mit silbernen Schnallen, legte die gebügelten Beinkleider an, deren schwarzes Tuch seidig schimmerte, befestigte weißseidene Hosenträger über seinen schmalen Schultern und fing an, den Fuß auf einen Schemel gestellt, die Knöpfe seiner Lackstiefel zu schließen. – Es klopfte.

»Darf ich kommen, Gigi?« fragte Sieglinde draußen...

»Ja, komm«, antwortete er.

Sie trat ein, schon fertig. Sie trug ein Kleid aus seegrüner, glänzender Seide, dessen eckiger Halsausschnitt von einer breiten Ekrü-Stickerei umgeben war. Zwei gestickte Pfauen, einander zugewandt, hielten oberhalb des Gürtels in ihren Schnäbeln eine Girlande. Sieglindens tiefdunkles Haar war nun ohne Schmuck; aber an einer dünnen Perlenkette lag ein großer, eiförmiger Edelstein auf ihrem bloßen Halse, dessen Haut die Farbe angerauchten Meerschaums hatte. Über ihrem Arm hing ein schwer mit Silber durchwirktes Tuch.

»Ich verhehle dir nicht«, sagte sie, »daß der Wagen wartet.«

»Ich stehe nicht an, zu behaupten, daß er sich noch zwei Minuten gedulden wird«, sagte er, Schlag auf Schlag. Es wurden zehn Minuten. Sie saß auf der weißsamtnen Chaiselongue und sah ihm zu, der eifriger arbeitete.

Er wählte aus einem Farbenwust von Krawatten ein weißes Piquéband und begann, es vorm Spiegel zur Schleife zu schlingen.

»Beckerath«, sagte sie, »trägt auch die farbigen Krawatten immer noch quer gebunden, wie es voriges Jahr Mode war.«

»Beckerath«, sagte er, »ist die trivialste Existenz, in die ich Einblick gewonnen habe.« Dann fügte er, sich nach ihr umwendend, hinzu und verzerrte dabei sein Gesicht wie jemand, den die Sonne blendet:

»Übrigens möchte ich dich bitten, dieses Germanen im Laufe des heutigen Abends nicht mehr Erwähnung zu tun.«

Sie lachte kurz auf und antwortete:

»Du kannst dich versichert halten, daß mir das unschwer gelingen wird.«

Er legte die tief ausgeschnittene Piqué-Weste an und zog darüber den Frack, den fünfmal probierten Frack, dessen weichseidenes Futter den Händen schmeichelte, während sie durch die Ärmel glitten.

»Laß sehen, welche Knopfgarnitur du genommen hast«, sagte Sieglind und trat zu ihm hin. Es war die Amethystgarnitur. Die Knöpfe des Hemdeinsatzes, der Manschetten, der weißen Weste waren von gleicher Art.
Sie betrachtete ihn mit Bewunderung, mit Stolz, mit Andacht, – eine tiefe, dunkle Zärtlichkeit in ihren blanken Augen. Da ihre Lippen so weich aufeinander ruhten, küßte er sie darauf. Sie setzten sich auf die Chaiselongue, um noch einen Augenblick zu kosen, wie sie es liebten.
»Ganz, ganz weich bist du wieder«, sagte sie und streichelte seine rasierten Wangen.
»Wie Atlas fühlen sich deine Ärmchen an«, sagte er und ließ seine Hand über ihren zarten Unterarm gleiten, während er zugleich den Veilchenhauch ihres Haares atmete.
Sie küßte ihn auf seine geschlossenen Augen; er küßte sie auf den Hals, zur Seite des Edelsteins. Sie küßten einander die Hände. Mit einer süßen Sinnlichkeit liebte jedes das andere um seiner verwöhnten und köstlichen Gepflegtheit und seines guten Duftes willen. Schließlich spielten sie wie kleine Hunde, die sich mit den Lippen beißen. Dann stand er auf.
»Wir wollen heut' nicht zu spät kommen«, sagte er. Er drückte noch den Mund des Parfumfläschchens auf sein Taschentuch, verrieb einen Tropfen in seinen schmalen und roten Händen, nahm die Handschuhe und erklärte, fertig zu sein.
Er löschte das Licht und sie gingen: den rötlich erhellten Korridor entlang, wo dunkle, alte Gemälde hingen, und vorbei an der Orgel die Treppen hinunter. In der Vorhalle des Erdgeschosses stand Wendelin, riesengroß in seinem langen, gelben Paletot, und wartete mit den Mänteln. Sie ließen sie sich anlegen. Sieglindens dunkles Köpfchen verschwand zur Hälfte in dem Silberfuchskra-

gen des ihren. Sie gingen, gefolgt von dem Diener, durch den steinernen Flur und traten hinaus.
Es war mild und schneite etwas, im weißlichen Licht, in großen, fetzenartigen Flocken. Das Coupé hielt dicht am Hause. Der Kutscher, die Hand am Rosettenhut, hielt sich ein wenig vom Bocke geneigt, indes Wendelin das Einsteigen der Geschwister überwachte. Dann klappte der Schlag. Wendelin schwang sich zum Kutscher, und der Wagen, sofort in schneller Gangart, knirschte über den Kies des Vorgartens, glitt durch die hohe und weit geöffnete Gatterpforte, bog in geschmeidiger Kurve rechtsum und rollte dahin...
Der kleine, weiche Raum, darin sie saßen, war sanft durchwärmt.
»Soll ich schließen?« fragte Siegmund... Und da sie zustimmte, zog er die braunseidenen Vorhänge vor die geschliffenen Scheiben.
Sie waren im Herzen der Stadt. Lichter stoben hinter den Gardinen vorbei. Rings um den taktfest hurtigen Hufschlag ihrer Pferde, um die lautlose Geschwindigkeit ihres Wagens, der sie federnd über Unebenheiten des Bodens trug, brauste, gellte und dröhnte das Triebwerk des großen Lebens. Und abgeschlossen davon, weichlich bewahrt davor, saßen sie still in den gesteppten, braunseidenen Polstern, – Hand in Hand.
Der Wagen fuhr vor und stand. Wendelin war am Schlage, um ihnen beim Aussteigen dienlich zu sein. In der Helligkeit der Bogenlampen sahen graue, frierende Leute ihrer Ankunft zu. Sie gingen zwischen ihren forschenden und gehässigen Blicken hindurch, gefolgt von dem Diener, durch das Vestibül. Es war schon spät, schon still. Sie stiegen die Freitreppe empor, warfen ihre Überkleider auf Wendelins Arm, verweilten eine Sekunde nebeneinander vor einem hohen Spiegel und traten durch die kleine Logentür in den Rang. Das Klappen der Sessel,

das letzte Aufbrausen des Gesprächs vor der Stille empfing sie. In dem Augenblick, da der Theaterdiener die Samt-Lehnsessel unter sie schob, hüllte der Saal sich in Dunkelheit, und mit einem wilden Akzent setzte drunten das Vorspiel ein.

Sturm, Sturm... Auf leichte und schwebend begünstigte Art hierher gelangt, unzerstreut, unabgenutzt von Hindernissen, von kleinen verstimmenden Widrigkeiten, waren Siegmund und Sieglind sofort bei der Sache. Sturm und Gewitterbrunst, Wetterwüten im Walde. Der rauhe Befehl des Gottes erschallte, wiederholte sich, verzerrt vor Zorn, und gehorsam krachte der Donner darein. Der Vorhang flog auf, wie vom Sturm auseinandergeweht. Der heidnische Saal war da, mit der Glut des Herdes im Dunklen, dem ragenden Umriß des Eschenstammes in der Mitte. Siegmund, ein rosiger Mann mit brotfarbenem Bart, erschien in der hölzernen Tür und lehnte sich verhetzt und erschöpft gegen den Pfosten. Dann trugen seine starken, mit Fell und Riemen umwickelten Beine ihn in tragisch schleppenden Schritten nach vorn. Seine blauen Augen unter den blonden Brauen, dem blonden Stirngelock seiner Perücke, waren gebrochenen Blicks, wie bittend, auf den Kapellmeister gerichtet; und endlich wich die Musik zurück, setzte aus, um seine Stimme hören zu lassen, die hell und ehern klang, obgleich er sie keuchend dämpfte. Er sang kurz, daß er rasten müsse, wem immer der Herd gehöre; und beim letzten Wort ließ er sich schwer auf das Bärenfell fallen und blieb liegen, das Haupt auf den fleischigen Arm gebettet. Seine Brust arbeitete im Schlummer.

Eine Minute verging, ausgefüllt von dem singenden, sagenden, kündenden Fluß der Musik, die zu Füßen der Ereignisse ihre Flut dahinwälzte... Dann kam Sieglinde von links. Sie hatte einen alabasternen Busen, der wunderbar in dem Ausschnitt ihres mit Fell behangenen Musselin-

kleides wogte. Mit Staunen gewahrte sie den fremden Mann; und so drückte sie das Kinn auf die Brust, daß es sich faltete, stellte formend die Lippen ein und gab ihm Ausdruck, diesem Erstaunen, in Tönen, die weich und warm aus ihrem weißen Kehlkopf emporstiegen und die sie mit der Zunge, dem beweglichen Munde gestaltete...
Sie pflegte ihn. Zu ihm gebeugt, daß ihre Brust aus dem wilden Fell ihm entgegenblühte, reichte sie ihm mit beiden Händen das Horn. Er trank. Rührend sprach die Musik von Labsal und kühler Wohltat. Dann betrachteten sie einander mit einem ersten Entzücken, einem ersten, dunklen Erkennen, schweigend dem Augenblick hingegeben, der unten als tiefer, ziehender Sang ertönte...
Sie brachte ihm Met, berührte zuerst das Horn mit den Lippen und sah dann zu, wie er lange trank. Und wieder sanken ihre Blicke ineinander, wieder zog und sehnte sich drunten die tiefe Melodie... Dann brach er auf, verdüstert, in schmerzlicher Abwehr, ging, indem er seine nackten Arme hängen ließ, zur Tür, um sein Leid, seine Einsamkeit, sein verfolgtes, verhaßtes Dasein von ihr fort, zurück in die Wildnis zu tragen. Sie rief ihn, und da er nicht hörte, ließ sie sich rücksichtlos, mit erhobenen Händen, das Geständnis ihres eignen Unheils entfahren. Er stand. Sie senkte die Augen. Zu ihren Füßen sprach es dunkel erzählend von Leid, das beide verstand. Er blieb. Mit gekreuzten Armen stand er vor dem Herd, des Schicksals gewärtig.
Hunding kam, bauchig und x-beinig wie eine Kuh. Sein Bart war schwarz, mit braunen Zotten durchsetzt. Sein geharnischtes Motiv kündigte ihn an, und er stand da, finster und plump auf seinen Speer gelehnt, und blickte mit Büffelaugen auf den Gast, dessen Gegenwart er dann, aus einer Art wilder Gesittung, gut und willkommen hieß. Sein Baß war rostig und kolossal.
Sieglinde rüstete den Abendtisch; und während sie

schaffte, ging Hundings langsamer und mißtrauischer Blick hin und her zwischen ihr und dem Fremden. Dieser Tölpel sah sehr wohl, daß sie einander glichen, von ein und derselben Art waren, jener ungebundenen, widerspenstigen und außerordentlichen Art, die er haßte und der er sich nicht gewachsen fühlte...

Dann saßen sie nieder, und Hunding stellte sich vor, erklärte einfach und mit zwei Worten seine einfache, ordnungsgemäße und in der allgemeinen Achtung ruhende Existenz. Er zwang aber Siegmund so, ebenfalls bekannt zu geben, was ungleich schwieriger war. Doch Siegmund sang – sang hell und wunderschön von seinem Leben und Leiden und wie zu Zwei er zur Welt gekommen, eine Zwillingsschwester und er... legte sich, nach der Art von Leuten, die ein wenig vorsichtig sein müssen, einen falschen Namen bei und kündete ausgezeichnet von dem Haß, der Scheelsucht, womit man seinen fremdartigen Vater und ihn verfolgt, von dem Brand ihres Saales, dem Entschwinden der Schwester, von dem vogelfreien, gehetzten, verrufenen Dasein des Alten und Jungen im Walde und wie er zuletzt auch des Vaters geheimnisvollerweise verlustig geworden sei... Und dann sang Siegmund das Schmerzlichste: seinen Drang zu den Menschen, seine Sehnsucht und seine unendliche Einsamkeit. Um Männer und Frauen, sang er, um Freundschaft und Liebe habe er geworben und sei doch immer zurückgestoßen worden. Ein Fluch habe auf ihm gelegen, das Brandmal seiner seltsamen Herkunft ihn immer gezeichnet. Seine Sprache sei nicht die der anderen gewesen und ihre nicht seine. Was ihm gut geschienen, habe die Mehrzahl gereizt, was jenen in alten Ehren gestanden, habe ihm Galle gemacht. In Streit und Empörung habe er gelegen, immer und überall, Verachtung und Haß und Schmähung sei ihm im Nacken gewesen, weil er von fremder, von hoffnungslos anderer Art als die andern...

Es war so überaus kennzeichnend für Hunding, wie er sich zu all dem verhielt. Nichts von Teilnahme und nichts von Verstehen sprach aus dem, was er antwortete: nur Widerwillen und finsteres Mißtrauen gegen Siegmunds fragwürdige, abenteuerliche und unregelmäßige Art von Dasein. Und als er nun gar begriff, daß er den Geächteten, zu dessen Verfolgung er aufgerufen und ausgezogen war, im eignen Hause habe, da benahm er sich ganz, wie man es von seiner vierschrötigen Pedanterie zu gewärtigen hatte. Mit jener Gesittung, die ihn fürchterlich kleidete, erklärte er wieder, daß sein Haus heilig sei und den Flüchtling für heute schütze, daß er aber morgen die Ehre haben werde, Siegmund im Kampfe zu fällen. Hierauf bedeutete er Sieglinden rauh, ihm drinnen den Nachttrunk zu würzen und im Bette auf ihn zu warten, stieß noch zwei oder drei Drohungen aus und ging dann fort, indem er alle seine Waffen mit sich nahm und Siegmund in der verzweifeltsten Lage allein ließ.
Siegmund, aus seinem Fauteuil über die Samtbrüstung gebeugt, stützte den dunklen Knabenkopf in die schmale und rote Hand. Seine Brauen bildeten zwei schwarze Falten, und der eine seiner Füße, nur auf dem Absatz des Lackstiefels stehend, war in einer fortwährenden nervösen, rastlos drehenden und nickenden Bewegung. Er tat dem Einhalt, als er neben sich ein Flüstern hörte: »Gigi...«
Und wie er den Kopf wandte, hatte sein Mund einen frechen Zug.
Sieglind bot ihm eine perlmutterne Dose mit Kognak-Kirschen dar.
»Die Maraschino-Bohnen liegen unten«, flüsterte sie. Aber er nahm nur eine Kirsche, während er die Hülse aus Seidenpapier löste, beugte sie sich nochmals zu seinem Ohr und sagte: »Sie kommt gleich wieder zurück zu ihm.«

»Das ist mir nicht vollständig unbekannt«, sagte er so laut, daß mehrere Köpfe sich gehässig gegen sie kehrten... Der große Siegmund sang unten für sich allein im Dunkeln. Aus tiefster Brust rief er nach dem Schwert, der blanken Handhabe, die er schwingen könnte, wenn eines Tages in hellem Aufruhr hervorbräche, was jetzt sein Herz noch zornig verschlossen hielt; sein Haß und seine Sehnsucht... Er sah den Schwertgriff am Baume leuchten, sah Glanz und Herdfeuer verlöschen, sank zurück zu verzweifeltem Schlummer – und stützte sich köstlich entsetzt auf die Hände, da Sieglind im Dunkeln zu ihm schlich.

Hunding schlief wie ein Stein, betäubt, betrunken gemacht. Sie freuten sich miteinander, daß der schwere Dummkopf überlistet war, – und ihre Augen hatten dieselbe Art, sich lächelnd zu verkleinern... Aber dann sah Sieglind verstohlen den Kapellmeister an und erhielt ihren Einsatz, stellte formend die Lippen ein und sang ausführlich, wie alles stand und lag, – sang herzzerreißend, wie man die Einsame, fremd und wild Erwachsene ungefragt dem finstern und plumpen Manne geschenkt und noch verlangt habe, daß sie sich glücklich preise ob der achtbaren Ehe, geeignet, ihre dunkle Herkunft vergessen zu machen... sang tief und tröstlich von dem Alten im Hut und wie er das Schwert in den Stamm der Esche gestoßen – für den Einen, der einzig berufen sei, es aus der Haft zu lösen; sang außer sich, daß er es sein möge, den sie meine und kenne und gramvoll ersehne, der Freund, der mehr als ihr Freund, der Tröster ihrer Not, der Rächer ihrer Schmach, er, den sie einst verloren und den sie in Schanden beweint, der Bruder im Leid, der Retter, der Befreier...

Da aber warf Siegmund seine beiden rosigen, fleischigen Arme um sie, drückte ihre Wange gegen das Fell auf seiner Brust und sang über ihren Kopf hinaus mit entfesselter und silbern schmetternder Stimme seinen Jubel in alle

Lüfte. Seine Brust war heiß von dem Schwur, der ihn mit ihr, der holden Genossin, verband. Alle Sehnsucht seines verrufenen Lebens war gestillt in ihr, und alles, was sich ihm kränkend versagt, wenn er sich zu Männern und Frauen gedrängt, wenn er mit jener Frechheit, welche Scheu und das Bewußtsein seines Brandmals war, um Freundschaft und Liebe geworben hatte, – es war gefunden in ihr. In Schmach lag sie wie er im Leide, entehrt war sie wie er in Acht, und Rache – Rache sollte nun ihre geschwisterliche Liebe sein!
Ein Windstoß fauchte, die große, gezimmerte Tür sprang auf, eine Flut von weißem elektrischen Licht ergoß sich breit in den Saal, und plötzlich entblößt von der Dunkelheit standen sie da und sangen das Lied von dem Lenz und seiner Schwester, der Liebe.
Sie kauerten auf dem Bärenfell, sie sahen sich an im Licht und sangen sich süße Dinge. Ihre nackten Arme berührten sich, sie hielten einander bei den Schläfen, blickten sich in die Augen und ihre Münder waren sich nahe beim Singen. Ihre Augen und Schläfen, Stirnen und Stimmen, sie verglichen sie miteinander und fanden sie gleich. Das drängende wachsende Wiedererkennen entriß ihm den Namen des Vaters, sie rief ihn bei seinem: Siegmund! Siegmund! er schwang das befreite Schwert überm Haupt, beseligt sang sie ihm zu, wer sie sei: seine Zwillingsschwester, Sieglinde... er streckte trunken die Arme nach ihr, seiner Braut, sie sank ihm ans Herz, der Vorhang rauschte zusammen, die Musik drehte sich in einem tosenden, brausenden, schäumenden Wirbel reißender Leidenschaft, drehte sich, drehte sich und stand mit gewaltigem Schlage still!
Lebhafter Beifall. Das Licht ging auf. Tausend Leute erhoben sich, reckten sich unvermerkt und applaudierten, den Körper schon zum Ausgange, den Kopf noch zur Bühne gewandt, den Sängern, die dort nebeneinander

vorm Vorhang erschienen, wie Masken vor einer Jahrmarktsbude. Auch Hunding kam heraus und lächelte artig, trotz allem, was geschehen...

Siegmund schob seinen Sessel zurück und stand auf. Es war ihm heiß; auf seinen Wangenknochen, unter den fahlen und mageren rasierten Wangen, glomm eine Röte.

»Soweit ich in Frage komme«, sagte er, »so suche ich nun, bessere Luft zu gewinnen. Übrigens war der Siegmund nahezu schwach.«

»Auch fühlte«, sagte Sieglinde, »das Orchester sich bewogen, bei dem Frühlingslied schrecklich zu schleppen.«

»Sentimental«, sagte Siegmund und zuckte im Frack seine schmalen Schultern. »Kommst du?«

Sie zögerte noch einen Augenblick, saß noch aufgestützt und blickte zur Bühne hinüber. Er sah sie an, als sie aufstand und das Silbertuch nahm, um mit ihm zu gehen. Ihre voll und weich aufeinander ruhenden Lippen zuckten...

Sie gingen ins Foyer, bewegten sich in der langsamen Menge, grüßten Bekannte, taten einen Gang über die Treppen, zuweilen Hand in Hand.

»Ich möchte Eis nehmen«, sagte sie, »wenn es nicht höchstwahrscheinlich so minderwertig wäre.«

»Unmöglich!« sagte er. Und so aßen sie von den Süßigkeiten aus ihrer Dose, Kognak-Kirschen und bohnenförmige Schokolade-Bonbons, die mit Maraschino gefüllt waren.

Als es schellte, sahen sie abseits mit einer Art von Verachtung zu, wie die Menge von Eile ergriffen wurde und sich staute, warteten ab, bis es still auf den Wandelgängen geworden war, und traten im letzten Augenblick in ihre Loge, als das Licht schon entwich, die Dunkelheit sich stillend und löschend auf die wirre Regsamkeit des Saales senkte... Es läutete leise, der Dirigent reckte die Arme,

und der erhabene Lärm, dem er befahl, erfüllte wieder die Ohren, die ein wenig geruht hatten.
Siegmund sah ins Orchester. Der vertiefte Raum war hell gegen das lauschende Haus und von Arbeit erfüllt, von fingernden Händen, fiedelnden Armen, blasend geblähten Backen, von schlichten und eifrigen Leuten, die dienend das Werk einer großen, leidenden Kraft vollzogen, – dies Werk, das dort oben in kindlich hohen Gesichten erschien... Ein Werk! Wie tat man ein Werk? Ein Schmerz war in Siegmunds Brust, ein Brennen oder Zehren, irgend etwas wie eine süße Drangsal – wohin? wonach? Es war so dunkel, so schimpflich unklar. Er fühlte zwei Worte: Schöpfertum... Leidenschaft. Und während die Hitze in seinen Schläfen pochte, war es wie ein sehnsüchtiger Einblick, daß das Schöpfertum aus der Leidenschaft kam und wieder die Gestalt der Leidenschaft annahm. Er sah das weiße, erschöpfte Weib auf dem Schoße des flüchtigen Mannes hängen, dem es sich hingegeben, sah ihre Liebe und Not und fühlte, daß so das Leben sein müsse, um schöpferisch zu sein. Er sah sein eigenes Leben an, dies Leben, das sich aus Weichheit und Witz, aus Verwöhnung und Verneinung, Luxus und Widerspruch, Üppigkeit und Verstandeshelle, reicher Sicherheit und tändelndem Haß zusammensetzte, dies Leben, in dem es kein Erlebnis, nur logisches Spiel, keine Empfindung, nur tötendes Bezeichnen gab, – und ein Brennen oder Zehren war in seiner Brust, irgend etwas wie eine süße Drangsal – wohin? wonach? Nach dem Werk? Dem Erlebnis? Der Leidenschaft?
Vorhangrauschen und großer Schluß! Licht, Beifall und Aufbruch nach allen Türen. Siegmund und Sieglind verbrachten die Pause wie die vorige. Sie sprachen fast nichts, gingen langsam über Gänge und Treppen, zuweilen Hand in Hand. Sie bot ihm Kognak-Kirschen, aber er nahm nicht mehr. Sie sah ihn an, und als er den Blick auf

sie richtete, zog sie den ihren zurück, ging still und in etwas gespannter Haltung an seiner Seite und ließ es geschehen, daß er sie betrachtete. Ihre kindlichen Schultern, unter dem Silbergewirk, waren ein wenig zu hoch und waagerecht, wie man es an ägyptischen Statuen sieht. Auf ihren Wangenknochen lag dieselbe Hitze, die er auf seinen spürte.

Sie warteten wieder, bis die große Menge sich verlaufen hatte, und nahmen im letzten Augenblick ihre Armstühle ein. Sturmwind und Wolkenritt und heidnisch verzerrtes Jauchzen. Acht Damen, ein wenig untergeordnet von Erscheinung, stellten auf der felsigen Bühne eine jungfräuliche und lachende Wildheit dar. Schreckhaft brach Brünnhildens Angst in ihre Lustigkeit. Wotans Zorn, fürchterlich herannahend, fegte die Schwestern hinweg, stürzte sich allein auf Brünnhilde, machte sie fast zunichte, tobte sich aus und besänftigte sich langsam, langsam zu Milde und Wehmut. Es ging zu Ende. Ein großer Fernblick, eine erhabene Absicht tat sich auf. Epische Weihe war alles. Brünnhilde schlief; der Gott stieg über die Felsen. Dickleibige Flammen, auffliegend und verwehend, lohten rings um die Bretterstätte. In Funken und rotem Rauch, umtänzelt, umzüngelt, umzaubert von dem berauschenden Klingklang und Schlummerlied des Feuers, lag unter Brünne und Schild auf ihrem Mooslager die Walküre ausgestreckt. Jedoch im Schoße des Weibes, das zu erretten sie Zeit gehabt, keimte es zähe fort, das verhaßte, respektlose und gotterwählte Geschlecht, aus welchem ein Zwillingspaar seine Not und sein Leid zu so freier Wonne vereint...

Als Siegmund und Sieglind aus ihrer Loge traten, stand Wendelin draußen, riesengroß in seinem gelben Paletot, und hielt ihre Überkleider bereit. Hinter den beiden zierlichen und warm vermummten, dunklen, seltsamen Geschöpfen stieg er, ein ragender Sklave, die Treppe hinab.

Der Wagen stand bereit. Die beiden Pferde, hoch, vornehm und einander vollkommen gleich, verharrten auf ihren schlanken Beinen still und blank im Nebel der Winternacht und warfen nur hie und da auf stolze Art ihre Köpfe. Der kleine, gewärmte, seidengepolsterte Aufenthalt umfing die Zwillinge. Hinter ihnen schloß sich der Schlag. Einen Augenblick, eine kleine Sekunde noch stand das Coupé leise erschüttert von dem geübten Schwung, mit dem Wendelin sich zum Kutscher emporbegab. Ein weiches und rasches Vorwärts-Entgleiten dann, und das Portal des Theaters blieb dahinten.

Und wieder diese lautlos rollende Geschwindigkeit zum hurtig taktfesten Hufschlag der Pferde, dies sanfte, federnde Getragenwerden über Unebenheiten des Bodens, dies zärtliche Bewahrtsein vor dem schrillen Leben ringsum. Sie schwiegen, abgeschlossen vom Alltag, noch ganz wie auf ihren Sammetstühlen gegenüber der Bühne und gleichsam noch in derselben Atmosphäre. Nichts konnte an sie, was sie der wilden, brünstigen und überschwenglichen Welt hätte abwendig machen können, die mit Zaubermitteln auf sie gewirkt, sie zu sich und in sich gezogen... Sie begriffen nicht gleich, warum der Wagen stand; sie glaubten ein Hindernis sei im Wege. Aber sie hielten schon vor dem elterlichen Hause, und Wendelin erschien am Schlage.

Der Hausmeister war aus seiner Wohnung gekommen, um ihnen das Tor zu öffnen.

»Sind Herr und Frau Aarenhold schon zurück?« fragte Siegmund ihn, indem er über des Hausmeisters Kopf hinwegsah und das Gesicht verzerrte, wie jemand, den die Sonne blendet...

Sie waren noch nicht zurück vom Diner bei Erlangers. Auch Kunz war nicht zu Hause. Was Märit betraf, so war sie ebenfalls abwesend; niemand wußte wo, da sie durchaus ihre eigenen Wege ging.

Sie ließen sich in der Halle des Erdgeschosses die Überkleider abnehmen und gingen die Treppe hinauf, durch den Vorsaal des ersten Stockes und ins Speisezimmer. Es lag, ungeheuer, in halbdunkler Pracht. Nur über dem gedeckten Tisch am jenseitigen Ende brannte ein Lüster, und dort wartete Florian. Sie schritten rasch und lautlos über die teppichbelegte Weite. Florian schob die Stühle unter sie, als sie sich setzten. Dann bedeutete ihm ein Wink von Siegmunds Seite, er sei entbehrlich.

Eine Platte mit Sandwiches, ein Aufsatz mit Früchten, eine Karaffe Rotwein standen auf dem Tische. Auf einem gewaltigen silbernen Teebrett summte, umgeben von Zubehör, der elektrisch geheizte Teekessel.

Siegmund aß ein Kaviarbrötchen und trank in hastigem Zuge von dem Wein, der dunkel im zarten Glase glühte. Dann klagte er mit gereizter Stimme, daß Kaviar und Rotwein eine kulturwidrige Zusammenstellung sei. Mit kurzen Bewegungen nahm er eine Zigarette aus seinem silbernen Etui und begann, zurückgelehnt, die Hände in den Hosentaschen, zu rauchen, indem er die Zigarette mit verzerrter Miene von einem Mundwinkel in den anderen gleiten ließ. Seine Wangen, unter den hervortretenden Knochen, fingen schon wieder an, sich dunkler zu färben vom Bartwuchs. Seine Brauen bildeten an der Nasenwurzel zwei schwarze Falten.

Sieglinde hatte sich Tee bereitet und einen Schluck Burgunder hinzugetan. Ihre Lippen umfaßten voll und weich den dünnen Rand der Tasse, und während sie trank, blickten ihre großen, feuchtschwarzen Augen zu Siegmund hinüber.

Sie setzte die Tasse nieder und stützte den dunklen, süßen, exotischen Kopf in die schmale und rötliche Hand. Ihre Augen blieben auf ihn gerichtet, so sprechend, mit einer so eindringlichen und fließenden Beredsamkeit, daß das, was sie wirklich sagte, wie weniger als nichts dagegen erschien.

»Willst du denn nichts mehr essen, Gigi?«
»Da ich rauche«, antwortete er, »ist nicht wohl anzunehmen, daß ich beabsichtige, noch etwas zu essen.«
»Aber du hast seit dem Tee nichts genommen, außer Bonbons. Wenigstens einen Pfirsich...«
Er zuckte die Schultern, rollte sie wie ein eigensinniges Kind im Frack hin und her.
»Nun, das ist langweilig. Ich gehe hinauf. Guten Abend.«
Er trank den Rest seines Rotweins aus, warf die Serviette fort, stand auf und verschwand, die Zigarette im Munde, die Hände in den Hosentaschen, mit verdrießlich schlendernden Bewegungen in der Dämmerung des Saales.
Er ging in sein Schlafzimmer und machte Licht, – nicht viel, nur zwei oder drei der Lampen, die an der Decke einen weiten Kreis bildeten, ließ er erglühen und stand dann still, im Zweifel, was zu beginnen sei. Der Abschied von Sieglind war nicht von endgültiger Art gewesen. So pflegten sie einander nicht gute Nacht zu sagen. Sie würde noch kommen, das war sicher. Er warf den Frack ab, legte die mit Pelz besetzte Hausjacke an und nahm eine neue Zigarette. Dann streckte er sich auf die Chaiselongue, setzte sich auf, versuchte die Seitenlage, die Wange im seidenen Kissen, warf sich wieder auf den Rücken und blieb, die Hände unter dem Kopf, eine Weile so liegen.
Der feine und herbe Duft des Tabaks vermischte sich mit dem der Kosmetiken, der Seife, der aromatischen Wasser. Siegmund atmete diese Wohlgerüche, die in der laulich erwärmten Luft des Zimmers schwammen; er war sich ihrer bewußt und fand sie süßer als sonst. Die Augen schließend, gab er sich ihnen hin wie jemand, der schmerzlich ein wenig Wonne und zartes Glück der Sinne genießt in der Strenge und Außergewöhnlichkeit seines Schicksals...
Plötzlich erhob er sich, warf die Zigarette fort und trat vor

den weißen Schrank, in dessen drei Teile enorme Spiegel eingelassen waren. Er stand vor dem Mittelstück, ganz dicht, Aug in Aug mit sich selbst, und betrachtete sein Gesicht. Sorgfältig und neugierig prüfte er jeden Zug, öffnete die beiden Flügel des Schrankes und sah sich, zwischen drei Spiegeln stehend, auch im Profil. Lange stand er und prüfte die Abzeichen seines Blutes, die ein wenig niedergedrückte Nase, die voll und weich aufeinander ruhenden Lippen, die hervorspringenden Wangenknochen, sein dichtes, schwarz gelocktes, gewaltsam auf der Seite gescheiteltes Haar, das ihm weit in die Schläfen wuchs, und seine Augen selbst unter den starken, zusammengewachsenen Brauen, – diese großen, schwarzen und feuchtblanken Augen, die er klagevoll blicken ließ und in müdem Leide.

Hinter sich gewahrte er im Spiegel das Eisbärfell, das vor dem Bette seine Tatzen ausstreckte. Er wandte sich, ging mit tragisch schleppenden Schritten hinüber, und nach einem Augenblick des Zögerns ließ er sich der Länge nach auf das Fell sinken, den Kopf auf den Arm gebettet.

Eine Weile lag er ganz still; dann stemmte er den Ellbogen auf, stützte die Wange in seine schmale und rötliche Hand und blieb so, versunken in den Anblick seines Spiegelbildes dort drüben im Schranke. Es pochte. Er schrak zusammen, errötete, wollte sich aufmachen. Aber dann sank er zurück, ließ wieder den Kopf ganz hinab auf den ausgestreckten Arm fallen und schwieg.

Sieglind trat ein. Ihre Augen suchten nach ihm im Zimmer, ohne ihn gleich zu finden. Schließlich gewahrte sie ihn auf dem Bärenfell und entsetzte sich.

»Gigi... was tust du? ... Bist du krank?« Sie lief zu ihm, beugte sich über ihn, und mit der Hand über seine Stirn und sein Haar streichend, wiederholte sie: »Du bist doch nicht krank?«

Er schüttelte den Kopf und sah sie an, von unten, auf seinem Arm liegend, von ihr gestreichelt.
Sie war, halb fertig für die Nacht, auf Pantöffelchen aus ihrem Schlafzimmer gekommen, das dem seinen am Korridor gegenüberlag. Ihr aufgelöstes Haar fiel hinab auf ihren offenen, weißen Frisiermantel. Unter den Spitzen ihres Mieders sah Siegmund ihre kleinen Brüste, deren Hautfarbe wie angerauchter Meerschaum war.
»Du warst so bös«, sagte sie; »du gingst so häßlich weg. Ich wollte gar nicht mehr kommen. Aber dann bin ich doch gekommen, weil das keine gute Nacht war, vorhin...«
»Ich habe auf dich gewartet«, sagte er.
Noch immer im Stehen gebückt, verzog sie vor Schmerz das Gesicht, wodurch die physiognomischen Eigentümlichkeiten ihrer Art außerordentlich hervortraten.
»Was nicht hindert«, sagte sie in dem gewohnten Ton, »daß meine gegenwärtige Haltung mir ein ziemlich nennenswertes Unbehagen im Rücken verursacht.«
Er warf sich abwehrend hin und her.
»Laß das, laß das... Nicht so, nicht so... So muß es nicht sein, Sieglind, verstehst du...« Er sprach seltsam, er hörte es selbst. Sein Kopf stand in trockener Glut und seine Glieder waren feucht und kalt. Sie kniete nun bei ihm auf dem Fell, ihre Hand in seinem Haar. Er hielt, halb aufgerichtet, einen Arm um ihren Nacken geschlungen und sah sie an, betrachtete sie, wie er vorhin sich selbst betrachtet, ihre Augen und Schläfen, Stirne und Wangen...
»Du bist ganz wie ich«, sagte er mit lahmen Lippen und schluckte hinunter, weil seine Kehle verdorrt war... »Alles ist... wie mit mir... und für das... mit dem Erlebnis... bei mir, ist bei dir das mit Beckerath... das hält sich die Waage... Sieglind... und im ganzen ist es... dasselbe, besonders, was das betrifft... sich zu rächen, Sieglind...«
Es trachtete, sich in Logik zu kleiden, was er sagte, und

kam doch gewagt und wunderlich, wie aus wirrem Traum.
Ihr klang es nicht fremd, nicht sonderbar. Sie schämte sich nicht, ihn so Ungefeiltes, so Trübe-Verworrenes reden zu hören. Seine Worte legten sich wie ein Nebel um ihren Sinn, zogen sie hinab, dorthin, woher sie kamen, in ein tiefes Reich, wohin sie noch nie gelangt, zu dessen Grenzen aber, seit sie verlobt war, zuweilen erwartungsvolle Träume sie getragen.
Sie küßte ihn auf seine geschlossenen Augen; er küßte sie auf den Hals unter den Spitzen des Mieders. Sie küßten einander die Hände. Mit einer süßen Sinnlichkeit liebte jedes das andere um seiner verwöhnten und köstlichen Gepflegtheit und seines guten Duftes willen. Sie atmeten diesen Duft mit einer wollüstigen und fahrlässigen Hingabe, pflegten sich damit wie egoistische Kranke, berauschten sich wie Hoffnungslose, verloren sich in Liebkosungen, die übergriffen und ein hastiges Getümmel wurden und zuletzt nur ein Schluchzen waren – –
Sie saß noch auf dem Fell, mit offenen Lippen, auf eine Hand gestützt, und strich sich das Haar von den Augen. Er lehnte, die Hände auf dem Rücken, an der weißen Kommode, wiegte sich in den Hüften hin und her und sah in die Luft.
»Aber Beckerath...«, sagte sie und suchte ihre Gedanken zu ordnen. »Beckerath, Gigi... was ist nun mit ihm?...«
»Nun«, sagte er, und einen Augenblick traten die Merkzeichen seiner Art sehr scharf auf seinem Gesichte hervor, »dankbar soll er uns sein. Er wird ein minder triviales Dasein führen, von nun an.«

ANEKDOTE

Wir hatten, ein Kreis von Freunden, miteinander zu Abend gegessen und saßen noch spät in dem Arbeitszimmer des Gastgebers. Wir rauchten, und unser Gespräch war beschaulich und ein wenig gefühlvoll. Wir sprachen vom Schleier der Maja und seinem schillernden Blendwerk, von dem, was Buddha »das Dürsten« nennt, von der Süßigkeit der Sehnsucht und von der Bitterkeit der Erkenntnis, von der großen Verführung und dem großen Betrug. Das Wort von der »Blamage der Sehnsucht« war gefallen; der philosophische Satz war aufgestellt, das Ziel aller Sehnsucht sei die Überwindung der Welt. Und angeregt durch diese Betrachtungen, erzählte jemand die folgende Anekdote, die sich nach seiner Versicherung buchstäblich so, wie er sie weitergab, in der eleganten Gesellschaft seiner Vaterstadt ereignet haben sollte.

»Hättet ihr Angela gekannt, Direktor Beckers Frau, die himmlische kleine Angela Becker, – hättet ihr ihre blauen, lächelnden Augen, ihren süßen Mund, das köstliche Grübchen in ihrer Wange, das blonde Gelock an ihren Schläfen gesehen, wäret ihr einmal der hinreißenden Lieblichkeit ihres Wesens teilhaftig geworden, ihr wäret vernarrt in sie gewesen wie ich und alle! Was ist ein Ideal? Ist es vor allem eine *belebende* Macht, eine Glücksverheißung, eine Quelle der Begeisterung und der Kraft, folglich – ein Stachel und Anreiz aller seelischen Energien von seiten des Lebens selbst? Dann war Angela Becker das Ideal unserer Gesellschaft, ihr Stern, ihr Wunschbild. Wenigstens glaube ich, daß niemand, zu dessen Welt sie gehörte, sie wegdenken, niemand sich ihren Verlust vorstellen konnte, ohne zugleich eine Einbuße an Daseinslust und Willen zum Leben, eine unmittelbare dynamische

Beeinträchtigung zu empfinden. Auf mein Wort, so war es!
Ernst Becker hatte sie von auswärts mitgebracht, – ein stiller, höflicher und übrigens nicht bedeutender Mann mit braunem Vollbart. Gott wußte, wie er Angela gewonnen hatte; kurzum, sie war die Seine. Ursprünglich Jurist und Staatsbeamter, war er mit dreißig Jahren ins Bankfach übergetreten, – offenbar um dem Mädchen, das er heimzuführen wünschte, Wohlleben und reichen Hausstand bieten zu können, denn gleich danach hatte er geheiratet.
Als Mitdirektor der Hypothekenbank bezog er ein Einkommen von dreißig- oder fünfunddreißigtausend Mark, und Beckers, die übrigens kinderlos waren, nahmen lebhaften Anteil an dem gesellschaftlichen Leben der Stadt. Angela war die Königin der Saison, die Siegerin der Kotillons, der Mittelpunkt der Abendgesellschaften. Ihre Theaterloge war in den Pausen gefüllt von Aufwartenden, Lächelnden, Entzückten. Ihre Bude bei den Wohltätigkeitsbasaren war umlagert von Käufern, die sich drängten, ihre Börsen zu erleichtern, um dafür Angela's kleine Hand küssen zu dürfen, ein Lächeln ihrer holden Lippen dafür zu gewinnen. Was hülfe es, sie glänzend und wonnevoll zu nennen? Nur durch die Wirkungen, die er hervorbrachte, ist der süße Reiz ihrer Person zu schildern. Sie hatte alt und jung in Liebesbande geschlagen. Frauen und Mädchen beteten sie an. Jünglinge schickten ihr Verse unter Blumen. Ein Leutnant schoß einen Regierungsrat im Duell durch die Schulter anläßlich eines Streites, den die beiden auf einem Ballfest eines Walzers mit Angela wegen gehabt. Später wurden sie unzertrennliche Freunde, zusammengeschlossen durch die Verehrung für sie. Alte Herren umringten sie nach den Diners, um sich an ihrem holdseligen Geplauder, ihrem göttlich schalkhaften Mienenspiel zu erlaben; das Blut kehrte in die Wan-

gen der Greise zurück, sie hingen am Leben, sie waren glücklich. Einmal hatte ein General – natürlich im Scherz, aber doch nicht ohne den vollen Ausdruck des Gefühls – im Salon vor ihr auf den Knien gelegen.
Dabei konnte eigentlich niemand, weder Mann noch Frau, sich rühmen, ihr wirklich vertraut oder befreundet zu sein, ausgenommen Ernst Becker natürlich, und der war zu still und bescheiden, zu ausdruckslos auch wohl, um von seinem Glücke ein Rühmens zu machen. Zwischen uns und ihr blieb immer eine schöne Entfernung, wozu der Umstand beitragen mochte, daß man ihrer außerhalb des Salons, des Ballsaales nur selten ansichtig wurde; ja, besann man sich recht, so fand man, daß man dies festliche Wesen kaum jemals bei nüchternem Tage, sondern immer erst abends zur Zeit des künstlichen Lichts und in der geselligen Erwärmung erblickt hatte. Sie hatte uns alle zu Anbetern, aber weder Freund noch Freundin: und so war es recht, denn was wäre ein Ideal, mit dem man auf dem Duzfuß steht?
Ihre Tage widmete Angela offenbar der Betreuung ihres Hausstandes – dem wohligen Glanz nach zu urteilen, der ihre eigenen Abendgesellschaften auszeichnete. Diese waren berühmt und in der Tat der Höhepunkt des Winters: ein Verdienst der Wirtin, wie man hinzufügen muß, denn Becker war nur ein höflicher, kein unterhaltender Gastgeber. Angela übertraf an diesen Abenden sich selbst. Nach dem Essen setzte sie sich an ihre Harfe und sang zum Rauschen der Saiten mit ihrer Silberstimme. Man vergißt das nicht. Der Geschmack, die Anmut, die lebendige Geistesgegenwart, mit der sie den Abend gestaltete, waren bezaubernd; ihre gleichmäßige, überall hinstrahlende Liebenswürdigkeit gewann jedes Herz; und die innig aufmerksame, auch wohl verstohlen zärtliche Art, mit der sie ihrem Gatten begegnete, zeigte uns das Glück, die Möglichkeit des Glücks, erfüllte uns mit einem erquickenden

und sehnsüchtigen Glauben an das Gute, wie etwa die Vervollkommnung des Lebens durch die Kunst ihn zu schenken vermag.
Das war Ernst Beckers Frau, und hoffentlich wußte er ihren Besitz zu würdigen. Gab es einen Menschen in der Stadt, der beneidet wurde, so war es dieser, und man kann sich denken, daß er es oft zu hören bekam, was für ein begnadeter Mann er sei. Jeder sagte es ihm, und er nahm alle diese Huldigungen des Neids mit freundlicher Zustimmung entgegen. Zehn Jahre waren Beckers verheiratet; der Direktor war vierzig und Angela ungefähr dreißig Jahre alt. Da kam folgendes:
Beckers gaben Gesellschaft, einen ihrer vorbildlichen Abende, ein Souper zu etwa zwanzig Gedecken. Das Menu ist vortrefflich, die Stimmung die angeregteste. Als zum Gefrorenen der Champagner geschenkt wird, erhebt sich ein Herr, ein Junggeselle gesetzten Alters, und toastet. Er feiert die Wirte, feiert ihre Gastlichkeit, jene wahre und reiche Gastlichkeit, die aus einem Überfluß an Glück hervorgehe und aus dem Wunsche, viele daran teilnehmen zu lassen. Er spricht von Angela, er preist sie aus voller Brust. ›Ja, liebe, herrliche, gnädige Frau‹, sagt er, mit dem Glas in der Hand zu ihr gewendet, ›wenn ich als Hagestolz mein Leben verbringe, so geschieht es, weil ich die Frau nicht fand, die gewesen wäre wie Sie, und wenn ich mich jemals verheiraten sollte, – das eine steht fest: meine Frau müßte aufs Haar Ihnen gleichen!‹ dann wendet er sich zu Ernst Becker und bittet um die Erlaubnis, ihm nochmals zu sagen, was er so oft schon vernommen: wie sehr wir alle ihn beneideten, beglückwünschten, seligpriesen. Dann fordert er die Anwesenden auf, einzustimmen in sein Lebehoch auf unsere gottgesegneten Gastgeber, Herrn und Frau Becker.
Das Hoch erschallt, man verläßt die Sitze, man will sich zum Anstoßen mit dem gefeierten Paare drängen. Da

plötzlich wird es still, denn Becker steht auf, Direktor Becker, und er ist totenbleich.
Er ist bleich, und nur seine Augen sind rot. Mit bebender Feierlichkeit beginnt er zu sprechen.
Einmal – stößt er aus ringender Brust hervor – einmal müsse er es sagen! Einmal sich von der Wahrheit entlasten, die er solange allein getragen! Einmal endlich uns Verblendeten, Betörten die Augen öffnen über das Idol, um dessen Besitz wir ihn so sehr beneideten! Und während die Gäste, teils sitzend, teils stehend, erstarrt, gelähmt, ohne ihren Ohren zu trauen, mit erweiterten Augen die geschmückte Tafel umgeben, entwirft dieser Mensch in furchtbarem Ausbruch das Bild seiner Ehe, – seiner *Hölle* von einer Ehe...
Diese Frau – *die* dort –, wie falsch, verlogen und tierisch grausam sie sei. Wie liebeleer und widrig verödet. Wie sie den ganzen Tag in verkommener und liederlicher Schlaffheit verliege, um erst abends, bei künstlichem Licht, zu einem gleisnerischen Leben zu erwachen. Wie es tagsüber ihre einzige Tätigkeit sei, ihre Katze auf greulich erfinderische Art zu martern. Wie bis aufs Blut sie ihn selbst durch ihre boshaften Launen quäle. Wie sie ihn schamlos betrogen, ihn mit Dienern, mit Handwerksgehilfen, mit Bettlern, die an ihre Tür gekommen, zum Hahnrei gemacht habe. Wie sie vordem ihn selbst in den Schlund ihrer Verderbtheit hinabgezogen, ihn erniedrigt, befleckt, vergiftet habe. Wie er das alles getragen, getragen habe um der Liebe willen, die er ehemals für die Gauklerin gehegt, und weil sie zuletzt nur elend und unendlich erbarmenswert sei. Wie er aber endlich des Neides, der Beglückwünschungen, der Lebehochs müde geworden sei und es einmal, – einmal habe sagen müssen.
›Warum‹, ruft er, ›sie wäscht sich ja nicht einmal! Sie ist zu träge dazu! Sie ist schmutzig unter ihrer Spitzenwäsche!‹

Zwei Herren führten ihn hinaus. Die Gesellschaft zerstreute sich.
Einige Tage später begab sich Becker, offenbar einer Vereinbarung mit seiner Gattin gemäß, in eine Nervenheilanstalt. Er war aber vollkommen gesund und lediglich zum Äußersten gebracht.
Später verzogen Beckers in eine andere Stadt.«

DAS EISENBAHNUNGLÜCK

Etwas erzählen? Aber ich weiß nichts. Gut, also ich werde etwas erzählen.

Einmal, es ist schon zwei Jahre her, habe ich ein Eisenbahnunglück mitgemacht, – alle Einzelheiten stehen mir klar vor Augen.

Es war keines vom ersten Range, keine allgemeine Harmonika mit »unkenntlichen Massen« und so weiter, das nicht. Aber es war doch ein ganz richtiges Eisenbahnunglück mit Zubehör und obendrein zu nächtlicher Stunde. Nicht jeder hat das erlebt, und darum will ich es zum besten geben.

Ich fuhr damals nach Dresden, eingeladen von Förderern der Literatur. Eine Kunst- und Virtuosenfahrt also, wie ich sie von Zeit zu Zeit nicht ungern unternehme. Man repräsentiert, man tritt auf, man zeigt sich der jauchzenden Menge; man ist nicht umsonst ein Untertan Wilhelms II. Auch ist Dresden ja schön (besonders der Zwinger), und nachher wollte ich auf zehn, vierzehn Tage zum ›Weißen Hirsch‹ hinauf, um mich ein wenig zu pflegen und, wenn, vermöge der ›Applikationen‹, der Geist über mich käme, auch wohl zu arbeiten. Zu diesem Behufe hatte ich mein Manuskript zuunterst in meinen Koffer gelegt, zusammen mit dem Notizenmaterial, ein stattliches Konvolut, in braunes Packpapier geschlagen und mit starkem Spagat in den bayerischen Farben umwunden.

Ich reise gern mit Komfort, besonders, wenn man es mir bezahlt. Ich benützte also den Schlafwagen, hatte mir tags zuvor ein Abteil erster Klasse gesichert und war geborgen. Trotzdem hatte ich Fieber, wie immer bei solchen Gelegenheiten, denn eine Abreise bleibt ein Abenteuer, und nie werde ich in Verkehrsdingen die rechte Abge-

brühtheit gewinnen. Ich weiß ganz gut, daß der Nachtzug nach Dresden gewohnheitsmäßig jeden Abend vom Münchener Hauptbahnhof abfährt und jeden Morgen in Dresden ist. Aber wenn ich selber mitfahre und mein bedeutsames Schicksal mit dem seinen verbinde, so ist das eben doch eine große Sache. Ich kann mich dann der Vorstellung nicht entschlagen, als führe er einzig heute und meinetwegen, und dieser unvernünftige Irrtum hat natürlich eine stille, tiefe Erregung zur Folge, die mich nicht eher verläßt, als bis ich alle Umständlichkeiten der Abreise, das Kofferpacken, die Fahrt mit der belasteten Droschke zum Bahnhof, die Ankunft dortselbst, die Aufgabe des Gepäcks hinter mir habe und mich endgültig untergebracht und in Sicherheit weiß. Dann freilich tritt eine wohlige Abspannung ein, der Geist wendet sich neuen Dingen zu, die große Fremde eröffnet sich dort hinter dem Bogen des Glasgewölbes, und freudige Erwartung beschäftigt das Gemüt.
So war es auch diesmal. Ich hatte den Träger meines Handgepäcks reich belohnt, so daß er die Mütze gezogen und mir angenehme Reise gewünscht hatte, und stand mit meiner Abendzigarre an einem Gangfenster des Schlafwagens, um das Treiben auf dem Perron zu betrachten. Da war Zischen und Rollen, Hasten, Abschiednehmen und das singende Ausrufen der Zeitungs- und Erfrischungsverkäufer, und über allem glühten die großen elektrischen Monde im Nebel des Oktoberabends. Zwei rüstige Männer zogen einen Handkarren mit großem Gepäck den Zug entlang nach vorn zum Gepäckwagen. Ich erkannte wohl, an gewissen vertrauten Merkmalen, meinen eigenen Koffer. Da lag er, ein Stück unter vielen, und auf seinem Grunde ruhte das kostbare Konvolut. Nun, dachte ich, keine Besorgnis, er ist in guten Händen! Sieh diesen Schaffner an mit dem Lederbandelier, dem gewaltigen Wachtmeisterschnauzbart und dem unwirsch wach-

samen Blick. Sieh, wie er die alte Frau in der fadenscheinigen schwarzen Mantille anherrscht, weil sie um ein Haar in die zweite Klasse gestiegen wäre. Das ist der Staat, unser Vater, die Autorität und die Sicherheit. Man verkehrt nicht gern mit ihm, er ist streng, er ist wohl gar rauh, aber Verlaß, Verlaß ist auf ihn, und dein Koffer ist aufgehoben wie in Abrahams Schoß.

Ein Herr lustwandelt auf dem Perron, in Gamaschen und gelbem Herbstpaletot, einen Hund an der Leine führend. Nie sah ich ein hübscheres Hündchen. Es ist eine gedrungene Dogge, blank, muskulös, schwarz gefleckt und so gepflegt und drollig wie die Hündchen, die man zuweilen im Zirkus sieht und die das Publikum belustigen, indem sie aus allen Kräften ihres kleinen Leibes um die Manege rennen. Der Hund trägt ein silbernes Halsband, und die Schnur, daran er geführt wird, ist aus farbig geflochtenem Leder. Aber das alles kann nicht wundernehmen angesichts seines Herrn, des Herrn in Gamaschen, der sicher von edelster Abkunft ist. Er trägt ein Glas im Auge, was seine Miene verschärft, ohne sie zu verzerren, und sein Schnurrbart ist trotzig aufgesetzt, wodurch seine Mundwinkel wie sein Kinn einen verachtungsvollen und willensstarken Ausdruck gewinnen. Er richtet eine Frage an den martialischen Schaffner, und der schlichte Mann, der deutlich fühlt, mit wem er es zu tun hat, antwortet ihm, die Hand an der Mütze. Da wandelt der Herr weiter, zufrieden mit der Wirkung seiner Person. Er wandelt sicher in seinen Gamaschen, sein Antlitz ist kalt, scharf faßt er Menschen und Dinge ins Auge. Er ist weit entfernt vom Reisefieber, das sieht man klar, für ihn ist etwas so Gewöhnliches wie eine Abreise kein Abenteuer. Er ist zu Hause im Leben und ohne Scheu vor seinen Einrichtungen und Gewalten, er selbst gehört zu diesen Gewalten, mit einem Worte: ein Herr. Ich kann mich nicht satt an ihm sehen.

Als es ihn an der Zeit dünkt, steigt er ein (der Schaffner wandte gerade den Rücken). Er geht im Korridor hinter mir vorbei, und obgleich er mich anstößt, sagt er nicht »Pardon!«. Was für ein Herr! Aber das ist nichts gegen das Weitere, was nun folgt: Der Herr nimmt, ohne mit der Wimper zu zucken, seinen Hund mit sich in sein Schlafkabinett hinein! Das ist zweifellos verboten. Wie würde ich mich vermessen, einen Hund mit in den Schlafwagen zu nehmen. Er aber tut es kraft seines Herrenrechtes im Leben und zieht die Tür hinter sich zu.
Es pfiff, die Lokomotive antwortete, der Zug setzte sich sanft in Bewegung. Ich blieb noch ein wenig am Fenster stehen, sah die zurückbleibenden winkenden Menschen, sah die eiserne Brücke, sah Lichter schweben und wandern... Dann zog ich mich ins Innere des Wagens zurück.
Der Schlafwagen war nicht übermäßig besetzt; ein Abteil neben dem meinen war leer, war nicht zum Schlafen eingerichtet, und ich beschloß, es mir auf eine friedliche Lesestunde darin bequem zu machen. Ich holte also mein Buch und richtete mich ein. Das Sofa ist mit seidigem lachsfarbenen Stoff überzogen, auf dem Klapptischchen steht der Aschenbecher, das Gas brennt hell. Und rauchend las ich.
Der Schlafwagenkondukteur kommt dienstlich herein, er ersucht mich um mein Fahrscheinheft für die Nacht, und ich übergebe es seinen schwärzlichen Händen. Er redet höflich, aber rein amtlich, er spart sich den »Gute Nacht!«-Gruß von Mensch zu Mensch und geht, um an das anstoßende Kabinett zu klopfen. Aber das hätte er lassen sollen, denn dort wohnte der Herr mit den Gamaschen, und sei es nun, daß der Herr seinen Hund nicht sehen lassen wollte oder daß er bereits zu Bette gegangen war, kurz, er wurde furchtbar zornig, weil man es unternahm, ihn zu stören, ja, trotz dem Rollen des Zuges ver-

nahm ich durch die dünne Wand den unmittelbaren und elementaren Ausbruch seines Grimmes. »Was ist denn?!« schrie er. »Lassen Sie mich in Ruhe – Affenschwanz!!« Er gebrauchte den Ausdruck »Affenschwanz«, – ein Herrenausdruck, ein Reiter- und Kavaliersausdruck, herzstärkend anzuhören. Aber der Schlafwagenkondukteur legte sich aufs Unterhandeln, denn er mußte den Fahrschein des Herrn wohl wirklich haben, und da ich auf den Gang trat, um alles genau zu verfolgen, so sah ich mit an, wie schließlich die Tür des Herrn mit kurzem Ruck ein wenig geöffnet wurde und das Fahrscheinheft dem Kondukteur ins Gesicht flog, hart und heftig gerade ins Gesicht. Er fing es mit beiden Armen auf, und obgleich er die eine Ecke ins Auge bekommen hatte, so daß es tränte, zog er die Beine zusammen und dankte, die Hand an der Mütze. Erschüttert kehrte ich zu meinem Buch zurück.

Ich erwäge, was etwa dagegen sprechen könnte, noch eine Zigarre zu rauchen, und finde, daß es so gut wie nichts ist. Ich rauche also noch eine im Rollen und Lesen und fühle mich wohl und gedankenreich. Die Zeit vergeht, es wird zehn Uhr, halb elf Uhr oder mehr, die Insassen des Schlafwagens sind alle zur Ruhe gegangen, und schließlich komme ich mit mir überein, ein Gleiches zu tun.

Ich erhebe mich also und gehe in mein Schlafkabinett. Ein richtiges, luxuriöses Schlafzimmerchen, mit gepreßter Ledertapete, mit Kleiderhaken und vernickeltem Waschbecken. Das untere Bett ist schneeig bereitet, die Decke einladend zurückgeschlagen. O große Neuzeit! denke ich. Man legt sich in dieses Bett wie zu Hause, es bebt ein wenig die Nacht hindurch, und das hat zur Folge, daß man am Morgen in Dresden ist. Ich nahm meine Handtasche aus dem Netz, um etwas Toilette zu machen. Mit ausgestreckten Armen hielt ich sie über meinem Kopfe.

In diesem Augenblick geschieht das Eisenbahnunglück. Ich weiß es wie heute.

Es gab einen Stoß, – aber mit ›Stoß‹ ist wenig gesagt. Es war ein Stoß, der sich sofort als unbedingt bösartig kennzeichnete, ein in sich abscheulich krachender Stoß und von solcher Gewalt, daß mir die Handtasche, ich weiß nicht, wohin, aus den Händen flog und ich selbst mit der Schulter schmerzhaft gegen die Wand geschleudert wurde. Dabei war keine Zeit zur Besinnung. Aber was folgte, war ein entsetzliches Schlenkern des Wagens, und während seiner Dauer hatte man Muße, sich zu ängstigen. Ein Eisenbahnwagen schlenkert wohl, bei Weichen, bei scharfen Kurven, das kennt man. Aber dies war ein Schlenkern, daß man nicht stehen konnte, daß man von einer Wand zur andern geworfen wurde und dem Kentern des Wagens entgegensah. Ich dachte etwas sehr Einfaches, aber ich dachte es konzentriert und ausschließlich. Ich dachte: ›Das geht nicht gut, das geht nicht gut, das geht keinesfalls gut.‹ Wörtlich so. Außerdem dachte ich: ›Halt! Halt! Halt!‹ Denn ich wußte, daß, wenn der Zug erst stünde, sehr viel gewonnen sein würde. Und siehe, auf dieses mein stilles und inbrünstiges Kommando stand der Zug.

Bisher hatte Totenstille im Schlafwagen geherrscht. Nun kam der Schrecken zum Ausbruch. Schrille Damenschreie mischen sich mit den dumpfen Bestürzungsrufen von Männern. Neben mir höre ich »Hilfe!« rufen, und kein Zweifel, es ist die Stimme, die sich vorhin des Ausdrucks »Affenschwanz« bediente, die Stimme des Herrn in Gamaschen, seine von Angst entstellte Stimme. »Hilfe!« ruft er, und in dem Augenblick, wo ich den Gang betrete, auf dem die Fahrgäste zusammenlaufen, bricht er in seidenem Schlafanzug aus seinem Abteil hervor und steht da mit irren Blicken. »Großer Gott!« sagt er. »Allmächtiger Gott!« Und um sich gänzlich zu demütigen und so vielleicht seine Vernichtung abzuwenden, sagt er auch noch in bitterem Tone: »Lieber Gott...« Aber plötzlich besinnt er sich eines andern und greift zur Selbsthilfe. Er wirft sich auf das Wandschränkchen, in welchem für alle Fälle ein Beil und eine Säge hängen, schlägt mit der Faust die Glasscheibe entzwei, läßt aber, da er nicht gleich dazu gelangen kann, das Werkzeug in Ruh', bahnt sich mit wilden Püffen einen Weg durch die versammelten Fahrgäste, so daß die halbnackten Damen aufs neue kreischen, und springt ins Freie.

Das war das Werk eines Augenblicks. Ich spürte erst jetzt meinen Schrecken: eine gewisse Schwäche im Rücken, eine vorübergehende Unfähigkeit, hinunterzuschlucken. Alles umdrängte den schwarzhändigen Schlafwagenbeamten, der mit roten Augen ebenfalls herbeigekommen war; die Damen, mit bloßen Armen und Schultern, rangen die Hände.

Das sei eine Entgleisung, erklärte der Mann, wir seien entgleist. Was nicht zutraf, wie sich später erwies. Aber siehe, der Mann war gesprächig unter diesen Umständen, er ließ seine amtliche Sachlichkeit dahinfahren, die großen Ereignisse lösten seine Zunge, und er sprach intim von seiner Frau. »Ich hab' noch zu meiner Frau gesagt: Frau, sag' ich, mir ist ganz, als ob heut' was passieren müßt'!« Na, und ob nun vielleicht nichts passiert sei. Ja, darin gaben alle ihm recht. Rauch entwickelte sich im Wagen, dichter Qualm, man wußte nicht, woher, und nun zogen wir alle es vor, uns in die Nacht hinauszubegeben.

Das war nur mittelst eines ziemlich hohen Sprunges vom Trittbrett auf den Bahnkörper möglich, denn es war kein Perron vorhanden, und zudem stand unser Schlafwagen bemerkbar schief, auf die andere Seite geneigt. Aber die Damen, die eilig ihre Blößen bedeckt hatten, sprangen verzweifelt, und bald standen wir alle zwischen den Schienensträngen.

Es war fast finster, aber man sah doch, daß bei uns hinten den Wagen eigentlich nichts fehlte, obgleich sie schief

standen. Aber vorn – fünfzehn oder zwanzig Schritte weiter vorn! Nicht umsonst hatte der Stoß in sich so abscheulich gekracht. Dort war eine Trümmerwüste, – man sah ihre Ränder, wenn man sich näherte, und die kleinen Laternen der Schaffner irrten darüber hin.
Nachrichten kamen von dort, aufgeregte Leute, die Meldungen über die Lage brachten. Wir befanden uns dicht bei einer kleinen Station, nicht weit hinter Regensburg, und durch Schuld einer defekten Weiche war unser Schnellzug auf ein falsches Geleise geraten und in voller Fahrt einem Güterzug, der dort hielt, in den Rücken gefahren, hatte ihn aus der Station hinausgeworfen, seinen hinteren Teil zermalmt und selbst schwer gelitten. Die große Schnellzugsmaschine von Maffei in München war hin und entzwei. Preis siebzigtausend Mark. Und in den vorderen Wagen, die beinahe auf der Seite lagen, waren zum Teil die Bänke ineinandergeschoben. Nein, Menschenverluste waren, gottlob, wohl nicht zu beklagen. Man sprach von einer alten Frau, die »herausgezogen« worden sei, aber niemand hatte sie gesehen. Jedenfalls waren die Leute durcheinandergeworfen worden, Kinder hatten unter Gepäck vergraben gelegen, und das Entsetzen war groß. Der Gepäckwagen war zertrümmert. Wie war das mit dem Gepäckwagen? Er war zertrümmert.
Da stand ich...
Ein Beamter läuft ohne Mütze den Zug entlang, es ist der Stationschef, und wild und weinerlich erteilt er Befehle an die Passagiere, um sie in Zucht zu halten und von den Geleisen in die Wagen zu schicken. Aber niemand achtet sein, da er ohne Mütze und Haltung ist. Beklagenswerter Mann! Ihn traf wohl die Verantwortung. Vielleicht war seine Laufbahn zu Ende, sein Leben zerstört. Es wäre nicht taktvoll gewesen, ihn nach dem großen Gepäck zu fragen.
Ein anderer Beamter kommt daher, – er *hinkt* daher, und

ich erkenne ihn an seinem Wachtmeisterschnauzbart. Es ist der Schaffner, der unwirsch wachsame Schaffner von heute abend, der Staat, unser Vater. Er hinkt gebückt, die eine Hand auf sein Knie gestützt, und kümmert sich um nichts als um dieses sein Knie. »Ach, ach!« sagte er. »Ach!« – »Nun, nun, was ist denn?« – »Ach, mein Herr, ich steckte ja dazwischen, es ging mir ja gegen die Brust, ich bin ja über das Dach entkommen, ach, ach!« – Dieses »über das Dach entkommen« schmeckte nach Zeitungsbericht, der Mann brauchte bestimmt in der Regel nicht das Wort »entkommen«, er hatte nicht sowohl sein Unglück, als vielmehr einem Zeitungsbericht über sein Unglück erlebt, aber was half mir das? Er war nicht in dem Zustande, mir Auskunft über mein Manuskript zu geben. Und ich fragte einen jungen Menschen, der frisch, wichtig und angeregt von der Trümmerwüste kam, nach dem großen Gepäck.

»Ja, mein Herr, das weiß niemand nicht, wie es da ausschaut!« Und sein Ton bedeutete mir, daß ich froh sein solle, mit heilen Gliedern davongekommen zu sein. »Da liegt alles durcheinander. Damenschuhe ...«, sagte er mit einer wilden Vernichtungsgebärde und zog die Nase kraus. »Die Räumungsarbeiten müssen es zeigen. Damenschuhe...«

Da stand ich. Ganz für mich allein stand ich in der Nacht zwischen den Schienensträngen und prüfte mein Herz. Räumungsarbeiten. Es sollten Räumungsarbeiten mit meinem Manuskript vorgenommen werden. Zerstört also, zerfetzt, zerquetscht wahrscheinlich. Mein Bienenstock, mein Kunstgespinst, mein kluger Fuchsbau, mein Stolz und Mühsal, das Beste von mir. Was würde ich tun, wenn es sich so verhielt? Ich hatte keine Abschrift von dem, was schon dastand, schon fertig gefügt und geschmiedet war, schon lebte und klang, – zu schweigen von meinen Notizen und Studien, meinem ganzen in Jahren zusammengetragenen, erworbenen, erhorchten, erschlichenen, erlittenen Hamsterschatz von Material. Was würde ich also tun? Ich prüfte mich genau, und ich erkannte, daß ich von vorn beginnen würde. Ja, mit tierischer Geduld, mit der Zähigkeit eines tiefstehenden Lebewesens, dem man das wunderliche und komplizierte Werk seines kleinen Scharfsinnes und Fleißes zerstört hat, würde ich nach einem Augenblick der Verwirrung und Ratlosigkeit das Ganze wieder von vorn beginnen, und vielleicht würde es diesmal ein wenig leichter gehen...

Aber unterdessen war Feuerwehr eingetroffen, mit Fakkeln, die rotes Licht über die Trümmerwüste warfen, und als ich nach vorn ging, um nach dem Gepäckwagen zu sehen, da zeigte es sich, daß er fast heil war und daß den Koffern nichts fehlte. Die Dinge und Waren, die dort verstreut lagen, stammten aus dem Güterzug, eine unzählige Menge Spagatknäuel zumal, ein Meer von Spagatknäueln, das weithin den Boden bedeckte.

Da ward mir leicht, und ich mischte mich unter die Leute, die standen und schwatzten und sich anfreundeten gelegentlich ihres Mißgeschickes und aufschnitten und sich wichtig machten. Soviel schien sicher, daß der Zugführer sich brav benommen und großem Unglück vorgebeugt hatte, indem er im letzten Augenblick die Notbremse gezogen. Sonst, sagte man, hätte es unweigerlich eine allgemeine Harmonika gegeben, und der Zug wäre wohl auch die ziemlich hohe Böschung zur Linken hinabgestürzt. Preiswürd'ger Zugführer! Er war nicht sichtbar, niemand hatte ihn gesehen. Aber sein Ruhm verbreitete sich den ganzen Zug entlang, und wir alle lobten ihn in seiner Abwesenheit. »Der Mann«, sagte ein Herr und wies mit der ausgestreckten Hand irgendwohin in die Nacht, »der Mann hat uns alle gerettet.« Und jeder nickte dazu.

Aber unser Zug stand auf einem Geleise, das ihm nicht zukam, und darum galt es, ihn nach hinten zu sichern, damit ihm kein anderer in den Rücken fahre. So stellten sich die Feuerwehrleute mit Pechfackeln am letzten Wagen auf, und auch der angeregte junge Mann, der mich so sehr mit seinen Damenstiefeln geängstigt, hatte eine Fakkel ergriffen und schwenkte sie signalisierend, obgleich in aller Weite kein Zug zu sehen war.

Und mehr und mehr kam etwas wie Ordnung in die Sache, und der Staat, unser Vater, gewann wieder Haltung und Ansehen. Man hatte telegraphiert und alle Schritte getan, ein Hilfszug aus Regensburg dampfte behutsam in die Station und große Gasleuchtapparate mit Reflektoren wurden an der Trümmerstätte aufgestellt. Wir Passagiere wurden nun ausquartiert und angewiesen, im Stationshäuschen unserer Weiterbeförderung zu harren. Beladen mit unserem Handgepäck und zum Teil mit verbundenen Köpfen zogen wir durch ein Spalier von neugierigen Eingeborenen in das Warteräumchen ein, wo wir uns, wie es gehen wollte, zusammenpferchten. Und abermals nach einer Stunde war alles aufs Geratewohl in einem Extrazuge verstaut.

Ich hatte einen Fahrschein erster Klasse (weil man mir die Reise bezahlte), aber das half mir gar nichts, denn jedermann gab der ersten Klasse den Vorzug, und diese Abteile waren noch voller als die anderen. Jedoch, wie ich eben mein Plätzchen gefunden, wen gewahre ich mir schräg gegenüber, in eine Ecke gedrängt? Den Herrn mit den Gamaschen und den Reiterausdrücken, meinen Helden. Er hat sein Hündchen nicht bei sich, man hat es ihm genommen, es sitzt, allen Herrenrechten zuwider, in einem finsteren Verlies gleich hinter der Lokomotive und heult. Der Herr hat auch einen gelben Fahrschein, der ihm nichts nützt, und er murrt, er macht einen Versuch, sich aufzulehnen gegen den Kommunismus, gegen den großen Ausgleich vor der Majestät des Unglücks. Aber ein Mann antwortet ihm mit biederer Stimme: »San S' froh, daß Sie sitzen!« Und sauer lächelnd ergibt sich der Herr in die tolle Lage.

Wer kommt herein, gestützt auf zwei Feuerwehrmänner? Eine kleine Alte, ein Mütterchen in zerschlissener Mantille, dasselbe, das in München um ein Haar in die zweite Klasse gestiegen wäre. »Ist dies die erste Klasse?« fragt sie immer wieder. »Ist dies auch wirklich die erste Klasse?« Und als man es ihr versichert und ihr Platz macht, sinkt sie mit einem »Gottlob!« auf das Plüschkissen nieder, als ob sie erst jetzt gerettet sei.

In Hof war es fünf Uhr und hell. Dort gab es Frühstück, und dort nahm ein Schnellzug mich auf, der mich und das Meine mit dreistündiger Verspätung nach Dresden brachte.

Ja, das war das Eisenbahnunglück, das ich erlebte. Einmal mußte es ja wohl sein. Und obgleich die Logiker Einwände machen, glaube ich nun doch gute Chancen zu haben, daß mir sobald nicht wieder dergleichen begegnet.

WIE JAPPE UND DO ESCOBAR SICH PRÜGELTEN

Ich war sehr erschüttert, als Johnny Bishop mir sagte, daß Jappe und Do Escobar sich hauen wollten und daß wir hingehen wollten, um zuzusehen.

Es war in den Sommerferien, in Travemünde, an einem brutheißen Tage mit mattem Landwind und flacher, weit zurückgetretener See. Wir waren wohl drei Viertelstunden lang im Wasser gewesen und lagen unter dem Balken- und Bretterwerk der Badeanstalt auf dem festen Sande, zusammen mit Jürgen Brattström, dem Sohn des Reeders. Johnny und Brattström lagen vollständig nackt auf dem Rücken, während es mir angenehmer war, mein Badetuch um die Hüften gewickelt zu haben. Brattström fragte mich, warum ich das täte, und da ich nichts Rechtes darauf zu antworten wußte, so sagte Johnny mit seinem gewinnenden, lieblichen Lächeln: ich wäre wohl schon etwas zu groß, um nackend zu liegen. Wirklich war ich größer und entwickelter als er und Brattström, auch wohl ein wenig älter als sie, ungefähr dreizehn. So nahm ich Johnny's Erklärung stillschweigend an, obgleich sie eine gewisse Kränkung für mich enthielt. Denn in Johnny's Gesellschaft geriet man leicht in ein etwas komisches Licht, wenn man weniger klein, fein und körperlich kindlich war als er, der das alles in so hohem Grade war. Er konnte dann mit seinen hübschen blauen, zugleich freundlich und spöttisch lächelnden Mädchenaugen an einem hinaufsehen, mit einem Ausdruck, als wollte er sagen: ›Was bist du schon für ein langer Flegel!‹ Das Ideal der Männlichkeit und der langen Hosen kam abhanden in seiner Nähe, und das zu einer Zeit, nicht lange nach dem Kriege, als Kraft, Mut und jederlei rauhe Tugend unter uns Jungen sehr

hoch im Preise stand und alles mögliche für weichlich galt. Aber Johnny, als Ausländer oder halber Ausländer, war unbeeinflußt von dieser Stimmung und hatte im Gegenteil etwas von einer Frau, die sich konserviert und über andere lustig macht, die es weniger tun. Auch war er bei weitem der erste Knabe der Stadt, der elegant und ausgesprochen herrschaftlich gekleidet wurde, nämlich in echte englische Matrosenanzüge mit blauen Leinwandkragen, Schifferknoten, Schnüren, einer silbernen Pfeife in der Brusttasche und einem Anker auf dem bauschigen, am Handgelenk eng zulaufenden Ärmel. Dergleichen wäre bei jedem anderen als geckenhaft verhöhnt und bestraft worden. Ihm aber, da er es mit Anmut und Selbstverständlichkeit trug, schadete es gar nicht, und nie hatte er im geringsten darunter zu leiden gehabt.
Er sah aus wie ein kleiner magerer Amor, wie er da lag, mit erhobenen Armen, seinen hübschen blond- und weichlockigen, länglichen, englischen Kopf in die schmalen Hände gebettet. Sein Papa war ein deutscher Kaufmann gewesen, der sich in England hatte naturalisieren lassen und vor Jahren gestorben war. Aber seine Mutter war Engländerin von Geblüt, eine Dame von mildem, ruhigem Wesen und mit langem Gesicht, die sich mit ihren Kindern, Johnny und einem ebenso hübschen, etwas tükkischen kleinen Mädchen, in unserer Stadt niedergelassen hatte. Sie ging immer noch ausschließlich schwarz, in beständiger Trauer um ihren Mann, und sie ehrte wohl seinen letzten Willen, wenn sie die Kinder in Deutschland aufwachsen ließ. Offenbar befand sie sich in angenehmen Verhältnissen. Sie besaß ein geräumiges Haus vor der Stadt und eine Villa an der See, und von Zeit zu Zeit reiste sie mit Johnny und Sissie in ferne Bäder. Zur Gesellschaft gehörte sie nicht, obgleich sie ihr offengestanden hätte. Vielmehr lebte sie, sei es um ihrer Trauer willen, sei es, weil der Horizont unserer herrschenden Familien ihr zu

eng war, persönlich in der größten Zurückgezogenheit, sorgte aber durch Einladungen und die Anordnung gemeinsamer Spiele, durch Johnny's und Sissie's Teilnahme am Tanz- und Anstandskursus und so weiter für den geselligen Verkehr ihrer Kinder, den sie, wenn nicht selber bestimmte, so doch mit ruhiger Sorgfalt überwachte, und zwar so, daß Johnny und Sissie es ausschließlich nur mit Kindern aus vermögenden Häusern hielten, – selbstverständlich nicht zufolge eines ausgesprochenen Prinzips, aber doch der einfachen Tatsache nach. Frau Bishop trug insofern von weitem zu meiner Erziehung bei, als sie mich lehrte, daß, um von anderen geachtet zu werden, nichts weiter nötig sei, als selber auf sich zu halten. Des männlichen Oberhauptes beraubt, zeigte die kleine Familie keines der Merkmale von Verwahrlosung und Niedergang, die sonst in diesem Falle so oft das bürgerliche Mißtrauen erwecken. Ohne weiteren Verwandtschaftsanhang, ohne Titel, Überlieferung, Einfluß und öffentliche Stellung war ihr Dasein zugleich separiert und anspruchsvoll: und zwar dermaßen sicher und abwägend anspruchsvoll, daß man ihr stillschweigend und unbedenklich jedes Zugeständnis machte und die Freundschaft der Kinder bei Jungen und Mädchen sehr hoch bewertet wurde. – Was nebenbei Jürgen Brattström betraf, so war erst sein Vater zu Reichtum und öffentlichen Ämtern aufgerückt und hatte sich und den Seinen das rote Sandsteinhaus am Burgfelde gebaut, das dem der Frau Bishop benachbart war. Jürgen war also, unter Frau Bishops ruhiger Genehmigung, Johnny's Gartengespiele und Schulweggefährte – ein phlegmatisch zutunlicher, kurzgliedriger Knabe ohne hervorstechende Charaktereigenschaften, der unterderhand schon einen kleinen Lakritzenhandel betrieb.

Wie gesagt, war ich äußerst erschrocken über Johnny's Mitteilung von Jappe's und Do Escobars bevorstehendem

Zweikampf, der heute um zwölf Uhr in bitterem Ernst auf dem Leuchtenfeld ausgefochten werden sollte. Das konnte furchtbar werden, denn Jappe und Escobar waren starke, kühne Gesellen mit Ritterehre, deren feindliches Zusammentreffen wohl Bangigkeit erregen konnte. In der Erinnerung erscheinen sie mir noch immer so groß und männerhaft wie damals, obwohl sie nicht älter als fünfzehnjährig gewesen sein können. Jappe entstammte dem Mittelstande der Stadt; er war wenig beaufsichtigt und eigentlich beinahe schon das, was wir damals einen »Butcher« (will sagen Stromer) nannten, jedoch mit der Nuance des Lebemännischen. Do Escobar war frei von Natur, ein exotischer Fremdling, der nicht einmal regelmäßig zur Schule ging, sondern nur hospitierte und zuhörte (ein unordentliches, aber paradiesisches Dasein!), – der bei irgendwelchen Bürgersleuten Pension bezahlte und sich vollständiger Selbständigkeit erfreute. Beide waren sie Leute, die zu spät zu Bett gingen, Wirtshäuser besuchten, abends in der Breiten Straße bummelten, den Mädchen nachstiegen, wagehalsig turnten, kurz: Kavaliere. Obwohl sie in Travemünde nicht im Kurhotel – wohin sie auch nicht gehört hätten –, sondern irgendwo im Städtchen logierten, waren sie draußen im Kurgarten als Weltleute zu Hause, und ich wußte, daß sie abends, namentlich sonntags, wenn ich längst in einem der Schweizerhäuser in meinem Bette lag und unter den Klängen des Kurkonzerts friedlich entschlummert war, nebst anderen Mitgliedern der jugendlichen Lebewelt unternehmend im Strome der Badegäste und Ausflügler vor dem langen Zeltdach der Konditorei hin und her flanierten und erwachsene Unterhaltung suchten und fanden. Hierbei waren sie aneinandergeraten, – Gott wußte, wie und warum. Möglich, daß sie einander nur im Vorbeischlendern mit den Schultern gestoßen und in ihrer Ehrenhaftigkeit einen Kriegsfall daraus gemacht hatten. Johnny, der natürlich

ebenfalls längst geschlafen hatte und auch nur durch Hörensagen von dem Handel unterrichtet war, äußerte mit seiner so angenehmen, ein wenig verschleierten Kinderstimme, daß es sich wohl um eine »Deern« gehandelt haben werde, und das war unschwer zu denken bei Jappe's und Do Escobars verwegener Fortgeschrittenheit. Kurz, sie hatten unter den Leuten kein Aufhebens gemacht, sondern, vor Zeugen, mit knappen und verbissenen Worten Ort und Stunde zum Austrag der Ehrensache verabredet. Morgen um zwölf Rendezvous da und da auf dem Leuchtenfelde. Guten Abend! Auch Ballettmeister Knaak von Hamburg, Maître de plaisir und Leiter der Reunions im Kurhause, war zugegen gewesen und hatte sein Erscheinen am Walplatze zugesagt.
Johnny freute sich rückhaltlos auf den Kampf, ohne daß er oder Brattström die Beklemmung geteilt hätten, die ich empfand. Wiederholt versicherte er, indem er nach seiner reizenden Art das r weit vorne am Gaumen bildete, daß die beiden sich in vollem Ernst und als Feinde hauen würden; und dann erwog er mit vergnügter und etwas spöttischer Sachlichkeit die Siegeschancen. Jappe und Do Escobar waren beide schrecklich stark, hö, beide schon gewaltige Flegel. Es war amüsant, daß sie es einmal so ernstlich ausmachen würden, welcher von beiden der gewaltigste Flegel sei. Jappe, meinte Johnny, habe eine breite Brust und vorzügliche Arm- und Beinmuskeln, wie man täglich beim Baden beobachten könne. Aber Do Escobar sei außerordentlich sehnig und wild, so daß es schwer sei, vorherzusagen, wer die Oberhand behalten werde. Es war sonderbar, Johnny so souverän über Jappe's und Do Escobars Qualitäten sich äußern zu hören und dabei seine eigenen schwachen Kinderarme zu sehen, mit denen er nie einen Schlag weder zu geben noch abzuwehren vermocht hätte. Was mich selbst betraf, so war ich zwar weit entfernt, mich vom Besuche der Schlägerei auszuschlie-

ßen. Das wäre lächerlich gewesen, und außerdem zog das Bevorstehende mich mächtig an. Unbedingt mußte ich hingehen und alles mitansehen, da ich einmal davon erfahren hatte, – dies war eine Art Pflichtgefühl, das aber in hartem Kampfe mit widerstrebenden Empfindungen lag: mit einer großen Scheu und Scham, unkriegerisch und wenig beherzt wie ich war, mich auf den Schauplatz mannhafter Taten zu wagen; einer nervösen Furcht vor den Erschütterungen, die der Anblick eines erbitterten Kampfes, im Ernst und sozusagen auf Leben und Tod, in mir hervorbringen würde und die ich im voraus empfand; einer einfachen feigen Besorgnis auch wohl, daß ich dort, mitgefangen und mitgehangen, für meine eigene Person Anforderungen möchte ausgesetzt sein, die meiner innersten Natur zuwiderliefen, – der Besorgnis, herangezogen und genötigt zu werden, mich auch meinerseits als ein schneidiger Bursche zu erweisen, ein Erweis, den ich wie nichts zweites verabscheute. Anderseits aber konnte ich nicht umhin, mich in Jappe's und Do Escobars Lage zu versetzen und die verzehrenden Empfindungen, die ich bei ihnen voraussetzte, innerlich nachzufühlen. Ich stellte mir die Beleidigung und Herausforderung im Kurgarten vor, ich unterdrückte mit ihnen, eleganter Rücksichten halber, den Drang, sofort mit den Fäusten übereinander herzufallen. Ich erprobte ihre empörte Rechtsleidenschaft, den Gram, den flackernden, hirnzerreißenden Haß, die Anfälle von rasender Ungeduld und Rache, unter denen sie die Nacht verbracht haben mußten. Zum Äußersten gebracht, über alle Furchtsamkeit hinausgerissen, schlug ich mich im Geiste blind und blutig mit einem ebenso entmenschten Gegner herum, trieb ihm mit allen Kräften meines Wesens die Faust ins verhaßte Maul, daß sämtliche Zähne zerbrachen, empfing dafür einen brutalen Tritt in den Unterleib und ging unter in roten Wogen, worauf ich mit gestillten Nerven und Eisumschlägen unter den sanften Vorwürfen der Meinen in meinem Bette erwachte... Kurz, als es halb zwölf war und wir aufstanden, um uns anzuziehen, war ich halb erschöpft vor Aufregung, und in der Kabine sowohl wie nachher, als wir fertig angekleidet die Badeanstalt verließen, pochte das Herz mir genau, als sei ich es selbst, der sich hauen sollte, mit Jappe oder Do Escobar, öffentlich und unter schweren Bedingungen.

Ich weiß noch genau, wie wir zu dritt die schwanke Holzbrücke hinabstiegen, die vom Strande schräg zur Badeanstalt anstieg. Selbstverständlich hüpften wir, um die Brücke tunlichst ins Schwingen zu versetzen und uns emporschnellen zu lassen wie im Trampolin. Aber unten angelangt, verfolgten wir nicht den Brettersteg, der zwischen Pavillonen und Sitzkörben hin den Strand entlangführte, sondern hielten den Kurs landeinwärts, ungefähr auf das Kurhaus zu, eher mehr links. Auf den Dünen brütete die Sonne und entlockte dem spärlich und dürr bewachsenen Boden, den Stranddisteln, den Binsen, die uns in die Beine stachen, seinen trockenen und hitzigen Duft. Nichts war zu hören als das ununterbrochene Summen der metallblauen Fliegen, die scheinbar unbeweglich in der schweren Wärme standen, plötzlich den Platz wechselten und an anderer Stelle ihren scharfen und monotonen Gesang wieder aufnahmen. Die kühlende Wirkung des Bades war längst verbraucht. Brattström und ich lüfteten abwechselnd unsere Kopfbedeckungen – er seine schwedische Schifferkappe mit vorspringendem Wachstuchschirm, ich meine runde Helgoländer Wollmütze, eine sogenannte Tam-o-shanter –, um uns den Schweiß zu trocknen. Johnny litt wenig unter der Hitze, dank seiner Magerkeit und besonders wohl auch, weil seine Kleidung dem Sommertag eleganter angepaßt war als die unsere. In seinem leichten und komfortablen Matrosenanzug aus gestreiftem Waschstoff, der Hals und Waden frei ließ, die blaue, kurzbebänderte Mütze mit englischer Inschrift auf dem schönen Köpfchen, die langen und schmalen Füße in feinen, fast absatzlosen Halbschuhen aus weißem Leder, ging er mit ausgreifenden, steigenden Schritten und etwas krummen Knien zwischen Brattström und mir und sang mit seinem anmutigen Akzent das Gassenlied ›Fischerin, du Kleine‹, das damals im Schwange war; sang es mit einer unanständigen Variante, die von der frühreifen Jugend dafür erfunden worden. Denn so war er: In aller Kindlichkeit wußte er schon mancherlei und war gar nicht zu zimperlich, es im Munde zu führen. Dann aber setzte er eine kleine scheinheilige Miene auf, sagte: »Pfui, wer wird denn wohl so böse Lieder singen!« und tat ganz, als seien wir es gewesen, die die kleine Fischerin so schlüpfrig apostrophiert hatten.

Mir war überhaupt nicht nach Singen zumute, so nahe wie wir dem Treffpunkte und Schicksalsplatze schon waren. Das scharfe Dünengras war in sandiges Moos, in mageren Wiesengrund übergegangen, es war das Leuchtenfeld, wo wir schritten, so genannt nach dem gelben und runden Leuchtturm, der links in großer Entfernung emporragte, – und unversehens kamen wir an und waren am Ziel.

Es war ein warmer, friedlicher Ort, von Menschen fast nie begangen, den Blicken durch Weidengesträuch verborgen. Und auf dem freien Platze, innerhalb des Gebüsches, hatte wie eine lebendige Schranke ein Kreis junger Leute sich gesetzt und gelagert, fast alle älter als wir und aus verschiedenen Gesellschaftsschichten. Offenbar waren wir die letzten Zuschauer, die eintrafen. Nur auf Ballettmeister Knaak, der als Schiedsrichter und Unparteiischer dem Kampfe anwohnen sollte, wurde noch gewartet. Aber sowohl Jappe wie Do Escobar waren zur Stelle, – ich erblickte sie sofort. Sie saßen weit voneinander entfernt im Kreise und taten, als sähen sie einander nicht. Nach-

dem wir durch stummes Kopfnicken einige Bekannte begrüßt hatten, ließen auch wir uns mit eingezogenen Schenkeln auf dem warmen Erdboden nieder.
Es wurde geraucht. Auch Jappe und Do Escobar hielten Zigaretten in den Mundwinkeln, wobei sie, vor dem Rauch blinzelnd, jeder ein Auge schlossen, und man sah wohl, daß sie nicht ohne Gefühl für die Großartigkeit waren, die darin lag, so dazusitzen und in aller Nachlässigkeit eine Zigarette zu rauchen, bevor man sich haute. Beide waren schon herrenmäßig gekleidet, aber Do Escobar bedeutend weltmännischer als Jappe. Er trug sehr spitzige gelbe Schuhe zu seinem hellgrauen Sommeranzug, ein rosafarbenes Manschettenhemd, buntseidene Krawatte und einen runden, schmalrandigen Strohhut, nach hinten auf den Wirbel gerückt, so daß der dichte und feste, schwarzblank pomadisierte Hügel, zu dem er sein gescheiteltes Haar seitlich über der Stirn emporfrisiert hatte, darunter zum Vorschein kam. Zuweilen hob und schüttelte er die rechte Hand, um das silberne Armband, das er trug, in die Manschette zurückzuwerfen. Jappe sah wesentlich unscheinbarer aus. Seine Beine staken in enganliegenden Hosen, die, heller als Rock und Weste, unter seinen schwarzen Wichsstiefeln mit Stegen befestigt waren, und die karierte Sportmütze, die sein blondes lockiges Haar bedeckte, hatte er im Gegensatz zu Do Escobar tief in die Stirn gezogen. Er hielt in hockender Stellung seine Knie mit den Armen umschlungen, und dabei bemerkte man erstens, daß er lose Manschetten über den Hemdärmeln trug, und zweitens, daß die Nägel seiner verschränkten Finger entweder viel zu kurz beschnitten waren oder daß er dem Laster frönte, sie abzunagen. Übrigens war trotz der flotten und selbständigen Attitüde des Rauchens die Stimmung im Kreise ernst, ja befangen und vorwiegend schweigsam. Wer sich dagegen auflehnte, war eigentlich nur Do Escobar, der unaufhörlich

laut, heiser und mit wirbelndem Zungen-r zu seiner Umgebung sprach, indem er den Rauch durch die Nase strömen ließ. Sein Gerassel stieß mich ab, und trotz seiner allzu kurzen Nägel fühlte ich mich geneigt, es mit Jappe zu halten, der kaum dann und wann über die Schulter hinweg ein Wort an seine Nachbarn richtete und im übrigen scheinbar vollkommen ruhig dem Rauch seiner Zigarette nachblickte.

Dann kam Herr Knaak, – noch sehe ich ihn in seinem Morgenanzug aus bläulich gestreiftem Flanell beschwingten Schrittes aus der Richtung des Kurhauses daherkommen und, den Strohhut lüftend, außerhalb unseres Kreises stehenbleiben. Daß er gern kam, glaube ich nicht, bin vielmehr überzeugt, daß er in einen sauren Apfel biß, indem er einer Prügelei seine Gegenwart schenkte; aber seine Stellung, sein schwieriges Verhältnis zu der streitbaren und ausgesprochen männlich gesinnten Jugend nötigte ihn wohl dazu. Braun, schön und fett (fett namentlich in der Hüftengegend), erteilte er zur Winterszeit Tanz- und Anstandsunterricht sowohl in einem geschlossenen Familienzirkel wie auch öffentlich im Kasino und versah im Sommer den Posten eines Festarrangeurs und Badekommissärs im Kurhause zu Travemünde. Mit seinen eitlen Augen, seinem wogenden, wiegenden Gang, bei dem er die sehr auswärtsgerichteten Fußspitzen sorgfältig zuerst auf den Boden setzte und den übrigen Teil des Fußes nachfallen ließ, seiner selbstgefälligen und studierten Sprechweise, der bühnenmäßigen Sicherheit seines Auftretens, der unerhörten, demonstrativen Gewähltheit seiner Manieren war er das Entzücken des weiblichen Geschlechts, während die Männerwelt, und namentlich die kritische halbwüchsige, ihn bezweifelte. Ich habe oft über die Stellung François Knaaks im Leben nachgedacht und sie immer sonderbar und phantastisch gefunden. Kleiner Leute Kind, wie er war, schwebte er mit seiner Pflege der höchsten Lebensart schlechthin in der Luft, und ohne zur Gesellschaft zu gehören, wurde er von ihr als Hüter und Lehrmeister ihres Sittenideals bezahlt. Auch Jappe und Do Escobar waren seine Schüler; nicht im Privatkursus wie Johnny, Brattström und ich, sondern beim öffentlichen Unterricht im Kasino; und hier war es, wo das Sein und Wesen Herrn Knaaks der schärfsten Abschätzung von seiten der jungen Leute unterlag (denn wir im Privatkursus waren sanfter). Ein Kerl, der den zierlichen Umgang mit kleinen Mädchen lehrte, ein Kerl, über den das unwiderlegte Gerücht im Umlauf war, daß er ein Korsett trage, der mit den Fingerspitzen den Saum seines Gehrockes erfaßte, knickste, Kapriolen schnitt und unversehens in die Lüfte sprang, um dort oben mit den Füßen zu trillern und federnd auf das Parkett zurückzuplumpsen: war das überhaupt ein Kerl? Dies der Verdacht, der auf Herrn Knaaks Person und Dasein lastete; und gerade seine übermäßige Sicherheit und Überlegenheit reizte dazu. Sein Vorsprung an Jahren war bedeutend, und es hieß, daß er (eine komische Vorstellung!) in Hamburg Frau und Kinder besitze. Diese seine Eigenschaft als Erwachsener und der Umstand, daß man ihm immer nur im Tanzsaal begegnete, schützte ihn davor, überführt und entlarvt zu werden. Konnte er turnen? Hatte er es jemals gekonnt? Hatte er Mut? Hatte er Kräfte? Kurz, war er als honorig zu betrachten? Er kam nicht in die Lage, sich über die solideren Eigenschaften auszuweisen, die seinen Salonkünsten hätten die Waage halten müssen, um ihn respektabel zu machen. Aber es gab Jungen, die umhergingen und ihn geradeheraus einen Affen und Feigling nannten. Wahrscheinlich wußte er das, und darum war er heute gekommen, um sein Interesse an einer ordentlichen Prügelei zu bekunden und es als Kamerad mit den jungen Leuten zu halten, obgleich er doch eigentlich als Badekommisär den ungesetzlichen Ehren-

handel nicht hätte dulden dürfen. Aber nach meiner Überzeugung fühlte er sich nicht wohl bei der Sache und war sich deutlich bewußt, auf Glatteis geraten zu sein. Manche prüften ihn kalt mit den Augen, und er selbst sah sich unruhig um, ob auch Leute kämen.
Höflich entschuldigte er sein verspätetes Eintreffen. Eine Unterredung mit der Kurhausdirektion in betreff der Reunion am Sonnabend, sagte er, habe ihn aufgehalten. »Sind die Kombattanten zur Stelle?« fragte er hierauf in strammem Ton. »Dann können wir anfangen.« Auf seinen Stock gestützt und die Füße gekreuzt, stand er außerhalb unseres Kreises, erfaßte seinen weichen braunen Schnurrbart mit der Unterlippe und machte finstere Kenneraugen.
Jappe und Do Escobar standen auf, warfen ihre Zigaretten fort und begannen, sich zum Kampfe bereitzumachen. Do Escobar tat es im Fluge, mit eindrucksvoller Geschwindigkeit. Er warf seinen Hut, seine Jacke und Weste zu Boden, knüpfte auch Krawatte, Halskragen und Tragbänder ab und warf sie zum übrigen. Dann zog er sogar sein rosafarbenes Manschettenhemd aus der Hose hervor, entwand sich behende den Ärmeln und stand da im weiß- und rotgestreiften Trikotunterjäckchen, das seine gelblichen, schon schwarzbehaarten Arme von der Mitte der Oberarme an bloß ließ. »Darf ich bitten, mein Herr?« sagte er mit rasselndem r, indem er rasch in die Mitte des Platzes trat und mit gestraffter Brust seine Schultern in den Gelenken zurechtrückte... Sein silbernes Armband hatte er anbehalten.
Jappe, der noch nicht fertig war, wandte den Kopf nach ihm, und die Brauen emporgezogen, sah er ihm einen Augenblick mit beinahe geschlossenen Lidern auf die Füße, als wollte er sagen: ›Warte gefälligst. Ich komme auch ohne deinen gespreizten Schnack.‹ Obgleich er breiter in den Schultern war, erschien er bei weitem nicht so athle-

tisch und kampfgemäß wie Do Escobar, als er sich ihm entgegenstellte. Seine Beine in den prallen Steghosen neigten zur X-Form, und sein weiches, schon etwas gelbliches Hemd mit den weiten, an den Handgelenken mit Knöpfen geschlossenen Ärmeln und den grauen Gummihosenträgern darüber sah nach gar nichts aus, während Do Escobars gestreiftes Trikot und namentlich die schwarzen Haare auf seinen Armen außerordentlich streitbar und gefährlich wirkten. Beide waren bleich, aber bei Jappe sah man es deutlicher, weil er gewöhnlich rotbackig war. Er hatte das Gesicht eines munteren und etwas brutalen Blondins mit Stülpnase und einem Sattel von Sommersprossen darüber. Do Escobars Nase dagegen war kurz, gerade und abfallend, und über seinen aufgeworfenen Lippen sah man einen schwarzen Anflug von Schnurrbart.

Sie standen mit hängenden Armen fast Brust an Brust und blickten mit finsterer, verächtlicher Miene der eine dem anderen in die Magengegend. Ersichtlich wußten sie nicht recht, was sie miteinander anfangen sollten, und das entsprach ganz meinem eigenen Empfinden. Seit ihrem Zusammentreffen war die ganze Nacht und der halbe Tag verflossen, und ihre Lust, aufeinander loszuschlagen, die gestern abend so lebhaft gewesen und nur von ihrer Ritterlichkeit gezügelt worden war, hatte Zeit gehabt, sich abzukühlen. Nun sollten sie zu festgesetzter Stunde, mit nüchternem Blut und vor versammeltem Publikum auf Kommando tun, was sie gestern so gern aus lebendigem Antriebe getan hätten. Aber schließlich waren sie gesittete Jungen und keine Gladiatoren des Altertums. Man trägt bei ruhigem Verstande doch eine menschliche Scheu, jemandem mit den Fäusten den gesunden Leib zu zerschlagen. So dachte ich es mir, und so war es wohl auch.

Da aber ehrenhalber etwas geschehen mußte, fingen sie an, einander mit den fünf Fingerspitzen vor die Brust zu

stoßen, als glaubten sie in gegenseitiger Geringschätzung, den Gegner so leichthin zu Boden strecken zu können, und zu dem deutlichen Zweck, einander zu reizen. In dem Augenblick aber, als Jappe's Miene anfing, sich zu verzerren, brach Do Escobar das Vorgefecht ab.
»Pardon, mein Herr!« sagte er, indem er zwei Schritte zurücktrat und sich abwandte. Er tat es, um seine Hosenschnalle im Rücken fester anzuziehen; denn er hatte ja seine Tragbänder abgelegt, und da er schmal in den Hüften war, so fing seine Hose wohl an zu rutschen. Als er fertig und frisch gegürtet war, sagte er etwas Rasselndes, Gaumiges, Spanisches, das niemand verstand und das wohl heißen sollte, daß er nun erst richtig bereit sei, warf aufs neue die Schultern zurück und trat wieder vor. Offenbar war er maßlos eitel.
Das plänkelnde Puffen mit Schultern und flachen Händen begann von vorn. Auf einmal aber, ganz unerwartet, entstand ein kurzes, blindes, rasendes Handgemenge, ein wirbelndes Durcheinander ihrer Fäuste, das drei Sekunden dauerte und dann ebenso plötzlich wieder abbrach.
»Jetzt sind sie in Stimmung«, sagte Johnny, der neben mir saß und einen dürren Grashalm im Munde hatte. »Ich wette mit euch, daß Jappe ihn unterkriegt. Do Escobar ist zu machig. Seht mal, er schielt immer zu den anderen hin! Jappe ist fest bei der Sache. Wetten, daß er ihn mächtig verhauen wird?«
Sie waren voneinander abgeprallt und standen mit arbeitender Brust, die Fäuste an den Hüften. Zweifellos hatten beide Empfindliches abbekommen, denn ihre Gesichter waren böse, und beide schoben mit einem entrüsteten Ausdruck ihre Lippen vor, als wollten sie sagen: ›Was fällt dir ein, mir so weh zu tun!‹ Jappe hatte rote Augen, und Do Escobar zeigte seine weißen Zähne, als sie wieder losgingen.
Sie schlugen einander nun mit aller Kraft, abwechselnd

und mit kurzen Pausen auf die Schultern, die Unterarme und vor die Brust. »Das ist nichts«, sagte Johnny mit seinem lieblichen Akzent. »So wird keiner fertiggemacht. Unters Kinn müssen sie hauen, so von unten her in den Kinnbacken. Das gibt aus.« Aber unterdessen hatte es sich so gemacht, daß Do Escobar mit seinem linken Arm Jappe's beide Arme gefangen hatte, sie wie in einem Schraubstock fest gegen seine Brust gepreßt hielt und mit der rechten Faust unaufhörlich Jappe's Flanke bearbeitete.
Eine große Bewegung entstand. »Nicht festhalten!« riefen viele und sprangen auf. Herr Knaak eilte erschrocken ins Zentrum. »Nicht festhalten!« rief auch er. »Sie halten ihn ja fest, lieber Freund! Das widerspricht jedem Komment.« Er trennte sie und belehrte Do Escobar nochmals, daß Festhalten völlig verboten sei. Dann zog er sich wieder hinter die Peripherie zurück.
Jappe war wütend, das sah man deutlich. Sehr blaß massierte er sich die Seite, indem er Do Escobar mit einem langsamen und Unheil verkündenden Kopfnicken betrachtete. Und als er den nächsten Gang begann, da zeugte seine Miene von solcher Entschlossenheit, daß jeder sich entscheidender Taten von ihm versah.
Und wirklich, sobald das neue Treffen sich eingeleitet hatte, vollführte Jappe einen Coup – bediente er sich einer Finte, die er wahrscheinlich im voraus ersonnen hatte. Ein Scheinstoß mit der Linken nach oben veranlaßte Do Escobar, sein Gesicht zu decken; aber indem er es tat, traf Jappe's Rechte ihn so hart in den Magen, daß Do Escobar sich vorwärts krümmte und sein Gesicht das Aussehen gelben Wachses gewann.
»Das saß«, sagte Johnny. »Da tut es weh. Nun kann es sein, daß er sich aufnimmt und Ernst macht, um sich zu rächen.« Aber der Magenstoß hatte zu derb getroffen, und Do Escobars Nervensystem war sichtlich erschüttert. Man konnte sehen, daß er keine ordentlichen Fäuste

mehr machen konnte, um zu schlagen, und seine Augen hatten einen Ausdruck, als sei er nicht mehr recht bei Bewußtsein. Da er aber fühlte, daß seine Muskeln versagten, so beredete seine Eitelkeit ihn, sich folgendermaßen zu benehmen: Er fing an, den leichtbeweglichen Südländer zu spielen, der den deutschen Bären durch seine Behendigkeit neckt und zur Verzweiflung bringt. Mit kurzen Schritten und unter allerlei nutzlosen Wendungen tänzelte er in kleinen Kreisen um Jappe herum, und dazu versuchte er, übermütig zu lächeln, was bei seinem reduzierten Zustande einen heldenhaften Eindruck auf mich machte. Aber Jappe geriet durchaus nicht in Verzweiflung, sondern drehte sich einfach auf dem Absatz mit und versetzte ihm manchen schweren Schlag, während er mit dem linken Arm Do Escobars schwach tändelnde Angriffe abwehrte. Was jedoch Do Escobars Schicksal besiegelte, war der Umstand, daß seine Hose beständig rutschte, so daß auch sein Trikothemdchen daraus hervor und in die Höhe glitt und ein Stück seines bloßen, gelblichen Körpers sehen ließ, worüber einige lachten. Warum hatte er auch seine Tragbänder abgelegt! Schönheitsgründe hätte er außer acht lassen sollen. Denn nun störte ihn die Hose, hatte ihn während des ganzen Kampfes gestört. Immer wollte es daran ziehen und das Jäckchen hineinstopfen, denn trotz seiner üblen Verfassung ertrug er nicht das Gefühl, einen derangierten und komischen Anblick zu bieten. Und so geschah es schließlich, daß Jappe ihm, als er nur mit einer Hand focht und mit der anderen an seiner Toilette zu bessern suchte, einen solchen Schlag auf die Nase verabfolgte, daß ich noch heute nicht verstehe, wieso sie nicht ganz in die Brüche ging.
Aber das Blut stürzte hervor, und Do Escobar wandte sich ab und ging fort von Jappe, suchte mit der rechten Hand die Blutung zu hemmen und gab mit der Linken ein vielsagendes Zeichen nach hinten. Jappe stand noch, die

X-Beine gespreizt und mit eingelegten Fäusten, und wartete, daß Do Escobar wiederkäme. Aber Do Escobar tat nicht mehr mit. Verstand ich ihn recht, so war er der Gesittetere von beiden und fand, daß es hohe Zeit sei, der Sache ein Ende zu machen. Jappe würde ohne Zweifel mit blutender Nase weitergekämpft haben; aber fast ebenso sicher hätte Do Escobar auch in diesem Falle seine weitere Mitwirkung verweigert, und um so entschiedener tat er das jetzt, da er selbst es war, der blutete. Man hatte ihm das Blut aus der Nase getrieben, zum Teufel, so weit hätte es nach seiner Ansicht niemals kommen dürfen. Das Blut lief ihm zwischen den Fingern hindurch auf die Kleider, besudelte sein helles Beinkleid und tropfte hinab auf seine gelben Schuhe. Das war eine Schweinerei, nichts weiter, und unter diesen Umständen lehnte er es als unmenschlich ab, sich weiter zu schlagen.

Übrigens war seine Auffassung diejenige der Mehrheit. Herr Knaak kam in den Kreis und erklärte den Kampf für beendet. »Der Ehre ist Genüge geschehen«, sagte er. »Beide haben sich vorzüglich gehalten.« Man sah ihm an, wie erleichtert er sich fühlte, weil die Sache so glimpflich abgelaufen war. »Aber es ist ja keiner gefallen«, sagte Johnny erstaunt und enttäuscht. Doch auch Jappe war durchaus damit einverstanden, den Fall als erledigt zu betrachten, und ging aufatmend zu seinen Kleidern. Herrn Knaaks so zarte Fiktion, daß der Zweikampf unentschieden geblieben sei, wurde allgemein angenommen. Jappe ward nur verstohlen beglückwünscht; andere liehen Do Escobar ihre Taschentücher, da sein eigenes rasch von Blut übersättigt war. »Weiter!« hieß es hierauf. »Nun sollen ein paar andere sich hauen.«

Das war der Versammlung aus der Seele gesprochen. Jappe's und Do Escobars Handel hatte so kurz gewährt, nur gute zehn Minuten, kaum länger. Man war einmal da, man hatte noch Zeit, man mußte doch etwas vornehmen!

Zwei andere also, und in die Arena, wer ebenfalls zeigen wollte, daß er ein Junge zu heißen verdiene!
Niemand meldete sich. Warum aber begann bei diesem Aufruf mein Herz wie eine kleine Pauke zu schlagen? Was ich gefürchtet hatte, war eingetreten: die Anforderungen griffen auf die Zuschauer über. Aber warum war mir nun fast, als hätte ich mich auf diesen großen Augenblick die ganze Zeit mit Schrecken gefreut, und warum fand ich mich, sowie er eintrat, in einen Strudel widerstrebender Empfindungen gestürzt? Ich sah Johnny an: Vollkommen gelassen und unbeteiligt saß er neben mir, drehte seinen Strohhalm im Munde herum und blickte mit offener, neugieriger Miene im Kreise herum, ob noch ein paar starke Flegel sich fänden, die sich zu seinem Privatvergnügen die Nasen entzweischlagen wollten. Warum mußte ich mich persönlich getroffen und aufgefordert – in furchtbarer Erregung mir selbst gegenüber verpflichtet fühlen, meine Scheu mit gewaltiger und traumhafter Anstrengung zu überwinden und die Aufmerksamkeit aller auf mich zu lenken, indem ich als Held in die Schranken trat? Tatsächlich, sei es aus Dünkel oder übergroßer Schüchternheit, war ich im Begriff, meine Hand zu erheben und mich zum Kampf zu melden, als irgendwo im Kreise eine dreiste Stimme sich hören ließ:
»Jetzt soll Herr Knaak sich mal hauen!«
Alle Augen richteten sich scharf auf Herrn Knaak. Sagte ich es nicht, daß er sich auf Glatteis begeben, sich der Gefahr einer Prüfung auf Herz und Nieren ausgesetzt hatte? Aber er antwortete:
»Danke, ich habe in meiner Jugend genug Prügel bekommen.«
Er war gerettet. Aalglatt hatte er sich aus der Schlinge gezogen, hatte auf seine Jahre hingewiesen, zu verstehen gegeben, daß er früher einer ehrlichen Prügelei keineswegs ausgewichen sei, und dabei nicht einmal geprahlt,

sondern seinen Worten das Gepräge der Wahrheit zu geben gewußt, indem er mit sympathischer Selbstverspottung eingestand, daß er verhauen worden sei. Man ließ ab von ihm. Man sah ein, daß es schwer, wenn nicht unmöglich war, ihn zu Fall zu bringen.

»Dann soll gerungen werden!« verlangte jemand. Dieser Vorschlag fand wenig Beifall. Aber mitten hinein in die Beratungen darüber ließ Do Escobar (und ich vergesse nie den peinlichen Eindruck, den es machte) hinter seinem blutigen Schnupftuch hervor seine heisere spanische Stimme vernehmen: »Ringen ist feige. Ringen tun die Deutschen!« – Eine unerhörte Taktlosigkeit von seiner Seite, die denn auch sofort die gebührende Abfertigung fand. Denn hier war es, wo Herr Knaak ihm die ausgezeichnete Antwort erteilte: »Möglich. Aber es scheint auch, daß die Deutschen den Spaniern zuweilen tüchtige Prügel geben.« Beifälliges Gelächter lohnte ihm; seine Stellung war sehr gefestigt seit dieser Entgegnung, und Do Escobar war für heute nun endgültig abgetan.

Aber daß Ringen mehr oder weniger langweilig sei, war doch die vorherrschende Meinung, und so ging man denn dazu über, sich mit allerlei Turnerstückchen: Bockspringen über des Nächsten Rücken, Kopfstehen, Handgehen und dergleichen mehr, die Zeit zu vertreiben. – »Kommt, nun gehen wir«, sagte Johnny zu Brattström und mir und stand auf. Das war ganz Johnny Bishop. Er war hergekommen, weil ihm etwas Reelles mit blutigem Ausgang geboten werden sollte. Da die Sache in Spielerei verlief, so ging er.

Er vermittelte mir die ersten Eindrücke von der eigentümlichen Überlegenheit des englischen Nationalcharakters, den ich später so sehr bewundern lernte.

DER TOD IN VENEDIG

Erstes Kapitel

Gustav Aschenbach oder von Aschenbach, wie seit seinem fünfzigsten Geburtstag amtlich sein Name lautete, hatte an einem Frühlingsnachmittag des Jahres 19.., das unserem Kontinent monatelang eine so gefahrdrohende Miene zeigte, von seiner Wohnung in der Prinzregentenstraße zu München aus allein einen weiteren Spaziergang unternommen. Überreizt von der schwierigen und gefährlichen, eben jetzt eine höchste Behutsamkeit, Umsicht, Eindringlichkeit und Genauigkeit des Willens erfordernden Arbeit der Vormittagsstunden, hatte der Schriftsteller dem Fortschwingen des produzierenden Triebwerkes in seinem Innern, jenem »motus animi continuus«, worin nach Cicero das Wesen der Beredsamkeit besteht, auch nach der Mittagsmahlzeit nicht Einhalt zu tun vermocht und den entlastenden Schlummer nicht gefunden, der ihm, bei zunehmender Abnutzbarkeit seiner Kräfte, einmal untertags so nötig war. So hatte er bald nach dem Tee das Freie gesucht, in der Hoffnung, daß Luft und Bewegung ihn wiederherstellen und ihm zu einem ersprießlichen Abend verhelfen würden.

Es war Anfang Mai und, nach naßkalten Wochen, ein falscher Hochsommer eingefallen. Der Englische Garten, obgleich nur erst zart belaubt, war dumpfig wie im August und in der Nähe der Stadt voller Wagen und Spaziergänger gewesen. Beim Aumeister, wohin stillere und stillere Wege ihn geführt, hatte Aschenbach eine kleine Weile den volkstümlich belebten Wirtsgarten überblickt, an dessen Rand einige Droschken und Equipagen hielten, hatte von dort bei sinkender Sonne seinen Heimweg

außerhalb des Parks über die offene Flur genommen und erwartete, da er sich müde fühlte und über Föhring Gewitter drohte, am Nördlichen Friedhof die Tram, die ihn in gerader Linie zur Stadt zurückbringen sollte.
Zufällig fand er den Halteplatz und seine Umgebung von Menschen leer. Weder auf der gepflasterten Ungererstraße, deren Schienengeleise sich einsam gleißend gegen Schwabing erstreckten, noch auf der Föhringer Chaussee war ein Fuhrwerk zu sehen; hinter den Zäunen der Steinmetzereien, wo zu Kauf stehende Kreuze, Gedächtnistafeln und Monumente ein zweites, unbewußtes Gräberfeld bilden, regte sich nichts, und das byzantinische Bauwerk der Aussegnungshalle gegenüber lag schweigend im Abglanz des scheidenden Tages. Ihre Stirnseite, mit griechischen Kreuzen und hieratischen Schildereien in lichten Farben geschmückt, weist überdies symmetrisch angeordnete Inschriften in Goldlettern auf, ausgewählte, das jenseitige Leben betreffende Schriftworte, wie etwa: »Sie gehen ein in die Wohnung Gottes« oder: »Das ewige Licht leuchte ihnen«; und der Wartende hatte während einiger Minuten eine ernste Zerstreuung darin gefunden, die Formeln abzulesen und sein geistiges Auge in ihrer durchscheinenden Mystik sich verlieren zu lassen, als er, aus seinen Träumereien zurückkehrend, im Portikus, oberhalb der beiden apokalyptischen Tiere, welche die Freitreppe bewachen, einen Mann bemerkte, dessen nicht ganz gewöhnliche Erscheinung seinen Gedanken eine völlig andere Richtung gab.
Ob er nun aus dem Innern der Halle durch das bronzene Tor hervorgetreten oder von außen unversehens heran und hinauf gelangt war, blieb ungewiß. Aschenbach, ohne sich sonderlich in die Frage zu vertiefen, neigte zur ersteren Annahme. Mäßig hochgewachsen, mager, bartlos und auffallend stumpfnäsig, gehörte der Mann zum rothaarigen Typ und besaß dessen milchige und sommer-

sprossige Haut. Offenbar war er durchaus nicht bajuwarischen Schlages: wie denn wenigstens der breit und gerade gerandete Basthut, der ihm den Kopf bedeckte, seinem Aussehen ein Gepräge des Fremdländischen und Weitherkommenden verlieh. Freilich trug er dazu den landesüblichen Rucksack um die Schultern geschnallt, einen gelblichen Gurtanzug aus Lodenstoff, wie es schien, einen grauen Wetterkragen über dem linken Unterarm, den er in die Weiche gestützt hielt, und in der Rechten einen mit eiserner Spitze versehenen Stock, welchen er schräg gegen den Boden stemmte und auf dessen Krücke er, bei gekreuzten Füßen, die Hüfte lehnte. Erhobenen Hauptes, so daß an seinem hager dem losen Sporthemd entwachsenden Halse der Adamsapfel stark und nackt hervortrat, blickte er mit farblosen, rotbewimperten Augen, zwischen denen, sonderbar genug zu seiner kurz aufgeworfenen Nase passend, zwei senkrechte, energische Furchen standen, scharf spähend ins Weite. So – und vielleicht trug sein erhöhter und erhöhender Standort zu diesem Eindruck bei – hatte seine Haltung etwas herrisch Überschauendes, Kühnes oder selbst Wildes; denn sei es, daß er, geblendet, gegen die untergehende Sonne grimassierte oder daß es sich um eine dauernde physiognomische Entstellung handelte: seine Lippen schienen zu kurz, sie waren völlig von den Zähnen zurückgezogen, dergestalt, daß diese, bis zum Zahnfleisch bloßgelegt, weiß und lang dazwischen hervorbleckten.

Wohl möglich, daß Aschenbach es bei seiner halb zerstreuten, halb inquisitiven Musterung des Fremden an Rücksicht hatte fehlen lassen, denn plötzlich ward er gewahr, daß jener seinen Blick erwiderte, und zwar so kriegerisch, so gerade ins Auge hinein, so offenkundig gesonnen, die Sache aufs Äußerste zu treiben und den Blick des andern zum Abzug zu zwingen, daß Aschenbach, peinlich berührt, sich abwandte und einen Gang die Zäune entlang begann, mit dem beiläufigen Entschluß, des

Menschen nicht weiter achtzuhaben. Er hatte ihn in der nächsten Minute vergessen. Mochte nun aber das Wandererhafte in der Erscheinung des Fremden auf seine Einbildungskraft gewirkt haben oder sonst irgendein physischer oder seelischer Einfluß im Spiele sein: eine seltsame Ausweitung seines Innern ward ihm ganz überraschend bewußt, eine Art schweifender Unruhe, ein jugendlich durstiges Verlangen in die Ferne, ein Gefühl, so lebhaft, so neu oder doch so längst entwöhnt und verlernt, daß er, die Hände auf dem Rücken und den Blick am Boden, gefesselt stehenblieb, um die Empfindung auf Wesen und Ziel zu prüfen.

Es war Reiselust, nichts weiter; aber wahrhaft als Anfall auftretend und ins Leidenschaftliche, ja bis zur Sinnestäuschung gesteigert. Seine Begierde ward sehend, seine Einbildungskraft, noch nicht zur Ruhe gekommen seit den Stunden der Arbeit, schuf sich ein Beispiel für alle Wunder und Schrecken der mannigfaltigen Erde, die sie auf einmal sich vorzustellen bestrebt war: er sah, sah eine Landschaft, ein tropisches Sumpfgebiet unter dickdunstigem Himmel, feucht, üppig und ungeheuer, eine Art Urweltwildnis aus Inseln, Morästen und Schlamm führenden Wasserarmen, – sah aus geilem Farrengewucher, aus Gründen von fettem, gequollenem und abenteuerlich blühendem Pflanzenwerk haarige Palmenschäfte nah und ferne emporstreben, sah wunderlich ungestalte Bäume ihre Wurzeln durch die Luft in den Boden, in stockende, grünschattig spiegelnde Fluten versenken, wo zwischen schwimmenden Blumen, die milchweiß und groß wie Schüsseln waren, Vögel von fremder Art, hochschultrig, mit unförmigen Schnäbeln, im Seichten standen und unbeweglich zur Seite blickten, sah zwischen den knotigen Rohrstämmen des Bambusdickichts die Lichter eines kauernden Tigers funkeln – und fühlte sein Herz pochen vor Entsetzen und rätselhaftem Verlangen. Dann wich

das Gesicht; und mit einem Kopfschütteln nahm Aschenbach seine Promenade an den Zäunen der Grabsteinmetzereien wieder auf.
Er hatte, zum mindesten seit ihm die Mittel zu Gebote gewesen waren, die Vorteile des Weltverkehrs beliebig zu genießen, das Reisen nicht anders denn als eine hygienische Maßregel betrachtet, die gegen Sinn und Neigung dann und wann hatte getroffen werden müssen. Zu beschäftigt mit den Aufgaben, welche sein Ich und die europäische Seele ihm stellten, zu belastet von der Verpflichtung zur Produktion, der Zerstreuung zu abgeneigt, um zum Liebhaber der bunten Außenwelt zu taugen, hatte er sich durchaus mit der Anschauung begnügt, die jedermann, ohne sich weit aus seinem Kreise zu rühren, von der Oberfläche der Erde gewinnen kann, und war niemals auch nur versucht gewesen, Europa zu verlassen. Zumal seit sein Leben sich langsam neigte, seit seine Künstlerfurcht, nicht fertig zu werden – diese Besorgnis, die Uhr möchte abgelaufen sein, bevor er das Seine getan und völlig sich selbst gegeben –, nicht mehr als bloße Grille von der Hand zu weisen war, hatte sein äußeres Dasein sich fast ausschließlich auf die schöne Stadt, die ihm zur Heimat geworden, und auf den rauhen Landsitz beschränkt, den er sich im Gebirge errichtet und wo er die regnerischen Sommer verbrachte.
Auch wurde denn, was ihn da eben so spät und plötzlich angewandelt, sehr bald durch Vernunft und von jung auf geübte Selbstzucht gemäßigt und richtiggestellt. Er hatte beabsichtigt, das Werk, für welches er lebte, bis zu einem gewissen Punkte zu fördern, bevor er aufs Land übersiedelte, und der Gedanke einer Weltbummelei, die ihn auf Monate seiner Arbeit entführen würde, schien allzu lokker und planwidrig, er durfte nicht ernstlich in Frage kommen. Und doch wußte er nur zu wohl, aus welchem Grunde die Anfechtung so unversehens hervorgegangen

war. Fluchtdrang war sie, daß er es sich eingestand, diese Sehnsucht ins Ferne und Neue, diese Begierde nach Befreiung, Entbürdung und Vergessen, – der Drang hinweg vom Werke, von der Alltagsstätte eines starren, kalten und leidenschaftlichen Dienstes. Zwar liebte er ihn und liebte auch fast schon den entnervenden, sich täglich erneuernden Kampf zwischen seinem zähen und stolzen, so oft erprobten Willen und dieser wachsenden Müdigkeit, von der niemand wissen und die das Produkt auf keine Weise, durch kein Anzeichen des Versagens und der Laßheit verraten durfte. Aber verständig schien es, den Bogen nicht zu überspannen und ein so lebhaft ausbrechendes Bedürfnis nicht eigensinnig zu ersticken. Er dachte an seine Arbeit, dachte an die Stelle, an der er sie auch heute wieder, wie gestern schon, hatte verlassen müssen und die weder geduldiger Pflege noch einem raschen Handstreich sich fügen zu wollen schien. Er prüfte sie aufs neue, versuchte die Hemmung zu durchbrechen oder aufzulösen und ließ mit einem Schauder des Widerwillens vom Angriff ab. Hier bot sich keine außerordentliche Schwierigkeit, sondern was ihn lähmte, waren die Skrupel der Unlust, die sich als eine durch nichts mehr zu befriedigende Ungenügsamkeit darstellte. Ungenügsamkeit freilich hatte schon dem Jüngling als Wesen und innerste Natur des Talentes gegolten, und um ihretwillen hatte er das Gefühl gezügelt und erkältet, weil er wußte, daß es geneigt ist, sich mit einem fröhlichen Ungefähr und mit einer halben Vollkommenheit zu begnügen. Rächte sich nun also die geknechtete Empfindung, indem sie ihn verließ, indem sie seine Kunst fürder zu tragen und zu beflügeln sich weigerte und alle Lust, alles Entzücken an der Form und am Ausdruck mit sich hinwegnahm? Nicht, daß er Schlechtes herstellte: dies wenigstens war der Vorteil seiner Jahre, daß er sich seiner Meisterschaft jeden Augenblick in Gelassenheit sicher fühlte. Aber er selbst, während die Nation sie ehrte, er ward ihrer nicht froh, und es schien ihm, als ermangle sein Werk jener Merkmale feurig spielender Laune, die, ein Erzeugnis der Freude, mehr als irgendein innerer Gehalt, ein gewichtigerer Vorzug, die Freude der genießenden Welt bildeten. Er fürchtete sich vor dem Sommer auf dem Lande, allein in dem kleinen Hause mit der Magd, die ihm das Essen bereitete, und dem Diener, der es ihm auftrug; fürchtete sich vor den vertrauten Angesichten der Berggipfel und -wände, die wiederum seine unzufriedene Langsamkeit umstehen würden. Und so tat denn eine Einschaltung not, etwas Stegreifdasein, Tagedieberei, Fernluft und Zufuhr neuen Blutes, damit der Sommer erträglich und ergiebig werde. Reisen also, – er war es zufrieden. Nicht gar weit, nicht gerade bis zu den Tigern. Eine Nacht im Schlafwagen und eine Siesta von drei, vier Wochen an irgendeinem Allerweltsferienplatze im liebenswürdigen Süden...

So dachte er, während der Lärm der elektrischen Tram die Ungererstraße daher sich näherte, und einsteigend beschloß er, diesen Abend dem Studium von Karte und Kursbuch zu widmen. Auf der Plattform fiel ihm ein, nach dem Manne im Basthut, dem Genossen dieses immerhin folgereichen Aufenthaltes, Umschau zu halten. Doch wurde ihm dessen Verbleib nicht deutlich, da er weder an seinem vorherigen Standort noch auf dem weiteren Halteplatz, noch auch im Wagen ausfindig zu machen war.

Zweites Kapitel

Der Autor der klaren und mächtigen Prosa-Epopöe vom Leben Friedrichs von Preußen; der geduldige Künstler, der in langem Fleiß den figurenreichen, so vielerlei Menschenschicksal im Schatten einer Idee versammelnden

Romanteppich, ›Maja‹ mit Namen, wob; der Schöpfer jener starken Erzählung, die ›Ein Elender‹ überschrieben ist und einer ganzen dankbaren Jugend die Möglichkeit sittlicher Entschlossenheit jenseits der tiefsten Erkenntnis zeigte; der Verfasser endlich (und damit sind die Werke seiner Reifezeit kurz bezeichnet) der leidenschaftlichen Abhandlung über ›Geist und Kunst‹, deren ordnende Kraft und antithetische Beredsamkeit ernste Beurteiler vermochte, sie unmittelbar neben Schillers Raisonnement über naive und sentimentalische Dichtung zu stellen: Gustav Aschenbach also war zu L., einer Kreisstadt der Provinz Schlesien, als Sohn eines höheren Justizbeamten geboren. Seine Vorfahren waren Offiziere, Richter, Verwaltungsfunktionäre gewesen, Männer, die im Dienste des Königs, des Staates ihr straffes, anständig karges Leben geführt hatten. Innigere Geistigkeit hatte sich einmal, in der Person eines Predigers, unter ihnen verkörpert; rascheres, sinnlicheres Blut war der Familie in der vorigen Generation durch die Mutter des Dichters, Tochter eines böhmischen Kapellmeisters, zugekommen. Von ihr stammten die Merkmale fremder Rasse in seinem Äußern. Die Vermählung dienstlich nüchterner Gewissenhaftigkeit mit dunkleren, feurigeren Impulsen ließ einen Künstler und diesen besonderen Künstler erstehen.

Da sein ganzes Wesen auf Ruhm gestellt war, zeigte er sich, wenn nicht eigentlich frühreif, so doch, dank der Entschiedenheit und persönlichen Prägnanz seines Tonfalls, früh für die Öffentlichkeit reif und geschickt. Beinahe noch Gymnasiast, besaß er einen Namen. Zehn Jahre später hatte er gelernt, von seinem Schreibtische aus zu repräsentieren, seinen Ruhm zu verwalten, in einem Briefsatz, der kurz sein mußte (denn viele Ansprüche dringen auf den Erfolgreichen, den Vertrauenswürdigen ein), gütig und bedeutend zu sein. Der Vierziger hatte,

ermattet von den Strapazen und Wechselfällen der eigentlichen Arbeit, alltäglich eine Post zu bewältigen, die Wertzeichen aus aller Herren Ländern trug.
Ebenso weit entfernt vom Banalen wie vom Exzentrischen, war sein Talent geschaffen, den Glauben des breiten Publikums und die bewundernde, fordernde Teilnahme der Wählerischen zugleich zu gewinnen. So, schon als Jüngling von allen Seiten auf die Leistung – und zwar die außerordentliche – verpflichtet, hatte er niemals den Müßiggang, niemals die sorglose Fahrlässigkeit der Jugend gekannt. Als er um sein fünfunddreißigstes Jahr in Wien erkrankte, äußerte ein feiner Beobachter über ihn in Gesellschaft: »Sehen Sie, Aschenbach hat von jeher nur so gelebt« – und der Sprecher schloß die Finger seiner Linken fest zur Faust –; »niemals *so*« – und er ließ die geöffnete Hand bequem von der Lehne des Sessels hängen. Das traf zu; und das Tapfer-Sittliche daran war, daß seine Natur von nichts weniger als robuster Verfassung und zur ständigen Anspannung nur berufen, nicht eigentlich geboren war.
Ärztliche Fürsorge hatte den Knaben vom Schulbesuch ausgeschlossen und auf häuslichen Unterricht gedrungen. Einzeln, ohne Kameradschaft war er aufgewachsen und hatte doch zeitig erkennen müssen, daß er einem Geschlecht angehörte, in dem nicht das Talent, wohl aber die physische Basis eine Seltenheit war, deren das Talent zu seiner Erfüllung bedarf, – einem Geschlechte, das früh sein Bestes zu geben pflegt und in dem das Können es selten zu Jahren bringt. Aber sein Lieblingswort war »Durchhalten«, – er sah in seinem Friedrich-Roman nichts anderes als die Apotheose dieses Befehlswortes, das ihm als der Inbegriff leidend-tätiger Tugend erschien. Auch wünschte er sehnlichst, alt zu werden, denn er hatte von jeher dafür gehalten, daß wahrhaftig groß, umfassend, ja wahrhaft ehrenwert nur das Künstlertum zu nen-

nen sei, dem es beschieden war, auf allen Stufen des Menschlichen charakteristisch fruchtbar zu sein.

Da er also die Aufgaben, mit denen sein Talent ihn belud, auf zarten Schultern tragen und weit gehen wollte, so bedurfte er höchlich der Zucht, – und Zucht war ja zum Glücke sein eingeborenes Erbteil von väterlicher Seite. Mit vierzig, mit fünfzig Jahren, wie schon in einem Alter, wo andere verschwenden, schwärmen, die Ausführung großer Pläne getrost verschieben, begann er seinen Tag beizeiten mit Stürzen kalten Wassers über Brust und Rükken und brachte dann, ein Paar hoher Wachskerzen in silbernen Leuchtern zu Häupten des Manuskripts, die Kräfte, die er im Schlaf gesammelt, in zwei oder drei inbrünstig gewissenhaften Morgenstunden der Kunst zum Opfer dar. Es war verzeihlich, ja, es bedeutete recht eigentlich den Sieg seiner Moralität, wenn Unkundige die Maja-Welt oder die epischen Massen, in denen sich Friedrichs Heldenleben entrollte, für das Erzeugnis gedrungener Kraft und eines langen Atems hielten, während sie vielmehr in kleinen Tagewerken aus aberhundert Einzelinspirationen zur Größe emporgeschichtet und nur darum so durchaus und an jedem Punkte vortrefflich waren, weil ihr Schöpfer mit einer Willensdauer und Zähigkeit, derjenigen ähnlich, die seine Heimatprovinz eroberte, jahrelang unter der Spannung eines und desselben Werkes ausgehalten und an die eigentliche Herstellung ausschließlich seine stärksten und würdigsten Stunden gewandt hatte.

Damit ein bedeutendes Geistesprodukt auf der Stelle eine breite und tiefe Wirkung zu üben vermöge, muß eine geheime Verwandtschaft, ja Übereinstimmung zwischen dem persönlichen Schicksal seines Urhebers und dem allgemeinen des mitlebenden Geschlechtes bestehen. Die Menschen wissen nicht, warum sie einem Kunstwerke Ruhm bereiten. Weit entfernt von Kennerschaft, glauben sie hundert Vorzüge daran zu entdecken, um so viel Teilnahme zu rechtfertigen; aber der eigentliche Grund ihres Beifalls ist ein Unwägbares, ist Sympathie. Aschenbach hatte es einmal an wenig sichtbarer Stelle unmittelbar ausgesprochen, daß beinahe alles Große, was dastehe, als ein Trotzdem dastehe, trotz Kummer und Qual, Armut, Verlassenheit, Körperschwäche, Laster, Leidenschaft und tausend Hemmnissen zustande gekommen sei. Aber das war mehr als eine Bemerkung, es war eine Erfahrung, war geradezu die Formel seines Lebens und Ruhmes, der Schlüssel zu seinem Werk; und was Wunder also, wenn es auch der sittliche Charakter, die äußere Gebärde seiner eigentümlichsten Figuren war?

Über den neuen, in mannigfach individuellen Erscheinungen wiederkehrenden Heldentyp, den dieser Schriftsteller bevorzugte, hatte schon frühzeitig ein kluger Zergliederer geschrieben: daß er die Konzeption »einer intellektuellen und jünglinghaften Männlichkeit« sei, »die in stolzer Scham die Zähne aufeinanderbeißt und ruhig dasteht, während ihr die Schwerter und Speere durch den Leib gehen«. Das war schön, geistreich und exakt, trotz seiner scheinbar allzu passivischen Prägung. Denn Haltung im Schicksal, Anmut in der Qual bedeutet nicht nur ein Dulden; sie ist eine aktive Leistung, ein positiver Triumph, und die Sebastian-Gestalt ist das schönste Sinnbild, wenn nicht der Kunst überhaupt, so doch gewiß der in Rede stehenden Kunst. Blickte man hinein in diese erzählte Welt, sah man: die elegante Selbstbeherrschung, die bis zum letzten Augenblick eine innere Unterhöhlung, den biologischen Verfall vor den Augen der Welt verbirgt; die gelbe, sinnlich benachteiligte Häßlichkeit, die es vermag, ihre schwelende Brust zur reinen Flamme zu entfachen, ja, sich zur Herrschaft im Reiche der Schönheit aufzuschwingen; die bleiche Ohnmacht, welche aus den glühenden Tiefen des Geistes die Kraft holt, ein ganzes übermütiges Volk zu Füßen des Kreuzes, zu *ihren* Füßen niederzuwerfen; die liebenswürdige Haltung im leeren und strengen Dienste der Form; das falsche, gefährliche Leben, die rasch entnervende Sehnsucht und Kunst des geborenen Betrügers: betrachtete man all dies Schicksal und wieviel Gleichartiges noch, so konnte man zweifeln, ob es überhaupt einen anderen Heroismus gäbe als denjenigen der Schwäche. Welches Heldentum aber jedenfalls wäre zeitgemäßer als dieses? Gustav Aschenbach war der Dichter all derer, die am Rande der Erschöpfung arbeiten, der Überbürdeten, schon Aufgeriebenen, sich noch Aufrechterhaltenden, all dieser Moralisten der Leistung, die, schmächtig von Wuchs und spröde von Mitteln, durch Willensverzückung und kluge Verwaltung sich wenigstens eine Zeitlang die Wirkungen der Größe abgewinnen. Ihrer sind viele, sie sind die Helden des Zeitalters. Und sie alle erkannten sich wieder in seinem Werk, sie fanden sich bestätigt, erhoben, besungen darin, sie wußten ihm Dank, sie verkündeten seinen Namen.

Er war jung und roh gewesen mit der Zeit, und, schlecht beraten von ihr, war er öffentlich gestrauchelt, hatte Mißgriffe getan, sich bloßgestellt, Verstöße gegen Takt und Besonnenheit begangen in Wort und Werk. Aber er hatte die Würde gewonnen, nach welcher, wie er behauptete, jedem großen Talente ein natürlicher Drang und Stachel eingeboren ist, ja, man kann sagen, daß seine ganze Entwicklung ein bewußter und trotziger, alle Hemmungen des Zweifels und der Ironie zurücklassender Aufstieg zur Würde gewesen war.

Lebendige, geistig unverbindliche Greifbarkeit der Gestaltung bildet das Ergötzen der bürgerlichen Massen, aber leidenschaftlich unbedingte Jugend wird nur durch das Problematische gefesselt: und Aschenbach war problematisch, war unbedingt gewesen wie nur irgendein Jüngling. Er hatte dem Geiste gefrönt, mit der Erkenntnis Raubbau getrieben, Saatfrucht vermahlen, Geheimnisse preisgegeben, das Talent verdächtigt, die Kunst verraten, – ja, während seine Bildwerke die gläubig Genießenden unterhielten, erhoben, belebten, hatte er, der jugendliche Künstler, die Zwanzigjährigen durch seine Zynismen über das fragwürdige Wesen der Kunst, des Künstlertums selbst in Atem gehalten.

Aber es scheint, daß gegen nichts ein edler und tüchtiger Geist sich rascher, sich gründlicher abstumpft als gegen den scharfen und bitteren Reiz der Erkenntnis; und gewiß ist, daß die schwermütig gewissenhafteste Gründlichkeit des Jünglings Seichtheit bedeutet im Vergleich mit dem tiefen Entschlusse des Meister gewordenen Mannes, das Wissen zu leugnen, es abzulehnen, erhobenen Hauptes darüber hinwegzugehen, sofern es den Willen, die Tat, das Gefühl und selbst die Leidenschaft im geringsten zu lähmen, zu entmutigen, zu entwürdigen geeignet ist. Wie wäre die berühmte Erzählung vom ›Elenden‹ wohl anders zu deuten denn als Ausbruch des Ekels gegen den unanständigen Psychologismus der Zeit, verkörpert in der Figur jenes weichen und albernen Halbschurken, der sich ein Schicksal erschleicht, indem er sein Weib, aus Ohnmacht, aus Lasterhaftigkeit, aus ethischer Velleität, in die Arme eines Unbärtigen treibt und aus Tiefe Nichtswürdigkeiten begehen zu dürfen glaubt? Die Wucht des Wortes, mit welcher hier das Verworfene verworfen wurde, verkündete die Abkehr von allem moralischen Zweifelsinn, von jeder Sympathie mit dem Abgrund, die Absage an die Laxheit des Mitleidssatzes, daß alles verstehen alles verzeihen heiße, und was sich hier vorbereitete, ja schon vollzog, war jenes »Wunder der wiedergeborenen Unbefangenheit«, auf welches ein wenig später in einem der Dialoge des Autors ausdrücklich und nicht ohne geheimnisvolle Betonung die Rede kam. Seltsame Zusammenhänge! War es eine geistige Folge dieser »Wiedergeburt«,

dieser neuen Würde und Strenge, daß man um dieselbe Zeit ein fast übermäßiges Erstarken seines Schönheitssinnes beobachtete, jene adelige Reinheit, Einfachheit und Ebenmäßigkeit der Formgebung, welche seinen Produkten fortan ein so sinnfälliges, ja gewolltes Gepräge der Meisterlichkeit und Klassizität verlieh? Aber moralische Entschlossenheit jenseits des Wissens, der auflösenden und hemmenden Erkenntnis, – bedeutet sie nicht wiederum eine Vereinfachung, eine sittliche Vereinfältigung der Welt und der Seele und also auch ein Erstarken zum Bösen, Verbotenen, zum sittlich Unmöglichen? Und hat Form nicht zweierlei Gesicht? Ist sie nicht sittlich und unsittlich zugleich, – sittlich als Ergebnis und Ausdruck der Zucht, unsittlich aber und selbst widersittlich, sofern sie von Natur eine moralische Gleichgültigkeit in sich schließt, ja wesentlich bestrebt ist, das Moralische unter ihr stolzes und unumschränktes Szepter zu beugen?
Wie dem auch sei! Eine Entwicklung ist ein Schicksal; und wie sollte nicht diejenige anders verlaufen, die von der Teilnahme, dem Massenzutrauen einer weiten Öffentlichkeit begleitet wird, als jene, die sich ohne den Glanz und die Verbindlichkeiten des Ruhmes vollzieht? Nur ewiges Zigeunertum findet es langweilig und ist zu spotten geneigt, wenn ein großes Talent dem libertinischen Puppenstande entwächst, die Würde des Geistes ausdrucksvoll wahrzunehmen sich gewöhnt und die Hofsitten einer Einsamkeit annimmt, die von unberatener, hart selbständiger Leiden und Kämpfe war und es zu Macht und Ehren unter den Menschen brachte. Wieviel Spiel, Trotz, Genuß ist übrigens in der Selbstgestaltung des Talentes! Etwas Amtlich-Erzieherisches trat mit der Zeit in Gustav Aschenbachs Vorführungen ein, sein Stil entriet in späteren Jahren der unmittelbaren Kühnheiten, der subtilen und neuen Abschattungen, er wandelte sich ins Mustergültig-Feststehende, Geschliffen-Herkömmliche, Er-

haltende, Formelle, selbst Formelhafte, und wie die Überlieferung es von Ludwig XIV. wissen will, so verbannte der Alternde aus seiner Sprachweise jedes gemeine Wort. Damals geschah es, daß die Unterrichtsbehörde ausgewählte Seiten von ihm in die vorgeschriebenen Schul-Lesebücher übernahm. Es war ihm innerlich gemäß, und er lehnte nicht ab, als ein deutscher Fürst, soeben zum Throne gelangt, dem Dichter des ›Friedrich‹ zu seinem fünfzigsten Geburtstag den persönlichen Adel verlieh.

Nach einigen Jahren der Unruhe, einigen Versuchsaufenthalten da und dort, wählte er frühzeitig München zum dauernden Wohnsitz und lebte dort in bürgerlichem Ehrenstande, wie er dem Geiste in besonderen Einzelfällen zuteil wird. Die Ehe, die er in noch jugendlichem Alter mit einem Mädchen aus gelehrter Familie eingegangen, wurde nach kurzer Glücksfrist durch den Tod getrennt. Eine Tochter, schon Gattin, war ihm geblieben. Einen Sohn hatte er nie besessen.

Gustav von Aschenbach war etwas unter Mittelgröße, brünett, rasiert. Sein Kopf erschien ein wenig zu groß im Verhältnis zu der fast zierlichen Gestalt. Sein rückwärts gebürstetes Haar, am Scheitel gelichtet, an den Schläfen sehr voll und stark ergraut, umrahmte eine hohe, zerklüftete und gleichsam narbige Stirn. Der Bügel einer Goldbrille mit randlosen Gläsern schnitt in die Wurzel der gedrungenen, edel gebogenen Nase ein. Der Mund war groß, oft schlaff, oft plötzlich schmal und gespannt; die Wangenpartie mager und gefurcht, das wohlausgebildete Kinn weich gespalten. Bedeutende Schicksale schienen über dies meist leidend seitwärts geneigte Haupt hinweggegangen zu sein, und doch war die Kunst es gewesen, die hier jene physiognomische Durchbildung übernommen hatte, welche sonst das Werk eines schweren, bewegten Lebens ist. Hinter dieser Stirn waren die blitzenden Repliken des Gesprächs zwischen Voltaire und dem Könige über den Krieg geboren; diese Augen, müde und tief durch die Gläser blickend, hatten das blutige Inferno der Lazarette des Siebenjährigen Krieges gesehen. Auch persönlich genommen ist ja die Kunst ein erhöhtes Leben. Sie beglückt tiefer, sie verzehrt rascher. Sie gräbt in das Antlitz ihres Dieners die Spuren imaginärer und geistiger Abenteuer, und sie erzeugt, selbst bei klösterlicher Stille des äußeren Daseins, auf die Dauer eine Verwöhntheit, Überfeinerung, Müdigkeit und Neugier der Nerven, wie ein Leben voll ausschweifender Leidenschaften und Genüsse sie kaum hervorzubringen vermag.

Drittes Kapitel

Mehrere Geschäfte weltlicher und literarischer Natur hielten den Reiselustigen noch etwa zwei Wochen nach jenem Spaziergang in München zurück. Er gab endlich Auftrag, sein Landhaus binnen vier Wochen zum Einzuge instand zu setzen, und reiste an einem Tage zwischen Mitte und Ende des Mai mit dem Nachtzuge nach Triest, wo er nur vierundzwanzig Stunden verweilte und sich am nächstfolgenden Morgen nach Pola einschiffte.

Was er suchte, war das Fremdartige und Bezuglose, welches jedoch rasch zu erreichen wäre, und so nahm er Aufenthalt auf einer seit einigen Jahren gerühmten Insel der Adria, unfern der istrischen Küste gelegen, mit farbig zerlumptem, in wildfremden Lauten redendem Landvolk und schön zerrissenen Klippenpartien dort, wo das Meer offen war. Allein Regen und schwere Luft, eine kleinweltliche, geschlossen österreichische Hotelgesellschaft und der Mangel jenes ruhevoll innigen Verhältnisses zum Meere, das nur ein sanfter, sandiger Strand gewährt, verdrossen ihn, ließen ihn nicht das Bewußtsein gewinnen, den Ort seiner Bestimmung getroffen zu haben; ein Zug seines Innern, ihm war noch nicht deutlich, wohin, beunruhigte ihn, er studierte Schiffsverbindungen, er blickte suchend umher, und auf einmal, zugleich überraschend und selbstverständlich, stand ihm sein Ziel vor Augen. Wenn man über Nacht das Unvergleichliche, das märchenhaft Abweichende zu erreichen wünschte, wohin ging man? Aber das war klar. Was sollte er hier? Er war fehlgegangen. Dorthin hatte er reisen wollen. Er säumte nicht, den irrigen Aufenthalt zu kündigen. Anderthalb Wochen nach seiner Ankunft auf der Insel trug ein geschwindes Motorboot ihn und sein Gepäck in dunstiger Frühe über die Wasser in den Kriegshafen zurück, und er ging dort nur an Land, um sogleich über einen Brettersteg das feuchte Verdeck eines Schiffes zu beschreiten, das unter Dampf zur Fahrt nach Venedig lag.

Es war ein betagtes Fahrzeug italienischer Nationalität, veraltet, rußig und düster. In einer höhlenartigen, künstlich erleuchteten Koje des inneren Raumes, wohin Aschenbach sofort nach Betreten des Schiffes von einem buckligen und unreinlichen Matrosen mit grinsender Höflichkeit genötigt wurde, saß hinter einem Tische, den Hut schief in der Stirn und einen Zigarettenstummel im Mundwinkel, ein ziegenbärtiger Mann von der Physiognomie eines altmodischen Zirkusdirektors, der mit grimassenhaft leichtem Geschäftsgebaren die Personalien der Reisenden aufnahm und ihnen die Fahrscheine ausstellte. »Nach Venedig!« wiederholte er Aschenbachs Ansuchen, indem er den Arm reckte und die Feder in den breiigen Restinhalt eines schräg geneigten Tintenfasses stieß. »Nach Venedig erster Klasse! Sie sind bedient, mein Herr.« Und er schrieb große Krähenfüße, streute aus einer Büchse blauen Sand auf die Schrift, ließ ihn in eine tönerne Schale ablaufen, faltete das Papier mit gelben und knochigen Fingern und schrieb aufs neue. »Ein glücklich gewähltes Reiseziel!« schwatzte er unterdessen. »Ah, Venedig! Eine herrliche Stadt! Eine Stadt von unwiderstehlicher Anziehungskraft für den Gebildeten, ihrer Geschichte sowohl wie ihrer gegenwärtigen Reize wegen!« Die glatte Raschheit seiner Bewegungen und das leere Gerede, womit er sie begleitete, hatten etwas Betäubendes und Ablenkendes, etwa als besorgte er, der Reisende möchte in seinem Entschluß, nach Venedig zu fahren, noch wankend werden. Er kassierte eilig und ließ mit Croupiergewandtheit den Differenzbetrag auf den fleckigen Tuchbezug des Tisches fallen. »Gute Unterhaltung, mein Herr!« sagte er mit schauspielerischer Verbeugung. »Es ist mir eine Ehre, Sie zu befördern... Meine Herren!« rief er sogleich mit erhobenem Arm und tat, als sei das Geschäft im flottesten Gange, obgleich niemand mehr da war, der nach Abfertigung verlangt hätte. Aschenbach kehrte auf das Verdeck zurück.

Einen Arm auf die Brüstung gelehnt, betrachtete er das müßige Volk, das, der Abfahrt des Schiffes beizuwohnen, am Quai lungerte, und die Passagiere an Bord. Diejenigen der zweiten Klasse kauerten, Männer und Weiber, auf dem Vorderdeck, indem sie Kisten und Bündel als Sitze benutzten. Eine Gruppe junger Leute bildete die Reisegesellschaft des ersten Verdecks, Polesaner Handelsgehilfen, wie es schien, die sich in angeregter Laune zu einem Ausfluge nach Italien vereinigt hatten. Sie machten nicht wenig Aufhebens von sich und ihrem Unternehmen, schwatzten, lachten, genossen selbstgefällig das eigene Gebärdenspiel und riefen den Kameraden, die, Portefeuilles unterm Arm, in Geschäften die Hauptstraße entlanggingen und den Feiernden mit dem Stöckchen drohten, über das Geländer gebeugt, zungengeläufige Spottreden nach. Einer, in hellgelbem, übermodisch geschnittenem Sommeranzug, roter Krawatte und kühn aufgebogenem Panama, tat sich mit krähender Stimme an Aufgeräumtheit vor allen andern hervor. Kaum aber hatte Aschenbach ihn ein wenig genauer ins Auge gefaßt, als er mit einer Art von Entsetzen erkannte, daß der Jüngling falsch war. Er war alt, man konnte nicht zweifeln. Runzeln umgaben ihm Augen und Mund. Das matte Karmesin der Wangen war Schminke, das braune Haar unter dem farbig umwundenen Strohhut Perücke, sein Hals verfallen und sehnig, sein aufgesetztes Schnurrbärtchen und die Fliege am Kinn gefärbt, sein gelbes und vollzähliges Gebiß, das er lachend zeigte, ein billiger Ersatz, und seine Hände, mit Siegelringen an beiden Zeigefingern, waren die eines Greises. Schauerlich angemutet sah Aschenbach ihm und seiner Gemeinschaft mit den Freunden zu. Wußten, bemerkten sie nicht, daß er alt war, daß er zu Unrecht ihre stutzerhafte und bunte Kleidung trug, zu Unrecht einen der Ihren spielte? Selbstverständlich und gewohnheitsmäßig, wie es schien, duldeten sie ihn in ihrer Mitte, behandelten ihn als ihresgleichen, erwiderten ohne Widerwillen seine neckischen Rippenstöße. Wie ging das zu? Aschenbach bedeckte seine Stirn mit der Hand und schloß die Augen, die heiß waren, da er zuwenig geschlafen hatte. Ihm war, als lasse nicht alles sich ganz gewöhnlich an, als beginne eine träumerische Entfremdung, eine Entstellung der Welt ins Sonderbare um sich zu greifen, der vielleicht Einhalt zu tun wäre, wenn er sein Gesicht ein wenig verdunkelte und aufs neue um sich schaute. In diesem Augenblick jedoch berührte ihn das Gefühl des Schwimmens, und mit unvernünftigem Erschrecken aufsehend, gewahrte er, daß der schwere und düstere Körper des Schiffes sich langsam vom gemauerten Ufer löste. Zollweise, unter dem Vorwärts- und Rückwärtsarbeiten der Maschine, verbreiterte sich der Streifen schmutzig schillernden Wassers zwischen Quai und Schiffswand, und nach schwerfälligen Manövern kehrte der Dampfer seinen Bugspriet dem offenen Meere zu. Aschenbach ging

nach der Steuerbordseite hinüber, wo der Bucklige ihm einen Liegestuhl aufgeschlagen hatte und ein Steward in fleckigem Frack nach seinen Befehlen fragte.
Der Himmel war grau, der Wind feucht. Hafen und Inseln waren zurückgeblieben, und rasch verlor sich aus dem dunstigen Gesichtskreise alles Land. Flocken von Kohlenstaub gingen, gedunsen von Nässe, auf das gewaschene Deck nieder, das nicht trocknen wollte. Schon nach einer Stunde spannte man ein Segeldach aus, da es zu regnen begann.
In seinen Mantel geschlossen, ein Buch im Schoße, ruhte der Reisende, und die Stunden verrannen ihm unversehens. Es hatte zu regnen aufgehört; man entfernte das leinene Dach. Der Horizont war vollkommen. Unter der trüben Kuppel des Himmels dehnte sich rings die ungeheure Scheibe des öden Meeres. Aber im leeren, im ungegliederten Raume fehlt unserem Sinn auch das Maß der Zeit, und wir dämmern im Ungemessenen. Schattenhaft sonderbare Gestalten, der greise Geck, der Ziegenbart aus dem Schiffsinnern, gingen mit unbestimmten Gebärden, mit verwirrten Traumworten durch den Geist des Ruhenden, und er schlief ein.
Um Mittag nötigte man ihn zur Kollation in den korridorartigen Speisesaal hinab, auf den die Türen der Schlafkojen mündeten und wo am Ende des langen Tisches, zu dessen Häupten er speiste, die Handelsgehilfen, einschließlich des Alten, seit zehn Uhr mit dem munteren Kapitän pokulierten. Die Mahlzeit war armselig, und er beendete sie rasch. Es trieb ihn ins Freie, nach dem Himmel zu sehen: ob er denn nicht über Venedig sich erhellen wollte.
Er hatte nicht anders gedacht, als daß dies geschehen müsse, denn stets hatte die Stadt ihn im Glanze empfangen. Aber Himmel und Meer blieben trüb und bleiern, zeitweilig ging neblichter Regen nieder, und er fand sich

darin, auf dem Wasserwege ein anderes Venedig zu erreichen, als er, zu Lande sich nähernd, je angetroffen hatte. Er stand am Fockmast, den Blick im Weiten, das Land erwartend. Er gedachte des schwermütig-enthusiastischen Dichters, dem vormals die Kuppeln und Glockentürme seines Traumes aus diesen Fluten gestiegen waren, er wiederholte im stillen einiges von dem, was damals an Ehrfurcht, Glück und Trauer zu maßvollem Gesange geworden, und von schon gestalteter Empfindung mühelos bewegt, prüfte er sein ernstes und müdes Herz, ob eine neue Begeisterung und Verwirrung, ein spätes Abenteuer des Gefühles dem fahrenden Müßiggänger vielleicht noch vorbehalten sein könne.
Da tauchte zur Rechten die flache Küste auf, Fischerboote belebten das Meer, die Bäderinsel erschien, der Dampfer ließ sie zur Linken, glitt verlangsamten Ganges durch den schmalen Port, der nach ihr benannt ist, und auf der Lagune, angesichts bunt armseliger Behausungen, hielt er ganz, da die Barke des Sanitätsdienstes erwartet werden mußte.
Eine Stunde verging, bis sie erschien. Man war angekommen und war es nicht; man hatte keine Eile und fühlte sich doch von Ungeduld getrieben. Die jungen Polesaner, patriotisch angezogen auch wohl von den militärischen Hornsignalen, die aus der Gegend der öffentlichen Gärten her über das Wasser klangen, waren auf Deck gekommen, und, vom Asti begeistert, brachten sie Lebehochs auf die drüben exerzierenden Bersaglieri aus. Aber widerlich war es zu sehen, in welchen Zustand den aufgestutzten Greisen seine falsche Gemeinschaft mit der Jugend gebracht hatte. Sein altes Hirn hatte dem Weine nicht wie die jugendlich rüstigen standzuhalten vermocht, er war kläglich betrunken. Verblödeten Blicks, eine Zigarette zwischen den zitternden Fingern, schwankte er, mühsam das Gleichgewicht haltend, auf der Stelle, vom Rausche vor-

wärts und rückwärts gezogen. Da er beim ersten Schritte gefallen wäre, getraute er sich nicht vom Fleck, doch zeigte er einen jammervollen Übermut, hielt jeden, der sich ihm näherte, am Knopfe fest, lallte, zwinkerte, kicherte, hob seinen beringten, runzeligen Zeigefinger zu alberner Neckerei und leckte auf abscheulich zweideutige Art mit der Zungenspitze die Mundwinkel. Aschenbach sah ihm mit finsteren Brauen zu, und wiederum kam ein Gefühl von Benommenheit ihn an, so, als zeige die Welt eine leichte, doch nicht zu hemmende Neigung, sich ins Sonderbare und Fratzenhafte zu entstellen: ein Gefühl, dem nachzuhängen freilich die Umstände ihn abhielten, da eben die stampfende Tätigkeit der Maschine aufs neue begann und das Schiff seine so nah dem Ziel unterbrochene Fahrt durch den Kanal von San Marco wieder aufnahm.

So sah er ihn denn wieder, den erstaunlichsten Landungsplatz, jene blendende Komposition phantastischen Bauwerks, welche die Republik den ehrfürchtigen Blicken nahender Seefahrer entgegenstellte: die leichte Herrlichkeit des Palastes und die Seufzerbrücke, die Säulen mit Löw' und Heiligem am Ufer, die prunkend vortretende Flanke des Märchentempels, den Durchblick auf Torweg und Riesenuhr, und anschauend bedachte er, daß zu Lande, auf dem Bahnhof in Venedig anlangen einen Palast durch eine Hintertür betreten heiße, und daß man nicht anders, als wie nun er, als zu Schiffe, als über das hohe Meer die unwahrscheinlichste der Städte erreichen sollte.

Die Maschine stoppte, Gondeln drängten herzu, die Fallreepstreppe ward hinabgelassen, Zollbeamte stiegen an Bord und walteten obenhin ihres Amtes; die Ausschiffung konnte beginnen. Aschenbach gab zu verstehen, daß er eine Gondel wünschte, die ihn und sein Gepäck zur Station jener kleiner Dampfer bringen solle, welche zwischen der Stadt und dem Lido verkehren; denn er gedachte am Meere Wohnung zu nehmen. Man billigt sein Vorhaben, man schreit seinen Wunsch zur Wasserfläche hinab, wo die Gondelführer im Dialekt miteinander zanken. Er ist noch gehindert, hinabzusteigen, sein Koffer hindert ihn, der eben mit Mühsal die leiterartige Treppe hinuntergezerrt und geschleppt wird. So sieht er sich minutenlang außerstande, den Zudringlichkeiten des schauderhaften Alten zu entkommen, den die Trunkenheit dunkel antreibt, dem Fremden Abschiedshonneurs zu machen. »Wir wünschen den glücklichsten Aufenthalt«, meckert er unter Kratzfüßen. »Man empfiehlt sich geneigter Erinnerung! Au revoir, excusez und bon jour, Euer Exzellenz!« Sein Mund wässert, er drückt die Augen zu, er leckt die Mundwinkel, und die gefärbte Bartfliege an seiner Greisenlippe sträubt sich empor. »Unsere Komplimente«, lallt er, zwei Fingerspitzen am Munde, »unsere Komplimente dem Liebchen, dem allerliebsten, dem schönsten Liebchen...« Und plötzlich fällt ihm das falsche Obergebiß vom Kiefer auf die Unterlippe. Aschenbach konnte entweichen. »Dem Liebchen, dem feinen Liebchen«, hörte er in girrenden, hohlen und behinderten Lauten in seinem Rücken, während er, am Strickgeländer sich haltend, die Fallreepstreppe hinabklomm.

Wer hätte nicht einen flüchtigen Schauder, eine geheime Scheu und Beklommenheit zu bekämpfen gehabt, wenn es zum ersten Male oder nach langer Entwöhnung galt, eine venezianische Gondel zu besteigen? Das seltsame Fahrzeug, aus balladesken Zeiten ganz unverändert überkommen und so eigentümlich schwarz, wie sonst unter allen Dingen nur Särge es sind, – es erinnert an lautlose und verbrecherische Abenteuer in plätschernder Nacht, es erinnert noch mehr an den Tod selbst, an Bahre und düsteres Begängnis und letzte, schweigsame Fahrt. Und hat man bemerkt, daß der Sitz einer solchen Barke, dieser sargschwarz lackierte, mattschwarz gepolsterte Armstuhl, der weichste, üppigste, der erschlaffendste Sitz von der Welt ist? Aschenbach ward es gewahr, als er zu Füßen des Gondoliers, seinem Gepäck gegenüber, das am Schnabel reichlich beisammen lag, sich niedergelassen hatte. Die Ruderer zankten immer noch; rauh, unverständlich, mit drohenden Gebärden. Aber die besondere Stille der Wasserstadt schien ihre Stimmen sanft aufzunehmen, zu entkörpern, über der Flut zu zerstreuen. Es war warm hier im Hafen. Lau angerührt vom Hauch des Scirocco, auf dem nachgiebigen Element in Kissen gelehnt, schloß der Reisende die Augen im Genusse einer so ungewohnten als süßen Lässigkeit. Die Fahrt wird kurz sein, dachte er, möchte sie immer währen! In leisem Schwanken fühlte er sich dem Gedränge, dem Stimmengewirr entgleiten.

Wie still und stiller es um ihn wurde! Nichts war zu vernehmen als das Plätschern des Ruders, das hohle Aufschlagen der Wellen gegen den Schnabel der Barke, der steil, schwarz und an der Spitze hellebardenartig bewehrt über dem Wasser stand, und noch ein drittes, ein Reden, ein Raunen, – das Flüstern des Gondoliers, der zwischen den Zähnen, stoßweise, in Lauten, die von der Arbeit seiner Arme gepreßt waren, zu sich selber sprach. Aschenbach blickte auf, und mit leichter Befremdung gewahrte er, daß um ihn her die Lagune sich weitete und seine Fahrt gegen das offene Meer gerichtet war. Es schien folglich, daß er nicht allzu sehr ruhen dürfe, sondern auf den Vollzug seines Willens ein wenig bedacht sein müsse.

»Zur Dampferstation also«, sagte er mit einer halben Wendung rückwärts. Das Raunen verstummte. Er erhielt keine Antwort.

»Zur Dampferstation also!« wiederholte er, indem er sich vollends umwandte und in das Gesicht des Gondoliers emporblickte, der hinter ihm, auf erhöhtem Borde stehend, vor dem fahlen Himmel aufragte. Es war ein Mann von ungefälliger, ja brutaler Physiognomie, seemännisch blau gekleidet, mit einer gelben Schärpe gegürtet und einen formlosen Strohhut, dessen Geflecht sich aufzulösen begann, verwegen schief auf dem Kopfe. Seine Gesichtsbildung, sein blonder, lockiger Schnurrbart unter der kurz aufgeworfenen Nase ließen ihn durchaus nicht italienischen Schlages erscheinen. Obgleich eher schmächtig von Leibesbeschaffenheit, so daß man ihn für seinen Beruf nicht sonderlich geschickt geglaubt hätte, führte er das Ruder, bei jedem Schlage den ganzen Körper einsetzend, mit großer Energie. Ein paarmal zog er vor Anstrengung die Lippen zurück und entblößte seine weißen Zähne. Die rötlichen Brauen gerunzelt, blickte er über den Gast hinweg, indem er bestimmten, fast groben Tones erwiderte:

»Sie fahren zum Lido.«

Aschenbach entgegnete:

»Allerdings. Aber ich habe die Gondel nur genommen, um mich nach San Marco übersetzen zu lassen. Ich wünsche den Vaporetto zu benutzen.«

»Sie können den Vaporetto nicht benutzen, mein Herr.«

»Und warum nicht?«

»Weil der Vaporetto kein Gepäck befördert.«

Das war richtig; Aschenbach erinnerte sich. Er schwieg. Aber die schroffe, überhebliche, einem Fremden gegenüber so wenig landesübliche Art des Menschen schien unleidlich. Er sagte:

»Das ist meine Sache. Vielleicht will ich mein Gepäck in Verwahrung geben. Sie werden umkehren.«

Es blieb still. Das Ruder plätscherte, das Wasser schlug dumpf an den Bug. Und das Reden und Raunen begann wieder: der Gondolier sprach zwischen den Zähnen mit sich selbst.

Was war zu tun? Allein auf der Flut mit dem sonderbar unbotmäßigen, unheimlich entschlossenen Menschen, sah der Reisende kein Mittel, seinen Willen durchzusetzen. Wie weich er übrigens ruhen durfte, wenn er sich nicht empörte! Hatte er nicht gewünscht, daß die Fahrt lange, daß sie immer dauern möge? Es war das klügste, den Dingen ihren Lauf zu lassen, und es war hauptsächlich höchst angenehm. Ein Bann der Trägheit schien auszugehen von seinem Sitz, von diesem niedrigen, schwarzgepolsterten Armstuhl, so sanft gewiegt von den Ruderschlägen des eigenmächtigen Gondoliers in seinem Rükken. Die Vorstellung, einem Verbrecher in die Hände gefallen zu sein, streifte träumerisch Aschenbachs Sinne, – unvermögend, seine Gedanken zu tätiger Abwehr aufzurufen. Verdrießlicher schien die Möglichkeit, daß alles auf simple Geldschneiderei angelegt sei. Eine Art von Pflichtgefühl oder Stolz, die Erinnerung gleichsam, daß man dem vorbeugen müsse, vermochte ihn, sich noch einmal aufzuraffen. Er fragte:

»Was fordern Sie für die Fahrt?«

Und über ihn hinsehend, antwortete der Gondolier:

»Sie werden bezahlen.«

Es stand fest, was hierauf zurückzugeben war. Aschenbach sagte mechanisch:

»Ich werde nichts bezahlen, durchaus nichts, wenn Sie mich fahren, wohin ich nicht will.«

»Sie wollen zum Lido.«

»Aber nicht mit Ihnen.«

»Ich fahre Sie gut.«

Das ist wahr, dachte Aschenbach und spannte sich ab. Das ist wahr, du fährst mich gut. Selbst wenn du es auf meine Barschaft abgesehen hast und mich hinterrücks mit einem Ruderschlage ins Haus des Aides schickst, wirst du mich gut gefahren haben.

Allein nichts dergleichen geschah. Sogar Gesellschaft stellte sich ein, ein Boot mit musikalischen Wegelagerern, Männern und Weibern, die zur Gitarre, zur Mandoline sangen, aufdringlich Bord an Bord mit der Gondel fuhren und die Stille über den Wassern mit ihrer gewinnsüchtigen Fremdenpoesie erfüllten. Aschenbach warf Geld in den hingehaltenen Hut. Sie schwiegen dann und fuhren davon. Und das Flüstern des Gondoliers ward wieder vernehmbar, der stoßweise und abgerissen mit sich selber sprach.

So kam man denn an, geschaukelt vom Kielwasser eines zur Stadt fahrenden Dampfers. Zwei Munizipalbeamte, die Hände auf dem Rücken, die Gesichter der Lagune zugewandt, gingen am Ufer auf und ab. Aschenbach verließ am Stege die Gondel, unterstützt von jenem Alten, der an jedem Landungsplatze Venedigs mit seinem Enterhaken zur Stelle ist; und da es ihm an kleinerem Gelde fehlte, ging er hinüber in das der Dampferbrücke benachbarte Hotel, um dort zu wechseln und den Ruderer nach Gutdünken abzulohnen. Er wird in der Halle bedient, er kehrt zurück, er findet sein Reisegut auf einem Karren am Quai, und Gondel und Gondolier sind verschwunden.

»Er hat sich fortgemacht«, sagte der Alte mit dem Enterhaken. »Ein schlechter, Mann, ein Mann ohne Konzession, gnädiger Herr. Er ist der einzige Gondolier, der keine Konzession besitzt. Die anderen haben hierher telephoniert. Er sah, daß er erwartet wurde. Da hat er sich fortgemacht.«

Aschenbach zuckte die Achseln.

»Der Herr ist umsonst gefahren«, sagte der Alte und hielt den Hut hin. Aschenbach warf Münzen hinein. Er gab Weisung, sein Gepäck ins Bäder-Hotel zu bringen und folgte dem Karren durch die Allee, die weißblühende Allee, welche, Tavernen, Basare, Pensionen zu beiden Seiten, quer über die Insel zum Strande läuft.

Er betrat das weitläufige Hotel von hinten, von der Gartenterrasse aus, und begab sich durch die große Halle und die Vorhalle ins Office. Da er angemeldet war, wurde er mit dienstfertigem Einverständnis empfangen. Ein Manager, ein kleiner, leiser, schmeichelnd höflicher Mann mit schwarzem Schnurrbart und in französisch geschnittenem Gehrock, begleitete ihn im Lift zum zweiten Stockwerk hinauf und wies ihm sein Zimmer an, einen angenehmen, in Kirschholz möblierten Raum, den man mit stark duftenden Blumen geschmückt hatte und dessen hohe Fenster die Aussicht aufs offene Meer gewährten. Er trat an eins davon, nachdem der Angestellte sich zurückgezogen, und während man hinter ihm sein Gepäck hereinschaffte und im Zimmer unterbrachte, blickte er hinaus auf den nachmittäglich menschenarmen Strand und die unbesonnte See, die Flutzeit hatte und niedrige, gestreckte Wellen in ruhigem Gleichtakt gegen das Ufer sandte.

Die Beobachtungen und Begegnisse des Einsam-Stummen sind zugleich verschwommener und eindringlicher als die des Geselligen, seine Gedanken schwerer, wunderlicher und nie ohne einen Anflug von Traurigkeit. Bilder und Wahrnehmungen, die mit einem Blick, einem Lachen, einem Urteilsaustausch leichthin abzutun wären, beschäftigen ihn über Gebühr, vertiefen sich im Schweigen, werden bedeutsam, Erlebnis, Abenteuer, Gefühl, Einsamkeit zeitigt das Originale, das gewagt und befremdend Schöne, das Gedicht. Einsamkeit zeitigt aber auch das Verkehrte, das Unverhältnismäßige, das Absurde und Unerlaubte. – So beunruhigten die Erscheinungen der Herreise, der gräßliche alte Stutzer mit seinem Gefasel vom Liebchen, der verpönte, um seinen Lohn geprellte Gondolier, noch jetzt das Gemüt des Reisenden. Ohne der Vernunft Schwierigkeiten zu bieten, ohne eigentlich Stoff zum Nachdenken zu geben, waren sie dennoch grundsonderbar von Natur, wie es ihm schien, und beunruhigend wohl eben durch diesen Widerspruch. Dazwischen grüßte er das Meer mit den Augen und empfand Freude, Venedig in so leicht erreichbarer Nähe zu wissen. Er wandte sich endlich, badete sein Gesicht, traf gegen das Zimmermädchen einige Anordnungen zur Vervollständigung seiner Bequemlichkeit und ließ sich von dem grüngekleideten Schweizer, der den Lift bediente, ins Erdgeschoß hinunterfahren.

Er nahm seinen Tee auf der Terrasse der Seeseite, stieg dann hinab und verfolgte den Promenadenquai eine gute Strecke in der Richtung auf das Hotel Excelsior. Als er zurückkehrte, schien es schon an der Zeit, sich zur Abendmahlzeit umzukleiden. Er tat es langsam und genau, nach seiner Art, da er bei der Toilette zu arbeiten gewöhnt war, und fand sich trotzdem ein wenig verfrüht in der Halle ein, wo er einen großen Teil der Hotelgäste, fremd untereinander und in gespielter gegenseitiger Teilnahmslosigkeit, aber in der gemeinsamen Erwartung des Essens, versammelt fand. Er nahm eine Zeitung vom Tische, ließ sich in einen Ledersessel nieder und betrachtete die Gesellschaft, die sich von derjenigen seines ersten Aufenthaltes in einer ihm angenehmen Weise unterschied.

Ein weiter, duldsam vieles umfassender Horizont tat sich auf. Gedämpft vermischten sich die Laute der großen Sprachen. Der weltgültige Abendanzug, eine Uniform der Gesittung, faßte äußerlich die Spielarten des Menschlichen zu anständiger Einheit zusammen. Man sah die trockene und lange Miene des Amerikaners, die vielgliedrige russische Familie, englische Damen, deutsche Kinder mit französischen Bonnen. Der slawische Bestandteil schien vorzuherrschen. Gleich in der Nähe ward polnisch gesprochen.

Es war eine Gruppe halb und kaum Erwachsener, unter der Obhut einer Erzieherin oder Gesellschafterin um ein Rohrtischchen versammelt: drei junge Mädchen, fünfzehn- bis siebzehnjährig, wie es schien, und ein langhaariger Knabe von vielleicht vierzehn Jahren. Mit Erstaunen bemerkte Aschenbach, daß der Knabe vollkommen schön war. Sein Antlitz, bleich und anmutig verschlossen, von honigfarbenem Haar umringelt, mit der gerade abfallenden Nase, dem lieblichen Munde, dem Ausdruck von holdem und göttlichem Ernst, erinnerte an griechische Bildwerke aus edelster Zeit, und bei reinster Vollendung der Form war es von so einmalig persönlichem Reiz, daß der Schauende weder in Natur noch bildender Kunst etwas ähnlich Geglücktes angetroffen zu haben glaubte. Was ferner auffiel, war ein offenbar grundsätzlicher Kontrast zwischen den erzieherischen Gesichtspunkten, nach denen die Geschwister gekleidet und allgemein gehalten schienen. Die Herrichtung der drei Mädchen, von denen die älteste für erwachsen gelten konnte, war bis zum Entstellenden herb und keusch. Eine gleichmäßig klösterliche Tracht, schieferfarben, halblang, nüchtern und gewollt unkleidsam von Schnitt, mit weißen Fallkrägen als einziger Aufhellung, unterdrückte und verhinderte jede Gefälligkeit der Gestalt. Das glatt und fest an den Kopf geklebte Haar ließ die Gesichter nonnenhaft leer und nichtssagend erscheinen. Gewiß, es war eine Mutter, die hier waltete, und sie dachte nicht einmal daran, auch auf den Knaben die pädagogische Strenge anzuwenden, die ihr den Mädchen gegenüber geboten schien. Weichheit und Zärtlichkeit bestimmten ersichtlich seine Existenz. Man hatte sich gehütet, die Schere an sein schönes Haar zu legen; wie beim ›Dornauszieher‹ lockte es sich in die Stirn, über die Ohren und tiefer noch in den Nacken. Das englische Matrosenkostüm, dessen bauschige Ärmel sich nach unten verengerten und die feinen Gelenke seiner noch kindlichen, aber schmalen Hände knapp umspannten, verlieh mit seinen Schnüren, Maschen und Stickereien der zarten Gestalt etwas Reiches und Verwöhntes. Er saß, im Halbprofil gegen den Betrachtenden, einen Fuß im schwarzen Lackschuh vor den andern gestellt, einen Ellenbogen auf die Armlehne seines Korbsessels gestützt, die Wange an die geschlossene Hand geschmiegt, in einer Haltung von lässigem Anstand und ganz ohne die fast untergeordnete Steifheit, an die seine weiblichen Geschwister gewöhnt schienen. War er leidend? Denn die Haut seines Gesichtes stach weiß wie Elfenbein gegen das goldige Dunkel der umrahmenden Locken ab. Oder war er einfach ein verzärteltes Vorzugskind, von parteilicher und launischer Liebe getragen? Aschenbach war geneigt, dies zu glauben. Fast jedem Künstlernaturell ist ein üppiger und verräterischer Hang eingeboren, Schönheit schaffende Ungerechtigkeit anzuerkennen und aristokratischer Bevorzugung Teilnahme und Huldigung entgegenzubringen.

Ein Kellner ging umher und meldete auf englisch, daß die Mahlzeit bereit sei. Allmählich verlor sich die Gesellschaft durch die Glastür in den Speisesaal. Nachzügler, vom Vestibül, von den Lifts kommend, gingen vorüber. Man hatte drinnen zu servieren begonnen, aber die jungen Polen verharrten noch um ihr Rohrtischchen, und Aschenbach, in tiefem Sessel behaglich aufgehoben und übrigens das Schöne vor Augen, wartete mit ihnen.

Die Gouvernante, eine kleine und korpulente Halbdame mit rotem Gesicht, gab endlich das Zeichen, sich zu erheben. Mit hochgezogenen Brauen schob sie ihren Stuhl zurück und verneigte sich, als eine große Frau, grauweiß gekleidet und sehr reich mit Perlen geschmückt, die Halle betrat. Die Haltung dieser Frau war kühl und gemessen, die Anordnung ihres leicht gepuderten Haares sowohl wie die Machart ihres Kleides von jener Einfachheit, die überall da den Geschmack bestimmt, wo Frömmigkeit als Bestandteil der Vornehmheit gilt. Sie hätte die Frau eines hohen deutschen Beamten sein können. Etwas phantastisch Luxuriöses kam in ihre Erscheinung einzig durch ihren Schmuck, der in der Tat kaum schätzbar war und aus Ohrgehängen sowie einer dreifachen, sehr langen

Kette kirschengroßer, mild schimmernder Perlen bestand.
Die Geschwister waren rasch aufgestanden. Sie beugten sich zum Kuß über die Hand ihrer Mutter, die mit einem zurückhaltenden Lächeln ihres gepflegten, doch etwas müden und spitznäsigen Gesichtes über ihre Köpfe hinwegblickte und einige Worte in französischer Sprache an die Erzieherin richtete. Dann schritt sie zur Glastür. Die Geschwister folgten ihr: die Mädchen in der Reihenfolge ihres Alters, nach ihnen die Gouvernante, zuletzt der Knabe. Aus irgendeinem Grunde wandte er sich um, bevor er die Schwelle überschritt, und da niemand sonst mehr in der Halle sich aufhielt, begegneten seine eigentümlich dämmergrauen Augen denen Aschenbachs, der, seine Zeitung auf den Knien, in Anschauung versunken, der Gruppe nachblickte.
Was er gesehen, war gewiß in keiner Einzelheit auffallend gewesen. Man war nicht vor der Mutter zu Tische gegangen, man hatte sie erwartet, sie ehrerbietig begrüßt und beim Eintritt in den Saal gebräuchliche Formen beobachtet. Allein das alles hatte sich so ausdrücklich, mit einem solchen Akzent von Zucht, Verpflichtung und Selbstachtung dargestellt, daß Aschenbach sich sonderbar ergriffen fühlte. Er zögerte noch einige Augenblicke, ging dann auch seinerseits in den Speisesaal hinüber und ließ sich sein Tischchen anweisen, das, wie er mit einer kurzen Regung des Bedauerns feststellte, sehr weit von dem der polnischen Familie entfernt war.
Müde und dennoch geistig bewegt, unterhielt er sich während der langwierigen Mahlzeit mit abstrakten, ja transzendenten Dingen, sann nach über die geheimnisvolle Verbindung, welche das Gesetzmäßige mit dem Individuellen eingehen müsse, damit menschliche Schönheit entstehe, kam von da aus auf allgemeine Probleme der Form und der Kunst und fand am Ende, daß seine

Gedanken und Funde gewissen scheinbar glücklichen Einflüsterungen des Traumes glichen, die sich bei ernüchtertem Sinn als vollständig schal und untauglich erweisen. Er hielt sich nach Tische rauchend, sitzend, umherwandelnd in dem abendlich duftenden Parke auf, ging zeitig zur Ruhe und verbrachte die Nacht in anhaltend tiefem, aber von Traumbildern verschiedentlich belebtem Schlaf.

Das Wetter ließ sich am folgenden Tage nicht günstiger an. Landwind ging. Unter fahl bedecktem Himmel lag das Meer in stumpfer Ruhe, verschrumpft gleichsam, mit nüchtern nahem Horizont und so weit vom Strande zurückgetreten, daß es mehrere Reihen langer Sandbänke frei ließ. Als Aschenbach sein Fenster öffnete, glaubte er den fauligen Geruch der Lagune zu spüren.

Verstimmung befiel ihn. Schon in diesem Augenblick dachte er an Abreise. Einmal, vor Jahren, hatte nach heiteren Frühlingswochen hier dies Wetter ihn heimgesucht und sein Befinden so schwer geschädigt, daß er Venedig wie ein Fliehender hatte verlassen müssen. Stellte nicht schon wieder die fiebrige Unlust von damals, der Druck in den Schläfen, die Schwere der Augenlider sich ein? Noch einmal den Aufenthalt zu wechseln, würde lästig sein; wenn aber der Wind nicht umschlug, so war seines Bleibens hier nicht. Er packte zur Sicherheit nicht völlig aus. Um neun Uhr frühstückte er in dem hierfür vorbehaltenen Büfettzimmer zwischen Halle und Speisesaal.

In dem Raum herrschte die feierliche Stille, die zum Ehrgeiz der großen Hotels gehört. Die bedienenden Kellner gingen auf leisen Sohlen umher. Ein Klappern des Teegerätes, ein halbgeflüstertes Wort war alles, was man vernahm. In einem Winkel, schräg gegenüber der Tür und zwei Tische von seinem entfernt, bemerkte Aschenbach die polnischen Mädchen mit ihrer Erzieherin. Sehr aufrecht, das aschblonde Haar neu geglättet und mit geröteten Augen, in steifen blauleinenen Kleidern mit kleinen weißen Fallkrägen und Manschetten saßen sie da und reichten einander ein Glas mit Eingemachtem. Sie waren mit ihrem Frühstück fast fertig. Der Knabe fehlte.

Aschenbach lächelte. Nun, kleiner Phäake! dachte er. Du scheinst vor diesen das Vorrecht beliebigen Ausschlafens zu genießen. Und plötzlich aufgeheitert, rezitierte er bei sich selbst den Vers: »Oft veränderten Schmuck und warme Bäder und Ruhe.«

Er frühstückte ohne Eile, empfing aus der Hand des Portiers, der mit gezogener Tresenmütze in den Saal kam, einige nachgesandte Post und öffnete, eine Zigarette rauchend, ein paar Briefe. So geschah es, daß er dem Eintritt des Langschläfers noch beiwohnte, den man dort drüben erwartete.

Er kam durch die Glastür und ging in der Stille schräg durch den Raum zum Tisch seiner Schwestern. Sein Gehen war sowohl in der Haltung des Oberkörpers wie in der Bewegung der Knie, dem Aufsetzen des weiß beschuhten Fußes von außerordentlicher Anmut, sehr leicht, zugleich zart und stolz und verschönt noch durch die kindliche Verschämtheit, in welcher er zweimal unterwegs, mit einer Kopfwendung in den Saal, die Augen aufschlug und senkte. Lächelnd, mit einem halblauten Wort in seiner weich verschwommenen Sprache, nahm er seinen Platz ein, und jetzt zumal, da er dem Schauenden sein genaues Profil zuwandte, erstaunte dieser aufs neue, ja erschrak über die wahrhaft gottähnliche Schönheit des Menschenkindes. Der Knabe trug heute einen leichten Blusenanzug aus blau und weiß gestreiftem Waschstoff mit rotseidener Masche auf der Brust und am Halse von einem einfachen weißen Stehkragen abgeschlossen. Auf diesem Kragen aber, der nicht einmal sonderlich elegant zum Charakter des Anzugs passen wollte, ruhte die Blüte des Hauptes in unvergleichlichem Liebreiz, – das Haupt des Eros, vom gelblichen Schmelze parischen Marmors, mit feinen und ernsten Brauen, Schläfen und Ohr vom rechtwinklig einspringenden Geringel des Haares dunkel und weich bedeckt.

Gut, gut! dachte Aschenbach mit jener fachmännisch kühlen Billigung, in welche Künstler zuweilen einem Meisterwerk gegenüber ihr Entzücken, ihre Hingerissenheit kleiden. Und weiter dachte er: Wahrhaftig, erwarteten mich nicht Meer und Strand, ich bliebe hier, solange du bleibst! So aber ging er denn, ging unter den Aufmerksamkeiten des Personals durch die Halle, die große Terrasse hinab und geradeaus über den Brettersteg zum abgesperrten Strand der Hotelgäste. Er ließ sich von dem barfüßigen Alten, der sich in Leinwandhose, Matrosenbluse und Strohhut dort unten als Bademeister tätig zeigte, die gemietete Strandhütte zuweisen, ließ Tisch und Sessel hinaus auf die sandig bretterne Plattform stellen und machte es sich bequem in dem Liegestuhl, den er weiter zum Meere hin in den wachsgelben Sand gezogen hatte.

Das Strandbild, dieser Anblick sorglos sinnlich genießender Kultur am Rande des Elementes, unterhielt und erfreute ihn wie nur je. Schon war die graue und flache See belebt von watenden Kindern, Schwimmern, bunten Gestalten, welche, die Arme unter dem Kopf verschränkt, auf den Sandbänken lagen. Andere ruderten in kleinen rot und blau gestrichenen Booten ohne Kiel und kenterten lachend. Vor der gedehnten Zeile der Capannen, auf deren Plattformen man wie auf kleinen Veranden saß, gab es spielende Bewegung und träg hingestreckte Ruhe, Besuche und Geplauder, sorgfältige Morgeneleganz neben der Nacktheit, die keck-behaglich die Freiheiten des Ortes genoß. Vorn auf dem feuchten und festen Sande lustwandelten einzelne in weißen Bademänteln, in weiten, starkfarbigen Hemdgewändern. Eine vielfältige Sandburg zur

Rechten, von Kindern hergestellt, war rings mit kleinen Flaggen in den Farben aller Länder besteckt. Verkäufer von Muscheln, Kuchen und Früchten breiteten kniend ihre Waren aus. Links, vor einer der Hütten, die quer zu den übrigen und zum Meere standen und auf dieser Seite einen Abschluß des Strandes bildeten, kampierte eine russische Familie: Männer mit Bärten und großen Zähnen, mürbe und träge Frauen, ein baltisches Fräulein, das an einer Staffelei sitzend unter Ausrufen der Verzweiflung das Meer malte, zwei gutmütig-häßliche Kinder, eine alte Magd im Kopftuch und mit zärtlich unterwürfigen Sklavenmanieren. Dankbar genießend lebten sie dort, riefen unermüdlich die Namen der unfolgsam sich tummelnden Kinder, scherzten vermittelst weniger italienischer Worte lange mit dem humoristischen Alten, von dem sie Zukkerwerk kauften, küßten einander auf die Wangen und kümmerten sich um keinen Beobachter ihrer menschlichen Gemeinschaft.

Ich will also bleiben, dachte Aschenbach. Wo wäre es besser? Und die Hände im Schoß gefaltet, ließ er seine Augen sich in den Weiten des Meeres verlieren, seinen Blick entgleiten, verschwimmen, sich brechen im eintönigen Dunst der Raumeswüste. Er liebte das Meer aus tiefen Gründen: aus dem Ruheverlangen des schwer arbeitenden Künstlers, der vor der anspruchsvollen Vielgestalt der Erscheinungen an der Brust des Einfachen, Ungeheueren sich zu bergen begehrt; aus einem verbotenen, seiner Aufgabe gerade entgegengesetzten und ebendarum verführerischen Hange zum Ungegliederten, Maßlosen, Ewigen, zum Nichts. Am Vollkommenen zu ruhen, ist die Sehnsucht dessen, der sich um das Vortreffliche müht; und ist nicht das Nichts eine Form des Vollkommenen? Wie er nun aber so tief ins Leere träumte, ward plötzlich die Horizontale des Ufersaumes von einer menschlichen Gestalt überschnitten, und als er seinen Blick aus dem

Unbegrenzten einholte und sammelte, da war es der schöne Knabe, der, von links kommend, vor ihm im Sande vorüberging. Er ging barfuß, zum Waten bereit, die schlanken Beine bis über die Knie entblößt, langsam, aber so leicht und stolz, als sei er ohne Schuhwerk sich zu bewegen ganz gewöhnt, und schaute sich nach den querstehenden Hütten um. Kaum aber hatte er die russische Familie bemerkt, die dort in dankbarer Eintracht ihr Wesen trieb, als ein Unwetter zorniger Verachtung sein Gesicht überzog. Seine Stirn verfinsterte sich, sein Mund ward emporgehoben, von den Lippen nach einer Seite ging ein erbittertes Zerren, das die Wange zerriß und seine Brauen waren so schwer gerunzelt, daß unter ihrem Druck die Augen eingesunken schienen und böse und dunkel darunter hervor die Sprache des Hasses führten. Er blickte zu Boden, blickte noch einmal drohend zurück, tat dann mit der Schulter eine heftig wegwerfende, sich abwendende Bewegung und ließ die Feinde im Rükken.

Eine Art Zartgefühl oder Erschrockenheit, etwas wie Achtung und Scham, veranlaßte Aschenbach, sich abzuwenden, als ob er nichts gesehen hätte; denn dem ernsten Zufallsbeobachter der Leidenschaft widerstrebt es, von seinen Wahrnehmungen auch nur vor sich selber Gebrauch zu machen. Er war aber erheitert und erschüttert zugleich, das heißt: beglückt. Dieser kindische Fanatismus, gerichtet gegen das gutmütigste Stück Leben, – er stellte das Göttlich-Nichtssagende in menschliche Beziehungen, er ließ ein kostbares Bildwerk der Natur, das nur zur Augenweide getaugt hatte, einer tieferen Teilnahme wert erscheinen; und er verlieh der ohnehin durch Schönheit bedeutenden Gestalt des Halbwüchsigen eine Folie, die gestattete, ihn über seine Jahre ernst zu nehmen.

Noch abgewandt, lauschte Aschenbach auf die Stimme des Knaben, seine helle, ein wenig schwache Stimme, mit

der er sich von weitem schon von den um die Sandburg beschäftigten Gespielen grüßend anzukündigen suchte. Man antwortete ihm, indem man ihm seinen Namen oder eine Koseform seines Namens mehrfach entgegenrief, und Aschenbach horchte mit einer gewissen Neugier darauf, ohne Genaueres erfassen zu können als zwei melodische Silben wie »Adgio« oder öfter noch »Adgiu«, mit rufend gedehntem u-Laut am Ende. Er freute sich des Klanges, er fand ihn in seinem Wohllaut dem Gegenstande angemessen, wiederholte ihn im stillen und wandte sich befriedigt seinen Briefen und Papieren zu.
Seine kleine Reiseschreibmappe auf den Knien, begann er, mit dem Füllfederhalter diese und jene Korrespondenz zu erledigen. Aber nach einer Viertelstunde schon fand er es schade, die Situation, die genießenswerteste, die er kannte, so im Geist zu verlassen und durch gleichgültige Tätigkeit zu versäumen. Er warf das Schreibzeug beiseite, er kehrte zum Meere zurück; und nicht lange, so wandte er, abgelenkt von den Stimmen der Jugend am Sandbau, den Kopf bequem an der Lehne des Stuhles nach rechts, um sich nach dem Treiben und Bleiben des trefflichen Adgio wieder umzutun.
Der erste Blick fand ihn; die rote Masche auf seiner Brust war nicht zu verfehlen. Mit anderen beschäftigt, eine alte Planke als Brücke über den feuchten Graben der Sandburg zu legen, gab er rufend und mit dem Kopfe winkend seine Anweisungen zu diesem Werk. Es waren da mit ihm ungefähr zehn Genossen, Knaben und Mädchen, von seinem Alter und einige jünger, die in Zungen, polnisch, französisch und auch in Balkan-Idiomen durcheinander schwatzten. Aber sein Name war es, der am öftesten erklang. Offenbar war er begehrt, umworben, bewundert. Einer namentlich, Pole gleich ihm, ein stämmiger Bursche, der ähnlich wie »Jaschu« gerufen wurde, mit schwarzem, pomadisiertem Haar und leinenem Gürtel-

anzug, schien sein nächster Vasall und Freund. Sie gingen, als für diesmal die Arbeit am Sandbau beendigt war, umschlungen den Strand entlang, und der, welcher »Jaschu« gerufen wurde, küßte den Schönen.
Aschenbach war versucht, ihm mit dem Finger zu drohen. ›Dir aber rat' ich, Kritobulos‹, dachte er lächelnd, ›geh ein Jahr auf Reisen! Denn soviel brauchst du mindestens Zeit zur Genesung.‹ Und dann frühstückte er große, vollreife Erdbeeren, die er von einem Händler erstand. Es war sehr warm geworden, obgleich die Sonne die Dunstschicht des Himmels nicht zu durchdringen vermochte. Trägheit fesselte den Geist, indes die Sinne die ungeheure und betäubende Unterhaltung der Meeresstille genossen. Zu erraten, zu erforschen, welcher Name es sei, der ungefähr »Adgio« lautete, schien dem ernsten Manne eine angemessene, vollkommen ausfüllende Aufgabe und Beschäftigung. Und mit Hilfe einiger polnischer Erinnerungen stellte er fest, daß »Tadzio« gemeint sein müsse, die Abkürzung von »Tadeusz« und im Anrufe »Tadziu« lautend.
Tadzio badete. Aschenbach, der ihn aus den Augen verloren hatte, entdeckte seinen Kopf, seinen Arm, mit dem er rudernd ausholte, weit draußen im Meer; denn das Meer mochte flach sein bis weit hinaus. Aber schon schien man besorgt um ihn, schon riefen Frauenstimmen nach ihm von den Hütten, stießen wiederum diesen Namen aus, der den Strand beinahe wie eine Losung beherrschte und, mit seinen weichen Mitlauten, seinem gezogenen u-Ruf am Ende, etwas zugleich Süßes und Wildes hatte: »Tadziu! Tadziu!« Er kehrte zurück, er lief, das widerstrebende Wasser mit den Beinen zu Schaum schlagend, hinübergeworfenen Kopfes durch die Flut; und zu sehen, wie die lebendige Gestalt, vormännlich hold und herb, mit triefenden Locken und schön wie ein zarter Gott, herkommend aus den Tiefen von Himmel und Meer, dem Ele-

mente entstieg und entrann: dieser Anblick gab mythische Vorstellungen ein, er war wie Dichterkunde von anfänglichen Zeiten, vom Ursprung der Form und von der Geburt der Götter. Aschenbach lauschte mit geschlossenen Augen auf diesen in seinem Innern antönenden Gesang, und abermals dachte er, daß es hier gut sei und daß er bleiben wolle.

Später lag Tadzio, vom Bade ausruhend, im Sande, gehüllt in sein weißes Laken, das unter der rechten Schulter durchgezogen war, den Kopf auf den bloßen Arm gebettet; und auch wenn Aschenbach ihn nicht betrachtete, sondern einige Seiten in seinem Buche las, vergaß er fast niemals, daß jener dort lag und daß es ihn nur eine leichte Wendung des Kopfes nach rechts kostete, um das Bewunderungswürdige zu erblicken. Beinahe schien es ihm, als säße er hier, um den Ruhenden zu behüten, – mit eigenen Angelegenheiten beschäftigt und dabei doch in beständiger Wachsamkeit für das edle Menschenbild dort zur Rechten, nicht weit von ihm. Und eine väterliche Huld, die gerührte Hinneigung dessen, der sich opfernd im Geiste das Schöne zeugt, zu dem, der die Schönheit hat, erfüllte und bewegte sein Herz.

Nach Mittag verließ er den Strand, kehrte ins Hotel zurück und ließ sich hinauf vor sein Zimmer fahren. Er verweilte dort drinnen längere Zeit vor dem Spiegel und betrachtete sein graues Haar, sein müdes und scharfes Gesicht. In diesem Augenblick dachte er an seinen Ruhm und daran, daß viele ihn auf den Straßen kannten und ehrerbietig betrachteten, um seines sicher treffenden und mit Anmut gekrönten Wortes willen, – rief alle äußeren Erfolge seines Talentes auf, die ihm irgend einfallen wollten, und gedachte sogar seiner Nobilitierung. Er begab sich dann zum Lunch hinab in den Saal und speiste an seinem Tischchen. Als er nach beendeter Mahlzeit den Lift bestieg, drängte junges Volk, das gleichfalls vom Frühstück kam, ihm nach in das schwebende Kämmerchen, auch Tadzio trat ein. Er stand ganz nahe bei Aschenbach, zum ersten Male so nah, daß dieser ihn nicht in bildmäßigem Abstand, sondern genau, mit den Einzelheiten seiner Menschlichkeit wahrnahm und erkannte. Der Knabe ward angeredet von irgend jemandem, und während er mit unbeschreiblich lieblichem Lächeln antwortete, trat er schon wieder aus, im ersten Stockwerk, rückwärts, mit niedergeschlagenen Augen. Schönheit macht schamhaft, dachte Aschenbach und bedachte sehr eindringlich, warum. Er hatte jedoch bemerkt, daß Tadzio's Zähne nicht recht erfreulich waren: etwas zackig und blaß, ohne den Schmelz der Gesundheit und von eigentümlich spröder Durchsichtigkeit, wie zuweilen bei Bleichsüchtigen. ›Er ist sehr zart, er ist kränklich‹, dachte Aschenbach. ›Er wird wahrscheinlich nicht alt werden.‹ Und er verzichtete darauf, sich Rechenschaft von einem Gefühl der Genugtuung oder Beruhigung zu geben, das diesen Gedanken begleitete.

Er verbrachte zwei Stunden auf seinem Zimmer und fuhr am Nachmittag mit dem Vaporetto über die faul riechende Lagune nach Venedig. Er stieg aus bei San Marco, nahm den Tee auf dem Platze und trat dann, seiner hiesigen Tagesordnung gemäß, einen Spaziergang durch die Straßen an. Es war jedoch dieser Gang, der einen völligen Umschwung seiner Stimmung, seiner Entschlüsse herbeiführte.

Eine widerliche Schwüle lag in den Gassen; die Luft war so dick, daß die Gerüche, die aus Wohnungen, Läden, Garküchen quollen, Öldunst, Wolken von Parfum und viele andere in Schwaden standen, ohne sich zu zerstreuen. Zigarettenrauch hing an seinem Orte und entwich nur langsam. Das Menschengeschiebe in der Enge belästigte den Spaziergänger, statt ihn zu unterhalten. Je länger er ging, desto quälender bemächtigte sich seiner der abscheuliche Zustand, den die Seeluft zusammen mit dem Scirocco hervorbringen kann, und der zugleich Erregung und Erschlaffung ist. Peinlicher Schweiß brach ihm aus. Die Augen versagten den Dienst, die Brust war beklommen, er fieberte, das Blut pochte im Kopf. Er floh aus den drangvollen Geschäftsgassen über Brücken in die Gänge der Armen. Dort behelligten ihn Bettler, und die üblen Ausdünstungen der Kanäle verleideten das Atmen. Auf stillem Platz, einer jener vergessen und verwunschen anmutenden Örtlichkeiten, die sich im Innern Venedigs finden, am Rande eines Brunnens rastend, trocknete er die Stirn und sah ein, daß er reisen müsse.

Zum zweitenmal und nun endgültig war es erwiesen, daß diese Stadt bei dieser Witterung ihm höchst schädlich war. Eigensinniges Ausharren erschien vernunftwidrig, die Aussicht auf ein Umschlagen des Windes ganz ungewiß. Es galt rasche Entscheidung. Schon jetzt nach Hause zurückzukehren, verbot sich. Weder Sommer- noch Winterquartier war bereit, ihn aufzunehmen. Aber nicht nur hier gab es Meer und Strand, und anderwärts fanden sie sich ohne die böse Zutat der Lagune und ihres Fieberdunstes. Er erinnerte sich eines kleinen Seebades nicht weit von Triest, das man ihm rühmlich genannt hatte. Warum nicht dorthin? Und zwar ohne Verzug, damit der abermalige Aufenthaltswechsel sich noch lohne. Er erklärte sich für entschlossen und stand auf. Am nächsten Gondel-Halteplatz nahm er ein Fahrzeug und ließ sich durch das trübe Labyrinth der Kanäle, unter zierlichen Marmorbalkonen hin, die von Löwenbildern flankiert waren, um glitschige Mauerecken, vorbei an trauernden Palastfassaden, die große Firmenschilder im Abfall schaukelnden Wasser spiegelten, nach San Marco leiten. Er hatte Mühe, dorthin zu gelangen, denn der Gondolier, der mit Spitzenfabriken und Glasbläsereien im Bunde stand, versuchte überall, ihn zu Besichtigung und Einkauf abzusetzen, und wenn die bizarre Fahrt durch Venedig ihren Zauber zu üben begann, so tat der beutelschneiderische Geschäftsgeist der gesunkenen Königin das Seine, den Sinn wieder verdrießlich zu ernüchtern.

Ins Hotel zurückgekehrt, gab er noch vor dem Diner im Bureau die Erklärung ab, daß unvorhergesehene Umstände ihn nötigten, morgen früh abzureisen. Man bedauerte, man quittierte seine Rechnung. Er speiste und verbrachte den lauen Abend Journale lesend in einem Schaukelstuhl auf der rückwärtigen Terrasse. Bevor er zur Ruhe ging, machte er sein Gepäck vollkommen zur Abreise fertig.

Er schlief nicht zum besten, da der bevorstehende Wiederaufbruch ihn beunruhigte. Als er am Morgen die Fenster öffnete, war der Himmel bezogen nach wie vor, aber die Luft schien frischer, und – es begann auch schon seine Reue. War diese Kündigung nicht überstürzt und irrtümlich, die Handlung eines kranken und unmaßgeblichen Zustandes gewesen? Hätte er sie ein wenig zurückbehalten, hätte er es, ohne so rasch zu verzagen, auf den Versuch einer Anpassung an die venezianische Luft oder auf Besserung des Wetters ankommen lassen, so stand ihm jetzt, statt Hast und Last, ein Vormittag am Strande gleich dem gestrigen bevor. Zu spät. Nun mußte er fortfahren, zu wollen, was er gestern gewollt hatte. Er kleidete sich an und fuhr um acht Uhr zum Frühstück ins Erdgeschoß hinab.

Der Büfettraum war, als er eintrat, noch leer von Gästen. Einzelne kamen, während er saß und das Bestellte erwartete. Die Teetasse am Munde, sah er die polnischen Mädchen nebst ihrer Begleiterin sich einfinden: streng und morgenfrisch, mit geröteten Augen, schritten sie zu ihrem Tisch in der Fensterecke. Gleich darauf näherte sich ihm der Portier mit gezogener Mütze und mahnte zum Aufbruch. Das Automobil stehe bereit, ihn und andere

Reisende nach dem Hotel Excelsior zu bringen, von wo aus das Motorboot die Herrschaften durch den Privatkanal der Gesellschaft zum Bahnhof befördern werde. Die Zeit dränge. – Aschenbach fand, daß sie das keineswegs tue. Mehr als eine Stunde blieb bis zur Abfahrt seines Zuges. Er ärgerte sich an der Gasthofssitte, den Abreisenden vorzeitig aus dem Hause zu schaffen, und bedeutete den Portier, daß er in Ruhe zu frühstücken wünsche. Der Mann zog sich zögernd zurück, um nach fünf Minuten wieder aufzutreten. Unmöglich, daß der Wagen länger warte. Dann möge er fahren und seinen Koffer mitnehmen, entgegnete Aschenbach gereizt. Er selbst wolle zur gegebenen Zeit das öffentliche Dampfboot benutzen und bitte, die Sorge um sein Fortkommen ihm selber zu überlassen. Der Angestellte verbeugte sich. Aschenbach, froh, die lästigen Mahnungen abgewehrt zu haben, beendete seinen Imbiß ohne Eile, ja, ließ sich sogar noch vom Kellner eine Zeitung reichen. Die Zeit war recht knapp geworden, als er sich endlich erhob. Es fügte sich, daß im selben Augenblick Tadzio durch die Glastür hereinkam.

Er kreuzte, zum Tische der Seinen gehend, den Weg des Aufbrechenden, schlug vor dem grauhaarigen, hochgestirnten Mann bescheiden die Augen nieder, um sie nach seiner lieblichen Art sogleich wieder weich und voll zu ihm aufzuschlagen, und war vorüber. Adieu, Tadzio! dachte Aschenbach. Ich sah dich kurz. Und indem er gegen seine Gewohnheit das Gedachte wirklich mit den Lippen ausbildete und vor sich hinsprach, fügte er hinzu: »Sei gesegnet!« – Er hielt dann Abreise, verteilte Trinkgelder, ward von dem kleinen, leisen Manager im französischen Gehrock verabschiedet und verließ das Hotel zu Fuß, wie er gekommen, um sich, gefolgt von dem Handgepäck tragenden Hausdiener, durch die weiß blühende Allee quer über die Insel zur Dampferbrücke zu

begeben. Er erreicht sie, er nimmt Platz – und was folgte, war eine Leidensfahrt, kummervoll, durch alle Tiefen der Reue.
Es war die vertraute Fahrt über die Lagune, an San Marco vorbei, den Großen Kanal hinauf. Aschenbach saß auf der Rundbank am Buge, den Arm aufs Geländer gestützt, mit der Hand die Augen beschattend. Die öffentlichen Gärten blieben zurück, die Piazzetta eröffnete sich noch einmal in fürstlicher Anmut und ward verlassen, es kam die große Flucht der Paläste, und als die Wasserstraße sich wendete, erschien des Rialto prächtig gespannter Marmorbogen. Der Reisende schaute, und seine Brust war zerrissen. Die Atmosphäre der Stadt, diesen leis fauligen Geruch von Meer und Sumpf, den zu fliehen es ihn so sehr gedrängt hatte, – er atmete ihn jetzt in tiefen, zärtlich schmerzlichen Zügen. War es möglich, daß er nicht gewußt, nicht bedacht hatte, wie sehr sein Herz an dem allen hing? Was heute morgen ein halbes Bedauern, ein leiser Zweifel an der Richtigkeit seines Tuns gewesen war, das wurde jetzt zum Harm, zum wirklichen Weh, zu einer Seelennot, so bitter, daß sie ihm mehrmals Tränen in die Augen trieb, und von der er sich sagte, daß er sie unmöglich habe vorhersehen können. Was er als so schwer erträglich, ja zuweilen als völlig unleidlich empfand, war offenbar der Gedanke, daß er Venedig nie wiedersehen solle, daß dies ein Abschied für immer sei. Denn da sich zum zweiten Male gezeigt hatte, daß die Stadt ihn krank mache, da er sie zum zweiten Male Hals über Kopf zu verlassen gezwungen war, so hatte er sie ja fortan als einen ihm unmöglichen und verbotenen Aufenthalt zu betrachten, dem er nicht gewachsen war und den wieder aufzusuchen sinnlos gewesen wäre. Ja, er empfand, daß, wenn er jetzt abreise, Scham und Trotz ihn hindern müßten, die geliebte Stadt je wiederzusehen, vor der er zweimal körperlich versagt hatte; und dieser Streitfall zwischen seelischer

Neigung und körperlichem Vermögen schien dem Alternden auf einmal so schwer und wichtig, die physische Niederlage so schmählich, so um jeden Preis hintanzuhalten, daß er die leichtfertige Ergebung nicht begriff, mit welcher er gestern, ohne ernstlichen Kampf, sie zu tragen und anzuerkennen beschlossen hatte.

Unterdessen nähert sich das Dampfboot dem Bahnhof, und Schmerz und Ratlosigkeit steigen bis zur Verwirrung. Die Abreise dünkt den Gequälten unmöglich, die Umkehr nicht minder. So ganz zerrissen betritt er die Station. Es ist sehr spät, er hat keinen Augenblick zu verlieren, wenn er den Zug erreichen will. Er will es und will es nicht. Aber die Zeit drängt, sie geißelt ihn vorwärts; er eilt, sich sein Billett zu verschaffen, und sieht sich im Tumult der Halle nach dem hier stationierten Beamten der Hotelgesellschaft um. Der Mensch zeigt sich und meldet, der große Koffer sei aufgegeben. Schon aufgegeben? Ja, bestens, – nach Como. Nach Como? Und aus hastigem Hin und Her, aus zornigen Fragen und betretenen Antworten kommt zutage, daß der Koffer, schon im Gepäckbeförderungsamt des Hotels Excelsior, zusammen mit anderer, fremder Bagage, in völlig falsche Richtung geleitet wurde.

Aschenbach hatte Mühe, die Miene zu bewahren, die unter diesen Umständen einzig begreiflich war. Eine abenteuerliche Freude, eine unglaubliche Heiterkeit erschütterte von innen fast krampfhaft seine Brust. Der Angestellte stürzte davon, um möglicherweise den Koffer noch anzuhalten, und kehrte, wie zu erwarten gewesen, unverrichteter Dinge zurück. Da erklärte denn Aschenbach, daß er ohne sein Gepäck nicht zu reisen wünsche, sondern umzukehren und das Wiedereintreffen des Stückes im Bäder-Hotel zu erwarten entschlossen sei. Ob das Motorboot der Gesellschaft am Bahnhof liege. Der Mann beteuerte, es liege vor der Tür. Er bestimmte in italienischer

Suade den Schalterbeamten, den gelösten Fahrschein zurückzunehmen, er schwor, daß depeschiert werden, daß nichts gespart und versäumt werden solle, um den Koffer in Bälde zurückzugewinnen, und – so fand das Seltsame statt, daß der Reisende, zwanzig Minuten nach seiner Ankunft am Bahnhof, sich wieder im Großen Kanal auf dem Rückweg zum Lido sah.
Wunderlich unglaubhaftes, beschämendes, komisch-traumartiges Abenteuer: Stätten, von denen man eben in tiefster Wehmut Abschied auf immer genommen, vom Schicksal umgewandelt und zurückverschlagen in derselben Stunde noch wiederzusehen! Schaum vor dem Buge, drollig behend zwischen Gondeln und Dampfern lavierend, schoß das kleine eilfertige Fahrzeug seinem Ziele zu, indes sein einziger Passagier unter der Maske ärgerlicher Resignation die ängstlich-übermütige Erregung eines entlaufenen Knaben verbarg. Noch immer, von Zeit zu Zeit, ward seine Brust bewegt von Lachen über dies Mißgeschick, das, wie er sich sagte, ein Sonntagskind nicht gefälliger hätte heimsuchen können. Es waren Erklärungen zu geben, erstaunte Gesichter zu bestehen, – dann war, so sagte er sich, alles wieder gut, dann war ein Unglück verhütet, ein schwerer Irrtum richtiggestellt, und alles, was er im Rücken zu lassen geglaubt hatte, eröffnete sich ihm wieder, war auf beliebige Zeit wieder sein... Täuschte ihn übrigens die rasche Fahrt oder kam wirklich zum Überfluß der Wind nun dennoch vom Meere her?
Die Wellen schlugen gegen die betonierten Wände des schmalen Kanals, der durch die Insel zum Hotel Excelsior gelegt ist. Ein automobiler Omnibus erwartete dort den Wiederkehrenden und führte ihn oberhalb des gekräuselten Meeres auf geradem Wege zum Bäder-Hotel. Der kleine, schnurrbärtige Manager in geschweiftem Gehrock kam zur Begrüßung die Freitreppe herab.
Leise schmeichelnd bedauerte er den Zwischenfall,

nannte ihn äußerst peinlich für ihn und das Institut, billigte aber mit Überzeugung Aschenbachs Entschluß, das Gepäckstück hier zu erwarten. Freilich sei sein Zimmer vergeben, ein anderes jedoch, nicht schlechter, sogleich zur Verfügung. »Pas de chance, monsieur«, sagte der schweizerische Liftführer lächelnd, als man hinaufglitt. Und so wurde der Flüchtling wieder einquartiert, in einem Zimmer, das dem vorigen nach Lage und Einrichtung fast vollkommen glich.
Ermüdet, betäubt von dem Wirbel dieses seltsamen Vormittags, ließ er sich, nachdem er den Inhalt seiner Handtasche im Zimmer verteilt, in einem Lehnstuhl am offenen Fenster nieder. Das Meer hatte eine blaßgrüne Färbung angenommen, die Luft schien dünner und reiner, der Strand mit seinen Hütten und Booten farbiger, obgleich der Himmel noch grau war. Aschenbach blickte hinaus, die Hände im Schoß gefaltet, zufrieden, wieder hier zu sein, kopfschüttelnd unzufrieden über seinen Wankelmut, seine Unkenntnis der eigenen Wünsche. So saß er wohl eine Stunde, ruhend und gedankenlos träumend. Um Mittag erblickte er Tadzio, der in gestreiftem Leinenanzug mit roter Masche, vom Meere her, durch die Strandsperre und die Bretterwege entlang zum Hotel zurückkehrte. Aschenbach erkannte ihn aus seiner Höhe sofort, bevor er ihn eigentlich ins Auge gefaßt, und wollte etwas denken, wie: Sieh, Tadzio, da bist ja auch du wieder! Aber im gleichen Augenblick fühlte er, wie der lässige Gruß vor der Wahrheit seines Herzens hinsank und verstummte. – fühlte die Begeisterung seines Blutes, die Freude, den Schmerz seiner Seele und erkannte, daß ihm um Tadzio's willen der Abschied so schwer geworden war.
Er saß ganz still, ganz ungesehen an seinem hohen Platze und blickte in sich hinein. Seine Züge waren erwacht, seine Brauen stiegen, ein aufmerksames, neugierig geistreiches Lächeln spannte seinen Mund. Dann hob er den

Kopf und beschrieb mit beiden schlaff über die Lehne des Sessels hinabhängenden Armen eine langsam drehende und hebende Bewegung, die Handflächen vorwärtskehrend, so, als deute er ein Öffnen und Ausbreiten der Arme an. Es war eine bereitwillig willkommen heißende, gelassen aufnehmende Gebärde.

Viertes Kapitel

Nun lenkte Tag für Tag der Gott mit den hitzigen Wangen nackend sein gluthauchendes Viergespann durch die Räume des Himmels, und sein gelbes Gelock flatterte im zugleich ausstürmenden Ostwind. Weißlich seidiger Glanz lag auf den Weiten des träge wallenden Pontos. Der Sand glühte. Unter der silbrig flirrenden Bläue des Äthers waren rostfarbene Segeltücher vor den Strandhütten ausgespannt, und auf dem scharf umgrenzten Schattenfleck, den sie boten, verbrachte man die Vormittagsstunden. Aber köstlich war auch der Abend, wenn die Pflanzen des Parks balsamisch dufteten, die Gestirne droben ihren Reigen schritten und das Murmeln des umnachteten Meeres, leise heraufdringend, die Seele besprach. Solch ein Abend trug in sich die freudige Gewähr eines neuen Sonnentages von leicht geordneter Muße und geschmückt mit zahllosen, dicht beieinanderliegenden Möglichkeiten lieblichen Zufalls.

Der Gast, den ein so gefügiges Mißgeschick hier festgehalten, war weit entfernt, in der Rückgewinnung seiner Habe einen Grund zu erneutem Aufbruch zu sehen. Er hatte zwei Tage lang einige Entbehrungen dulden und zu den Mahlzeiten im großen Speisesaal im Reiseanzug erscheinen müssen. Dann, als man endlich die verirrte Last wieder in seinem Zimmer niedersetzte, packte er gründlich aus und füllte Schrank und Schubfächer mit dem Seinen, entschlossen zu vorläufig unabsehbarem Verweilen, vergnügt, die Stunden des Strandes in seidenem Anzug verbringen und beim Diner sich wieder in schicklicher Abendtracht an seinem Tischchen zeigen zu können.

Der wohlige Gleichtakt dieses Daseins hatte ihn schon in seinen Bann gezogen, die weiche und glänzende Milde dieser Lebensführung ihn rasch berückt. Welch ein Aufenthalt in der Tat, der die Reize eines gepflegten Badelebens an südlichem Strande mit der traulich bereiten Nähe der wunderlich-wundersamen Stadt verbindet! Aschenbach liebte nicht den Genuß. Wann immer und wo es galt, zu feiern, der Ruhe zu pflegen, sich gute Tage zu machen, verlangte ihn bald – und namentlich in jüngeren Jahren war dies so gewesen – mit Unruhe und Widerwillen zurück in die hohe Mühsal, den heilig-nüchternen Dienst seines Alltags. Nur dieser Ort verzauberte ihn, entspannte sein Wollen, machte ihn glücklich. Manchmal vormittags, unter dem Schattentuch seiner Hütte, hinträumend über die Bläue des Südmeers, oder bei lauer Nacht auch wohl, gelehnt in die Kissen der Gondel, die ihn vom Markusplatz, wo er sich lange verweilt, unter dem groß gestirnten Himmel heimwärts zum Lido führte – und die bunten Lichter, die schmelzenden Klänge der Serenade blieben zurück –, erinnerte er sich seines Landsitzes in den Bergen, der Stätte seines sommerlichen Ringens, wo die Wolken tief durch den Garten zogen, fürchterliche Gewitter am Abend das Licht des Hauses löschten und die Raben, die er fütterte, sich in den Wipfeln der Fichten schwangen. Dann schien es ihm wohl, als sei er entrückt ins elysische Land, an die Grenzen der Erde, wo leichtestes Leben den Menschen beschert ist, wo nicht Schnee ist und Winter, noch Sturm und strömender Regen, sondern immer sanft kühlenden Anhauch Okeanos aufsteigen läßt und in seliger Muße die Tage verrinnen, mühelos, kampflos und ganz nur der Sonne und ihren Festen geweiht.

Viel, fast beständig sah Aschenbach den Knaben Tadzio; ein beschränkter Raum, eine jedem gegebene Lebensordnung brachten es mit sich, daß der Schöne ihm tagüber mit kurzen Unterbrechungen nahe war. Er sah, er traf ihn überall: in den unteren Räumen des Hotels, auf den kühlenden Wasserfahrten zur Stadt und von dort zurück, im Gepränge des Platzes selbst und oft noch zwischenein auf Wegen und Stegen, wenn der Zufall ein übriges tat. Hauptsächlich aber und mit der glücklichsten Regelmäßigkeit bot ihm der Vormittag am Strande ausgedehnte Gelegenheit, der holden Erscheinung Andacht und Studium zu widmen. Ja, diese Gebundenheit des Glückes, diese täglich gleichmäßig wieder anbrechende Gunst der Umstände war es so recht, was ihn mit Zufriedenheit und Lebensfreude erfüllte, was ihm den Aufenthalt teuer machte und einen Sonnentag so gefällig hinhaltend sich an den anderen reihen ließ.
Er war früh auf, wie sonst wohl bei pochendem Arbeitsdrange, und vor den meisten am Strand, wenn die Sonne noch milde war und das Meer weiß blendend in Morgenträumen lag. Er grüßte menschenfreundlich den Wächter der Sperre, grüßte auch vertraulich den barfüßigen Weißbart, der ihm die Stätte bereitet, das braune Schattentuch ausgespannt, die Möbel der Hütte hinaus auf die Plattform gerückt hatte, und ließ sich nieder. Drei Stunden oder vier waren dann sein, in denen die Sonne zur Höhe stieg und furchtbare Macht gewann, in denen das Meer tiefer und tiefer blaute und in denen er Tadzio sehen durfte.
Er sah ihn kommen, von links, am Rande des Meeres daher, sah ihn von rückwärts zwischen den Hütten hervortreten oder fand auch wohl plötzlich, und nicht ohne ein frohes Erschrecken, daß er sein Kommen versäumt und daß er schon da war, schon in dem blau und weißen Badeanzug, der jetzt am Strand seine einzige Kleidung war,

sein gewohntes Treiben in Sonne und Sand wieder aufgenommen hatte, – dies lieblich nichtige, müßig unstete Leben, das Spiel war und Ruhe, ein Schlendern, Waten, Graben, Haschen, Lagern und Schwimmen, bewacht, berufen von den Frauen auf der Plattform, die mit Kopfstimmen seinen Namen ertönen ließen: »Tadziu! Tadziu!« und zu denen er mit eifrigem Gebärdenspiel gelaufen kam, ihnen zu erzählen, was er erlebt, ihnen zu zeigen, was er gefunden, gefangen: Muscheln, Seepferdchen, Quallen und seitlich laufende Krebse. Aschenbach verstand nicht ein Wort von dem, was er sagte, und mochte es das Alltäglichste sein, es war verschwommener Wohllaut in seinem Ohr. So erhob Fremdheit des Knaben Rede zur Musik, eine übermütige Sonne goß verschwenderischen Glanz über ihn aus, und die erhabene Tiefsicht des Meeres war immer seiner Erscheinung Folie und Hintergrund.
Bald kannte der Betrachtende jede Linie und Pose dieses so gehobenen, so frei sich darstellenden Körpers, begrüßte freudig jede schon vertraute Schönheit aufs neue und fand der Bewunderung, der zarten Sinneslust kein Ende. Man rief den Knaben, einen Gast zu begrüßen, der den Frauen bei der Hütte aufwartete; er lief herbei, lief naß vielleicht aus der Flut, er warf die Locken, und indem er die Hand reichte, auf einem Beine ruhend, den anderen Fuß auf die Zehenspitzen gestellt, hatte er eine reizende Drehung und Wendung des Körpers, anmutig spannungsvoll, verschämt aus Liebenswürdigkeit, gefallsüchtig aus adeliger Pflicht. Er lag ausgestreckt, das Badetuch um die Brust geschlungen, den zarten gemeißelten Arm in den Sand gestützt, das Kinn in der hohen Hand; der, welcher »Jaschu« gerufen wurde, saß kauernd bei ihm und tat ihm schön, und nichts konnte bezaubernder sein als das Lächeln der Augen und Lippen, mit dem der Ausgezeichnete zu dem Geringeren, Dienenden aufblickte. Er stand am Rande der See, allein, abseits von den Seinen,

ganz nahe bei Aschenbach, aufrecht, die Hände im Nakken verschlungen, langsam sich auf den Fußballen schaukelnd, und träumte ins Blaue, während kleine Wellen, die anliefen, seine Zehen badeten. Sein honigfarbenes Haar schmiegte sich in Ringeln an die Schläfen und in den Nakken, die Sonne erleuchtete den Flaum des oberen Rückgrats, die feine Zeichnung der Rippen, das Gleichmaß der Brust traten durch die knappe Umhüllung des Rumpfes hervor, seine Achselhöhlen waren noch glatt wie bei einer Statue, seine Kniekehlen glänzten, und ihr bläuliches Geäder ließ seinen Körper wie aus klarerem Stoffe gebildet erscheinen. Welch eine Zucht, welche Präzision des Gedankens war ausgedrückt in diesem gestreckten und jugendlich vollkommenen Leibe! Der strenge und reine Wille jedoch, der, dunkel tätig, dies göttliche Bildwerk ans Licht zu treiben vermocht hatte, – war er nicht ihm, dem Künstler, bekannt und vertraut? Wirkte er nicht auch in ihm, wenn er, nüchterner Leidenschaft voll, aus der Marmormasse der Sprache die schlanke Form befreite, die er im Geiste geschaut und die er als Standbild und Spiegel geistiger Schönheit den Menschen darstellte?

Standbild und Spiegel! Seine Augen umfaßten die edle Gestalt dort am Rande des Blauen, und in aufschwärmendem Entzücken glaubte er mit diesem Blick das Schöne selbst zu begreifen, die Form als Gottesgedanken, die eine und reine Vollkommenheit, die im Geiste lebt und von der ein menschliches Abbild und Gleichnis hier leicht und hold zur Anbetung aufgerichtet war. Das war der Rausch; und unbedenklich, ja gierig hieß der alternde Künstler ihn willkommen. Sein Geist kreißte, seine Bildung geriet ins Wallen, sein Gedächtnis warf uralte, seiner Jugend überlieferte und bis dahin niemals von eigenem Feuer belebte Gedanken auf. Stand nicht geschrieben, daß die Sonne unsere Aufmerksamkeit von den intellektuellen auf die sinnlichen Dinge wendet? Sie betäube und bezaubere,

hieß es, Verstand und Gedächtnis dergestalt, daß die Seele vor Vergnügen ihres eigentlichen Zustandes ganz vergesse und mit staunender Bewunderung an dem schönsten der besonnten Gegenstände hängen bleibe: ja, nur mit Hilfe eines Körpers vermöge sie dann noch zu höherer Betrachtung sich zu erheben. Amor fürwahr tat es den Mathematikern gleich, die unfähigen Kindern greifbare Bilder der reinen Formen vorzeigen: So auch bediente der Gott sich, um uns das Geistige sichtbar zu machen, gern der Gestalt und Farbe menschlicher Jugend, die er zum Werkzeug der Erinnerung mit allem Abglanz der Schönheit schmückte und bei deren Anblick wir dann wohl in Schmerz und Hoffnung entbrannten.
So dachte der Enthusiasmierte; so vermochte er zu empfinden. Und aus Meerrausch und Sonnenglast spann sich ihm ein reizendes Bild. Es war die alte Platane unfern den Mauern Athens, – war jener heilig-schattige, vom Dufte der Keuschbaumblüten erfüllte Ort, den Weihbilder und fromme Gaben schmückten zu Ehren der Nymphen und des Acheloos. Ganz klar fiel der Bach zu Füßen des breitgeästeten Baumes über glatte Kiesel; die Grillen geigten. Auf dem Rasen aber, der sanft abfiel, so, daß man im Liegen den Kopf hochhalten konnte, lagerten zwei, geborgen hier vor der Glut des Tages: ein Ältlicher und ein Junger, ein Häßlicher und ein Schöner, der Weise beim Liebenswürdigen. Und unter Artigkeiten und geistreich werbenden Scherzen belehrte Sokrates den Phaidros über Sehnsucht und Tugend. Er sprach ihm von dem heißen Erschrecken, das der Fühlende leidet, wenn sein Auge ein Gleichnis der ewigen Schönheit erblickt; sprach ihm von den Begierden des Weihelosen und Schlechten, der die Schönheit nicht denken kann, wenn er ihr Abbild sieht und der Ehrfurcht nicht fähig ist; sprach von der heiligen Angst, die den Edlen befällt, wenn ein gottgleiches Antlitz, ein vollkommener Leib ihm erscheint, – wie er dann

aufbebt und außer sich ist und hinzusehen sich kaum getraut und den verehrt, der die Schönheit hat, ja, ihm opfern würde wie einer Bildsäule, wenn er nicht fürchten müßte, den Menschen närrisch zu scheinen. Denn die Schönheit, mein Phaidros, nur sie, ist liebenswürdig und sichtbar zugleich: sie ist, merke das wohl! die einzige Form des Geistigen, welche wir sinnlich empfangen, sinnlich ertragen können. Oder was würde aus uns, wenn das Göttliche sonst, wenn Vernunft und Tugend und Wahrheit uns sinnlich erscheinen wollten? Würden wir nicht vergehen und verbrennen vor Liebe, wie Semele einstmals vor Zeus? So ist die Schönheit der Weg des Fühlenden zum Geiste, – nur der Weg, ein Mittel nur, kleiner Phaidros... Und dann sprach er das Feinste aus, der verschlagene Hofmacher: dies, daß der Liebende göttlicher sei als der Geliebte, weil in jenem der Gott sei, nicht aber im andern, – diesen zärtlichsten, spöttischsten Gedanken vielleicht, der jemals gedacht ward und dem alle Schalkheit und heimlichste Wollust der Sehnsucht entspringt.
Glück des Schriftstellers ist der Gedanke, der ganz Gefühl, ist das Gefühl, das ganz Gedanke zu werden vermag. Solch ein pulsender Gedanke, solch genaues Gefühl gehörte und gehorchte dem Einsamen damals: nämlich, daß die Natur vor Wonne erschaure, wenn der Geist sich huldigend vor der Schönheit neige. Er wünschte plötzlich, zu schreiben. Zwar liebt Eros, heißt es, den Müßiggang, und für solchen nur ist er geschaffen. Aber an diesem Punkte der Krisis war die Erregung des Heimgesuchten auf Produktion gerichtet. Fast gleichgültig der Anlaß. Eine Frage, eine Anregung, über ein gewisses großes und brennendes Problem der Kultur und des Geschmackes sich bekennend vernehmen zu lassen, war in die geistige Welt ergangen und bei dem Verreisten eingelaufen. Der Gegenstand war ihm geläufig, war ihm Erlebnis; sein Gelüst, ihn im Licht seines Wortes erglänzen zu lassen, auf

einmal unwiderstehlich. Und zwar ging sein Verlangen dahin, in Tadzio's Gegenwart zu arbeiten, beim Schreiben den Wuchs des Knaben zum Muster zu nehmen, seinen Stil den Linien dieses Körpers folgen zu lassen, der ihm göttlich schien, und seine Schönheit ins Geistige zu tragen, wie der Adler einst den troischen Hirten zum Äther trug. Nie hatte er die Lust des Wortes süßer empfunden, nie so gewußt, daß Eros im Worte sei, wie während der gefährlich köstlichen Stunden, in denen er, an seinem rohen Tische unter dem Schattentuch, im Angesicht des Idols und die Musik seiner Stimme im Ohr, nach Tadzio's Schönheit seine kleine Abhandlung, – jene anderthalb Seiten erlesener Prosa formte, deren Lauterkeit, Adel und schwingende Gefühlsspannung binnen kurzem die Bewunderung vieler erregen sollte. Es ist sicher gut, daß die Welt nur das schöne Werk, nicht auch seine Ursprünge, nicht seine Entstehungsbedingungen kennt; denn die Kenntnis der Quellen, aus denen dem Künstler Eingebung floß, würde sie oftmals verwirren, abschrecken und so die Wirkungen des Vortrefflichen aufheben. Sonderbare Stunden! Sonderbar entnervende Mühe! Seltsam zeugender Verkehr des Geistes mit einem Körper! Als Aschenbach seine Arbeit verwahrte und vom Strande aufbrach, fühlte er sich erschöpft, ja zerrüttet, und ihm war, als ob sein Gewissen wie nach einer Ausschweifung Klage führe.

Es war am folgenden Morgen, daß er, im Begriff das Hotel zu verlassen, von der Freitreppe aus gewahrte, wie Tadzio, schon unterwegs zum Meere – und zwar allein, – sich eben der Strandsperre näherte. Der Wunsch, der einfache Gedanke, die Gelegenheit zu nutzen und mit dem, der ihm unwissentlich so viel Erhebung und Bewegung bereitet, leichte, heitere Bekanntschaft zu machen, ihn anzureden, sich seiner Antwort, seines Blickes zu erfreuen, lag nahe und drängte sich auf. Der Schöne ging schlendernd, er war einzuholen, und Aschenbach beschleunigte seine

Schritte. Er erreicht ihn auf dem Brettersteig hinter den Hütten, er will ihm die Hand aufs Haupt, auf die Schulter legen, und irgendein Wort, eine freundliche französische Phrase schwebt ihm auf den Lippen: da fühlt er, daß sein Herz, vielleicht auch vom schnellen Gang, wie ein Hammer schlägt, daß er, so knapp bei Atem, nur gepreßt und bebend wird sprechen können; er zögert, er sucht sich zu beherrschen, er fürchtet plötzlich, schon zu lange dicht hinter dem Schönen zu gehen, fürchtet sein Aufmerksamwerden, sein fragendes Umschauen, nimmt noch einen Anlauf, versagt, verzichtet und geht gesenkten Hauptes vorüber.

Zu spät! dachte er in diesem Augenblick. Zu spät! Jedoch war es zu spät? Dieser Schritt, den zu tun er versäumte, er hätte sehr möglicherweise zum Guten, Leichten und Frohen, zu heilsamer Ernüchterung geführt. Allein es war wohl an dem, daß der Alternde die Ernüchterung nicht wollte, daß der Rausch ihm zu teuer war. Wer enträtselt Wesen und Gepräge des Künstlertums! Wer begreift die tiefe Instinktverschmelzung von Zucht und Zügellosigkeit, worin es beruht! Denn heilsame Ernüchterung nicht wollen zu können, ist Zügellosigkeit. Aschenbach war zur Selbstkritik nicht mehr aufgelegt; der Geschmack, die geistige Verfassung seiner Jahre, Selbstachtung, Reife und späte Einfachheit machten ihn nicht geneigt, Beweggründe zu zergliedern und zu entscheiden, ob er aus Gewissen, ob aus Liederlichkeit und Schwäche sein Vorhaben nicht ausgeführt habe. Er war verwirrt, er fürchtete, daß irgend jemand, wenn auch der Strandwächter nur, seinen Lauf, seine Niederlage beobachtet haben möchte, fürchtete sehr die Lächerlichkeit. Im übrigen scherzte er bei sich selbst über seine komisch-heilige Angst. ›Bestürzt‹, dachte er, ›bestürzt wie ein Hahn, der angstvoll seine Flügel im Kampfe hängen läßt. Das ist wahrlich der Gott, der beim Anblick des Liebenswürdigen so unseren

Mut bricht und unseren stolzen Sinn so gänzlich zu Boden drückt...‹ Er spielte, schwärmte und war viel zu hochmütig, um ein Gefühl zu fürchten.
Schon überwachte er nicht mehr den Ablauf der Mußezeit, die er sich selber gewährt; der Gedanke an Heimkehr berührte ihn nicht einmal. Er hatte sich reichlich Geld verschrieben. Seine Besorgnis galt einzig der möglichen Abreise der polnischen Familie; doch hatte er unterderhand, durch beiläufige Erkundigung beim Coiffeur des Hotels erfahren, daß diese Herrschaften ganz kurz vor seiner Ankunft hier abgestiegen seien. Die Sonne bräunte ihm Antlitz und Hände, der erregende Salzhauch stärkte ihn zum Gefühl, und wie er sonst jede Erquickung, die Schlaf, Nahrung oder Natur ihm gespendet, sogleich an ein Werk zu verausgaben gewohnt gewesen war, so ließ er nun alles, was Sonne, Muße und Meerluft ihm an täglicher Kräftigung zuführten, hochherzig-unwirtschaftlich aufgehen in Rausch und Empfindung.
Sein Schlaf war flüchtig; die köstlich einförmigen Tage waren getrennt durch kurze Nächte voll glücklicher Unruhe. Zwar zog er sich zeitig zurück, denn um neun Uhr, wenn Tadzio vom Schauplatz verschwunden war, schien der Tag ihm beendet. Aber ums erste Morgengrauen weckte ihn ein zart durchdringendes Erschrecken, sein Herz erinnerte sich seines Abenteuers, es litt ihn nicht mehr in den Kissen, er erhob sich, und leicht eingehüllt gegen die Schauer der Frühe setzte er sich ans offene Fenster, den Aufgang der Sonne zu erwarten. Das wundervolle Ereignis erfüllte seine vom Schlafe geweihte Seele mit Andacht. Noch lagen Himmel, Erde und Meer in geisterhaft glasiger Dämmerblässe; noch schwamm ein vergehender Stern im Wesenlosen. Aber ein Wehen kam, eine beschwingte Kunde von unnahbaren Wohnplätzen, daß Eos sich von der Seite des Gatten erhebe, und jenes erste, süße Erröten der fernsten Himmels- und Meeresstriche geschah, durch

welches das Sinnlichwerden der Schöpfung sich anzeigt. Die Göttin nahte, die Jünglingsentführerin, die den Kleitos, den Kephalos raubte und dem Neide aller Olympischen trotzend die Liebe des schönen Orion genoß. Ein Rosenstreuen begann da am Rande der Welt, ein unsäglich holdes Scheinen und Blühen, kindliche Wolken, verklärt, durchleuchtet, schwebten gleich dienenden Amoretten im rosigen, bläulichen Duft, Purpur fiel auf das Meer, das ihn wallend vorwärts zu schwemmen schien, goldene Speere zuckten von unten zur Höhe des Himmels hinauf, der Glanz ward zum Brande, lautlos, mit göttlicher Übergewalt wälzten sich Glut und Brunst und lodernde Flammen herauf, und mit raffenden Hufen stiegen des Bruders heilige Renner über den Erdkreis empor. Angestrahlt von der Pracht des Gottes saß der Einsam-Wache, er schloß die Augen und ließ von der Glorie seine Lider küssen. Ehemalige Gefühle, frühe, köstliche Drangsale des Herzens, die im strengen Dienst seines Lebens erstorben waren und nun so sonderbar gewandelt zurückkehrten, – er erkannte sie mit verwirrtem, verwundertem Lächeln. Er sann, er träumte, langsam bildeten seine Lippen einen Namen, und noch immer lächelnd, mit aufwärts gekehrtem Antlitz, die Hände im Schoß gefaltet, entschlummerte er in seinem Sessel noch einmal.

Aber der Tag, der so feurig-festlich begann, war im ganzen seltsam gehoben und mythisch verwandelt. Woher kam und stammte der Hauch, der auf einmal so sanft und bedeutend, höherer Einflüsterung gleich, Schläfe und Ohr umspielte? Weiße Federwölkchen standen in verbreiteten Scharen am Himmel gleich weidenden Herden der Götter. Stärkerer Wind erhob sich, und die Rosse Poseidons liefen, sich bäumend, daher, Stiere auch wohl, dem Bläulichgelockten gehörig, welche mit Brüllen anrennend die Hörner senkten. Zwischen dem Felsengeröll des entfernteren Strandes jedoch hüpften die Wellen empor als springende Ziegen. Eine heilig entstellte Welt voll panischen Lebens schloß den Berückten ein, und sein Herz träumte zarte Fabeln. Mehrmals, wenn hinter Venedig die Sonne sank, saß er auf einer Bank im Park, um Tadzio zuzuschauen, der sich, weiß gekleidet und farbig gegürtet, auf dem gewalzten Kiesplatz mit Ballspiel vergnügte, und Hyakinthos war es, den er zu sehen glaubte und der sterben mußte, weil zwei Götter ihn liebten. Ja, er empfand Zephyrs schmerzenden Neid auf den Nebenbuhler, der des Orakels, des Bogens und der Kithara vergaß, um immer mit dem Schönen zu spielen; er sah die Wurfscheibe, von grausamer Eifersucht gelenkt, das liebliche Haupt treffen, er empfing, erblassend auch er, den geknickten Leib, und die Blume, dem süßen Blute entsprossen, trug die Inschrift seiner unendlichen Klage...

Seltsamer, heikler ist nichts als das Verhältnis von Menschen, die sich nur mit den Augen kennen, – die täglich, ja stündlich einander begegnen, beobachten und dabei den Schein gleichgültiger Fremdheit grußlos und wortlos aufrechtzuhalten durch Sittenzwang oder eigene Grille genötigt sind. Zwischen ihnen ist Unruhe und überreizte Neugier, die Hysterie eines unbefriedigten, unnatürlich unterdrückten Erkenntnis- und Austauschbedürfnisses und namentlich auch eine Art von gespannter Achtung. Denn der Mensch liebt und ehrt den Menschen, solange er ihn nicht zu beurteilen vermag, und die Sehnsucht ist ein Erzeugnis mangelhafter Erkenntnis.

Irgendeine Beziehung und Bekanntschaft mußte sich notwendig ausbilden zwischen Aschenbach und dem jungen Tadzio, und mit durchdringender Freude konnte der Ältere feststellen, daß Teilnahme und Aufmerksamkeit nicht völlig unerwidert blieben. Was bewog zum Beispiel den Schönen, niemals mehr, wenn er morgens am Strande erschien, den Brettersteg an der Rückseite der Hütten zu benutzen, sondern nur noch auf dem vorderen Wege, durch den Sand, an Aschenbachs Wohnplatz vorbei und manchmal unnötig dicht an ihm vorbei, seinen Tisch, seinen Stuhl fast streifend, zur Hütte der Seinen zu schlendern? Wirkte so die Anziehung, die Faszination eines überlegenen Gefühls auf seinen zarten und gedankenlosen Gegenstand? Aschenbach erwartete täglich Tadzio's Auftreten, und zuweilen tat er, als sei er beschäftigt, wenn es sich vollzog, und ließ den Schönen scheinbar unbeachtet vorübergehen. Zuweilen aber auch blickte er auf, und ihre Blicke trafen sich. Sie waren beide tiefernst, wenn das geschah. In der gebildeten und würdevollen Miene des Älteren verriet nichts eine innere Bewegung; aber in Tadzio's Augen war ein Forschen, ein nachdenkliches Fragen, in seinen Gang kam ein Zögern, er blickte zu Boden, er blickte lieblich wieder auf, und wenn er vorüber war, so schien ein Etwas in seiner Haltung auszudrücken, daß nur Erziehung ihn hinderte, sich umzuwenden.

Einmal jedoch, eines Abends, begab es sich anders. Die polnischen Geschwister hatten nebst ihrer Gouvernante bei der Hauptmahlzeit im großen Saale gefehlt, – mit Besorgnis hatte Aschenbach es wahrgenommen. Er erging sich nach Tische, sehr unruhig über ihren Verbleib, in Abendanzug und Strohhut vor dem Hotel, zu Füßen der Terrasse, als er plötzlich die nonnenähnlichen Schwestern mit der Erzieherin und vier Schritte hinter ihnen Tadzio im Lichte der Bogenlampen auftauchen sah. Offenbar kamen sie von der Dampferbrücke, nachdem sie aus irgendeinem Grunde in der Stadt gespeist. Auf dem Wasser war es wohl kühler gewesen; Tadzio trug eine dunkelblaue Seemannsüberjacke mit goldenen Knöpfen und auf dem Kopf eine zugehörige Mütze. Sonne und Seeluft verbrannten ihn nicht, seine Haut war marmorhaft gelblich geblieben wie zu Beginn; doch schien er blässer heute als sonst, sei es infolge der Kühle oder durch den bleichenden Mondschein der Lampen. Seine ebenmäßigen Brauen zeichneten sich schärfer ab, seine Augen dunkelten tief. Er war schöner, als es sich sagen läßt, und Aschenbach empfand wie schon oftmals mit Schmerzen, daß das Wort die sinnliche Schönheit nur zu preisen, nicht wiederzugeben vermag.

Er war der teuren Erscheinung nicht gewärtig gewesen, sie kam unverhofft, er hatte nicht Zeit gehabt, seine Miene zu Ruhe und Würde zu befestigen. Freude, Überraschung, Bewunderung mochten sich offen darin malen, als sein Blick dem des Vermißten begegnete, – und in dieser Sekunde geschah es, daß Tadzio lächelte: ihn anlächelte, sprechend, vertraut, liebreizend und unverhohlen, mit Lippen, die sich im Lächeln erst langsam öffneten. Es war das Lächeln des Narziß, der sich über das spiegelnde Wasser neigt, jenes tiefe, bezauberte, hingezogene Lächeln, mit dem er nach dem Widerscheine der eigenen Schönheit die Arme streckt, – ein ganz wenig verzerrtes Lächeln, verzerrt von der Aussichtslosigkeit seines Trachtens, die holden Lippen seines Schattens zu küssen, kokett, neugierig und leise gequält, betört und betörend.

Der, welcher dies Lächeln empfangen, enteilte damit wie mit einem verhängnisvollen Geschenk. Er war so sehr erschüttert, daß er das Licht der Terrasse, des Vorgartens zu fliehen gezwungen war und mit hastigen Schritten das Dunkel des rückwärtigen Parkes suchte. Sonderbar entrüstete und zärtliche Vermahnungen entrangen sich ihm: »Du darfst so nicht lächeln! Höre, man darf so niemandem lächeln!« Er warf sich auf eine Bank, er atmete außer sich den nächtlichen Duft der Pflanzen. Und zurückgelehnt, mit hängenden Armen, überwältigt und mehrfach von Schauern überlaufen, flüsterte er die stehende Formel der Sehnsucht, – unmöglich hier, absurd, verworfen, lächerlich und heilig doch, ehrwürdig auch hier noch: »Ich liebe dich!«

In der vierten Woche seines Aufenthalts auf dem Lido machte Gustav von Aschenbach einige die Außenwelt betreffende unheimliche Wahrnehmungen. Erstens schien es ihm, als ob bei steigender Jahreszeit die Frequenz seines Gasthofes eher ab- als zunähme, und insbesondere, als ob die deutsche Sprache um ihn her versiege und verstummte, so daß bei Tisch und am Strand endlich nur noch fremde Laute sein Ohr trafen. Eines Tages dann fing er beim Coiffeur, den er jetzt häufig besuchte, im Gespräche ein Wort auf, das ihn stutzig machte. Der Mann hatte einer deutschen Familie erwähnt, die soeben nach kurzem Verweilen abgereist war, und setzte plaudernd und schmeichelnd hinzu: »Sie bleiben, mein Herr! Sie haben keine Furcht vor dem Übel.« Aschenbach sah ihn an. »Dem Übel?« wiederholte er. Der Schwätzer verstummte, tat beschäftigt, überhörte die Frage. Und als sie eindringlicher gestellt ward, erklärte er, er wisse von nichts, und suchte mit verlegener Beredsamkeit abzulenken.

Das war um Mittag. Nachmittags fuhr Aschenbach bei Windstille und schwerem Sonnenbrand nach Venedig; denn ihn trieb die Manie, den polnischen Geschwistern zu folgen, die er mit ihrer Begleiterin den Weg zur Dampferbrücke hatte einschlagen sehen. Er fand den Abgott nicht bei San Marco. Aber beim Tee, an seinem eisernen Rundtischchen auf der Schattenseite des Platzes sitzend, witterte er plötzlich in der Luft ein eigentümliches Arom, von dem ihm jetzt schien, als habe es schon seit Tagen, ohne ihm ins Bewußtsein zu dringen, seinen Sinn berührt, – einen süßlich-offizinellen Geruch, der an Elend und Wunden und verdächtige Reinlichkeit erinnerte. Er prüfte und erkannte ihn nachdenklich, beendete seinen Imbiß und verließ den Platz auf der dem Tempel gegenüberliegenden Seite. In der Enge verstärkte sich der Geruch. An den Straßenecken hafteten gedruckte Anschläge, durch welche die Bevölkerung wegen gewisser Erkrankungen des gastrischen Systems, die bei dieser Witterung an der Tagesordnung seien, vor dem Genusse von Austern und Muscheln, auch vor dem Wasser der Kanäle stadtväterlich gewarnt wurde. Die beschönigende Natur des Erlasses war deutlich. Volksgruppen standen schweigsam auf Brücken und Plätzen beisammen; und der Fremde stand spürend und grübelnd unter ihnen.

Einen Ladeninhaber, der zwischen Korallenschnüren und falschen Amethystgeschmeiden in der Tür seines Gewölbes lehnte, bat er um Auskunft über den fatalen Geruch. Der Mann maß ihn mit schweren Augen und ermunterte sich hastig. »Eine vorbeugende Maßregel, mein Herr!« antwortete er mit Gebärdenspiel. »Eine Verfügung der Polizei, die man billigen muß. Diese Witterung drückt, der Scirocco ist der Gesundheit nicht zuträglich. Kurz, Sie verstehen, – eine vielleicht übertriebene Vorsicht...« Aschenbach dankte ihm und ging weiter. Auch auf dem Dampfer, der ihn zum Lido zurücktrug, spürte er jetzt den Geruch des keimbekämpfenden Mittels.

Ins Hotel zurückgekehrt, begab er sich sogleich in die Halle zum Zeitungstisch und hielt in den Blättern Umschau. Er fand in den fremdsprachigen nichts. Die heimatlichen verzeichneten Gerüchte, führten schwankende Ziffern an, gaben amtliche Ableugnungen wieder und bezweifelten deren Wahrhaftigkeit. So erklärte sich der Abzug des deutschen und österreichischen Elementes. Die Angehörigen der anderen Nationen wußten offenbar nicht, ahnten nichts, waren noch nicht beunruhigt. ›Man soll schweigen!‹ dachte Aschenbach erregt, indem er die Journale auf den Tisch zurückwarf. ›Man soll das verschweigen!‹ Aber zugleich füllte sein Herz sich mit Genugtuung über das Abenteuer, in welches die Außenwelt geraten wollte. Denn der Leidenschaft ist, wie dem Verbrechen, die gesicherte Ordnung und Wohlfahrt des Alltags nicht gemäß, und jede Lockerung des bürgerlichen Gefüges, jede Verwirrung und Heimsuchung der Welt muß ihr willkommen sein, weil sie ihren Vorteil dabei zu finden unbestimmt hoffen kann. So empfand Aschenbach eine dunkle Zufriedenheit über die obrigkeitlich bemäntelten Vorgänge in den schmutzigen Gäßchen Venedigs, – dieses schlimme Geheimnis der Stadt, das mit seinem eigensten Geheimnis verschmolz, und an dessen Bewahrung auch ihm so sehr gelegen war. Denn der Verliebte besorgte nichts, als daß Tadzio abreisen könnte, und erkannte nicht ohne Entsetzen, daß er nicht mehr zu leben wissen werde, wenn das geschähe.

Neuerdings begnügte er sich nicht, Nähe und Anblick des Schönen der Tagesregel und dem Glücke zu danken; er verfolgte ihn, er stellte ihm nach. Sonntags zum Beispiel erschienen die Polen niemals am Strande; er erriet, daß sie die Messe in San Marco besuchten, er eilte dorthin, und aus der Glut des Platzes in die goldene Dämmerung des Heiligtums eintretend, fand er den Entbehrten, über ein Betpult gebeugt, beim Gottesdienst. Dann stand er im Hintergrunde, auf zerklüftetem Mosaikboden, inmitten knienden, murmelnden, kreuzschlagenden Volkes, und die gedrungene Pracht des morgenländischen Tempels lastete üppig auf seinen Sinnen. Vorn wandelte, hantierte und sang der schwergeschmückte Priester, Weihrauch quoll auf, er umnebelte die kraftlosen Flämmchen der Altarkerzen, und in den dumpfsüßen Opferduft schien sich leise ein anderer zu mischen: der Geruch der erkrankten Stadt. Aber durch Dunst und Gefunkel sah Aschenbach, wie der Schöne dort vorn den Kopf wandte, ihn suchte und erblickte.

Wenn dann die Menge durch die geöffneten Portale hinausströmte auf den leuchtenden, von Tauben wimmeln-

den Platz, verbarg sich der Betörte in der Vorhalle, er versteckte sich, er legte sich auf die Lauer. Er sah die Polen die Kirche verlassen, sah, wie die Geschwister sich auf zeremoniöse Art von der Mutter verabschiedeten und wie diese sich heimkehrend zur Piazzetta wandte; er stellte fest, daß der Schöne, die klösterlichen Schwestern und die Gouvernante den Weg zur Rechten durch das Tor des Uhrturmes und in die Merceria einschlugen, und, nachdem er sie einigen Vorsprung hatte gewinnen lassen, folgte er ihnen, folgte ihnen verstohlen auf ihrem Spaziergang durch Venedig. Er mußte stehenbleiben, wenn sie sich verweilten, mußte in Garküchen und Höfe flüchten, um die Umkehrenden vorüberzulassen; er verlor sie, suchte erhitzt und erschöpft nach ihnen über Brücken und in schmutzigen Sackgassen und erduldete Minuten tödlicher Pein, wenn er sie plötzlich in enger Passage, wo kein Ausweichen möglich war, sich entgegenkommen sah. Dennoch kann man nicht sagen, daß er litt. Haupt und Herz waren ihm trunken, und seine Schritte folgten den Weisungen des Dämons, dem es Lust ist, des Menschen Vernunft und Würde unter seine Füße zu treten.
Irgendwo nahmen Tadzio und die Seinen dann wohl eine Gondel, und Aschenbach, den, während sie einstiegen, ein Vorbau, ein Brunnen verborgen gehalten hatte, tat, kurz, nachdem sie am Ufer abgestoßen, ein Gleiches. Er sprach hastig und gedämpft, wenn er den Ruderer, unter dem Versprechen eines reichlichen Trinkgeldes, anwies, jener Gondel, die eben dort um die Ecke biege, unauffällig in einigem Abstand zu folgen; und es überrieselte ihn, wenn der Mensch, mit der spitzbübischen Erbötigkeit eines Gelegenheitsmachers, ihm in demselben Tone versicherte, daß er bedient, daß er gewissenhaft bedient werden solle.
So glitt und schwankte er denn, in weiche, schwarze Kissen gelehnt, der anderen schwarzen, geschnabelten Barke

nach, an deren Spur die Passion ihn fesselte. Zuweilen entschwand sie ihm: dann fühlte er Kummer und Unruhe. Aber sein Führer, als sei er in solchen Aufträgen wohl geübt, wußte ihm stets durch schlaue Manöver, durch rasche Querfahrten und Abkürzungen das Begehrte wieder vor Augen zu bringen. Die Luft war still und riechend, schwer brannte die Sonne durch den Dunst, der den Himmel schieferig färbte. Wasser schlug glucksend gegen Holz und Stein. Der Ruf des Gondoliers, halb Warnung, halb Gruß, ward fernher aus der Stille des Labyrinths nach sonderbarer Übereinkunft beantwortet. Aus kleinen, hochliegenden Gärten hingen Blütendolden, weiß und purpurn, nach Mandeln duftend, über morsches Gemäuer. Arabische Fensterumrahmungen bildeten sich im Trüben ab. Die Marmorstufen einer Kirche stiegen in die Flut; ein Bettler, darauf kauernd, sein Elend beteuernd, hielt seinen Hut hin und zeigte das Weiße der Augen, als sei er blind; ein Altertumshändler, vor seiner Spelunke, lud den Vorüberziehenden mit kriechenden Gebärden zum Aufenthalt ein, in der Hoffnung, ihn zu betrügen. Das war Venedig, die schmeichlerische und verdächtige Schöne, – diese Stadt, halb Märchen, halb Fremdenfalle, in deren fauliger Luft die Kunst einst schwelgerisch aufwucherte und welche den Musikern Klänge eingab, die wiegen und buhlerisch einlullen. Dem Abenteuernden war es, als tränke sein Auge dergleichen Üppigkeit, als würde sein Ohr von solchen Melodien umworben; er erinnerte sich auch, daß die Stadt krank sei und es aus Gewinnsucht verheimliche, und er spähte ungezügelter aus nach der voranschwebenden Gondel.

So wußte und wollte denn der Verwirrte nichts anderes mehr, als den Gegenstand, der ihn entzündete, ohne Unterlaß zu verfolgen, von ihm zu träumen, wenn er abwesend war, und nach der Weise der Liebenden seinem bloßen Schattenbild zärtliche Worte zu geben. Einsamkeit,

Fremde und das Glück eines späten und tiefen Rausches ermutigten und überredeten ihn, sich auch das Befremdlichste ohne Scheu und Erröten durchgehen zu lassen, wie es denn vorgekommen war, daß er, spätabends von Venedig heimkehrend, im ersten Stock des Hotels an des Schönen Zimmertür haltgemacht, seine Stirn in völliger Trunkenheit an die Angel der Tür gelehnt und sich lange von dort nicht zu trennen vermocht hatte, auf die Gefahr, in einer so wahnsinnigen Lage ertappt und betroffen zu werden.

Dennoch fehlte es nicht an Augenblicken des Innehaltens und der halben Besinnung. Auf welchen Wegen! dachte er dann mit Bestürzung. Auf welchen Wegen! Wie jeder Mann, dem natürliche Verdienste ein aristokratisches Interesse für seine Abstammung einflößen, war er gewohnt, bei den Leistungen und Erfolgen seines Lebens der Vorfahren zu gedenken, sich ihrer Zustimmung, ihrer Genugtuung, ihrer notgedrungenen Achtung im Geist zu versichern. Er dachte hier auch jetzt und hier, verstrickt in ein so unstatthaftes Erlebnis, begriffen in so exotischen Ausschweifungen des Gefühls, gedachte der haltungsvollen Strenge, der anständigen Männlichkeit ihres Wesens und lächelte schwermütig. Was würden sie sagen? Aber freilich, was hätten sie zu seinem ganzen Leben gesagt, das von dem ihren so bis zur Entartung abgewichen war, zu diesem Leben im Banne der Kunst, über das er selbst einst, im Bürgersinne der Väter, so spöttische Jünglingserkenntnisse hatte verlauten lassen und das dem ihren im Grunde so ähnlich gewesen war! Auch er hatte gedient, auch er war Soldat und Kriegsmann gewesen, gleich manchem von ihnen, – denn die Kunst war ein Krieg, ein aufreibender Kampf, für welchen man heute nicht lange taugte. Ein Leben der Selbstüberwindung und des Trotzdem, ein herbes, standhaftes und enthaltsames Leben, das er zum Sinnbild für einen zarten und zeitgemäßen Herois-

mus gestaltet hatte, – wohl durfte er es männlich, durfte es tapfer nennen, und es wollte ihm scheinen, als sei der Eros, der sich seiner bemeistert, einem solchen Leben auf irgendeine Weise besonders gemäß und geneigt. Hatte er nicht bei den tapfersten Völkern vorzüglich in Ansehen gestanden, ja, hieß es nicht, daß er durch Tapferkeit in ihren Städten geblüht habe? Zahlreiche Kriegshelden der Vorzeit hatten willig sein Joch getragen, denn gar keine Erniedrigung galt, die der Gott verhängte, und Taten, die als Merkmale der Feigheit wären gescholten worden, wenn sie um anderer Zwecke willen geschehen wären: Fußfälle, Schwüre, inständige Bitten und sklavisches Wesen, solche gereichten dem Liebenden nicht zur Schande, sondern er erntete vielmehr noch Lob dafür.
So war des Betörten Denkweise bestimmt, so suchte er sich zu stützen, seine Würde zu wahren. Aber zugleich wandte er beständig eine spürende und eigensinnige Aufmerksamkeit den unsauberen Vorgängen im Inneren Venedigs zu, jenem Abenteuer der Außenwelt, das mit dem seines Herzens dunkel zusammenfloß und seine Leidenschaft mit unbestimmten, gesetzlosen Hoffnungen nährte. Versessen darauf, Neues und Sicheres über Stand und Fortschritt des Übels zu erfahren, durchstöberte er in den Kaffeehäusern der Stadt die heimatlichen Blätter, da sie vom Lesetisch der Hotelhalle seit mehreren Tagen verschwunden waren. Behauptungen und Widerrufe wechselten darin. Die Zahl der Erkrankungs-, der Todesfälle sollte sich auf zwanzig, auf vierzig, ja hundert und mehr belaufen, und gleich darauf wurde jedes Auftreten der Seuche, wenn nicht rundweg in Abrede gestellt, so doch auf völlig vereinzelte, von außen eingeschleppte Fälle zurückgeführt. Warnende Bedenken, Proteste gegen das gefährliche Spiel der welschen Behörden waren eingestreut. Gewißheit war nicht zu erlangen.
Dennoch war sich der Einsame eines besonderen Anrech-

tes bewußt, an dem Geheimnis teilzuhaben, und gleichwohl ausgeschlossen, fand er eine bizarre Genugtuung darin, die Wissenden mit verfänglichen Fragen anzugehen und die zum Schweigen verbündet waren, zur ausdrücklichen Lüge zu nötigen. Eines Tages beim Frühstück im großen Speisesaal stellte er so den Geschäftsführer zur Rede, jenen kleinen, leise auftretenden Menschen im französischen Gehrock, der sich grüßend und beaufsichtigend zwischen den Speisenden bewegte und auch an Aschenbachs Tischchen zu einigen Plauderworten haltmachte. Warum man denn eigentlich, fragte der Gast in lässiger und beiläufiger Weise, warum in aller Welt man seit einiger Zeit Venedig desinfiziere? – »Es handelt sich«, antwortete der Schleicher, »um eine Maßnahme der Polizei, bestimmt, allerlei Unzuträglichkeiten oder Störungen der öffentlichen Gesundheit, welche durch die brütende und ausnehmend warme Witterung erzeugt werden möchten, pflichtgemäß und beizeiten hintanzuhalten.« – »Die Polizei ist zu loben«, erwiderte Aschenbach; und nach Austausch einiger meteorologischer Bemerkungen empfahl sich der Manager.

Selbigen Tages noch, abends, nach dem Diner, geschah es, daß eine kleine Bande von Straßensängern aus der Stadt sich im Vorgarten des Gasthofes hören ließ. Sie standen, zwei Männer und zwei Weiber, an dem eisernen Mast einer Bogenlampe und wandten ihre weißbeschienenen Gesichter zur großen Terrasse empor, wo die Kurgesellschaft sich bei Kaffee und kühlenden Getränken die volkstümliche Darbietung gefallen ließ. Das Hotel-Personal, Liftboys, Kellner und Angestellte des Office, zeigte sich lauschend an den Türen zur Halle. Die russische Familie, eifrig und genau im Genuß, hatte sich Rohrstühle in den Garten hinabstellen lassen, um den Ausübenden näher zu sein, und saß dort dankbar im Halbkreise. Hinter der Herrschaft, in turbanartigem Kopftuch, stand ihre alte Sklavin.

Mandoline, Gitarre, Harmonika und eine quinkelierende Geige waren unter den Händen der Bettelvirtuosen in Tätigkeit. Mit instrumentalen Durchführungen wechselten Gesangsnummern, wie denn das jüngere der Weiber, scharf und quäkend von Stimme, sich mit dem süß falsettierenden Tenor zu einem verlangenden Liebesduett zusammentat. Aber als das eigentliche Talent und Haupt der Vereinigung zeigte sich unzweideutig der andere der Männer, Inhaber der Gitarre und im Charakter eine Art Bariton-Buffo, fast ohne Stimme dabei, aber mimisch begabt und von bemerkenswerter komischer Energie. Oftmals löste er sich, sein großes Instrument im Arm, von der Gruppe der anderen los und drang agierend gegen die Rampe vor, wo man seine Eulenspiegeleien mit aufmunterndem Lachen belohnte. Namentlich die Russen, in ihrem Parterre, zeigten sich entzückt über soviel südliche Beweglichkeit und ermutigten ihn durch Beifall und Zurufe, immer kecker und sicherer aus sich herauszugehen.

Aschenbach saß an der Balustrade und kühlte zuweilen die Lippen mit dem Gemisch aus Granatapfelsaft und Soda, das vor ihm rubinrot im Glase funkelte. Seine Nerven nahmen die duldenden Klänge, die vulgären und schmachtenden Melodien begierig auf, denn die Leidenschaft lähmt den wählerischen Sinn und läßt sich allen Ernstes mit Reizen ein, welche die Nüchternheit humoristisch aufnehmen oder unwillig ablehnen würde. Seine Züge waren durch die Sprünge des Gauklers zu einem fix gewordenen und schon schmerzenden Lächeln verrenkt. Er saß lässig da, während eine äußerste Aufmerksamkeit sein Inneres spannte; denn sechs Schritte von ihm lehnte Tadzio am Steingeländer.

Er stand dort in dem weißen Gürtelanzug, den er zuweilen zur Hauptmahlzeit anlegte, in unvermeidlicher und anerschaffener Grazie, den linken Unterarm auf der Brüstung, die Füße gekreuzt, die rechte Hand in der tragenden Hüfte, und blickte mit einem Ausdruck, der kaum ein Lächeln, nur eine entfernte Neugier, ein höfliches Entgegennehmen war, zu den Bänkelsängern hinab. Manchmal richtete er sich gerade auf und zog, indem er die Brust dehnte, mit einer schönen Bewegung beider Arme den weißen Kittel durch den Ledergürtel hinunter. Manchmal aber auch, und der Alternde gewahrte es mit Triumph, mit einem Taumeln seiner Vernunft und auch mit Entsetzen, wandte er zögernd und behutsam oder auch rasch und plötzlich, als gelte er eine Überrumpelung, den Kopf über die linke Schulter gegen den Platz seines Liebhabers. Er fand nicht dessen Augen, denn eine schmähliche Besorgnis zwang den Verirrten, seine Blicke ängstlich im Zaum zu halten. Im Hintergrund der Terrasse saßen die Frauen, die Tadzio behüteten, und es war dahin gekommen, daß der Verliebte fürchten mußte, auffällig geworden und beargwöhnt zu sein. Ja, mit einer Art von Erstarrung hatte er mehrmals, am Strande, in der Hotelhalle und auf Piazza San Marco, zu bemerken gehabt, daß man Tadzio aus seiner Nähe zurückrief, ihn von ihm fernzuhalten bedacht war – und eine furchtbare Beleidigung daraus entnehmen müssen, unter der sein Stolz sich in unbekannten Qualen wand und welche von sich zu weisen sein Gewissen ihn hinderte.

Unterdessen hatte der Gitarrist zu eigener Begleitung ein Solo begonnen, einen mehrstrophigen, eben in ganz Italien florierenden Gassenhauer, in dessen Kehrreim seine Gesellschaft jedesmal mit Gesang und sämtlichem Musikzeug einfiel und den er auf eine plastisch-dramatische Art zum Vortrag zu bringen wußte. Schmächtig gebaut und auch von Antlitz mager und ausgemergelt, stand er, abgetrennt von den Seinen, den schäbigen Filz im Nacken, so daß ein Wulst seines roten Haars unter der Krempe hervorquoll, in einer Haltung von frecher Bravour auf dem

Kies und schleuderte zum Schollern der Saiten in eindringlichem Sprechgesang seine Späße zur Terrasse empor, indes vor produzierender Anstrengung die Adern auf seiner Stirn schwollen. Er schien nicht venezianischen Schlages, vielmehr von der Rasse der neapolitanischen Komiker, halb Zuhälter, halb Komödiant, brutal und verwegen, gefährlich und unterhaltend. Sein Lied, lediglich albern dem Wortlaute nach, gewann in seinem Munde, durch sein Mienenspiel, seine Körperbewegungen, seine Art, andeutend zu blinzeln und die Zunge schlüpfrig im Mundwinkel spielen zu lassen, etwas Zweideutiges, unbestimmt Anstößiges. Dem weichen Kragen des Sporthemdes, das er zu übrigens städtischer Kleidung trug, entwuchs sein hagerer Hals mit auffallend groß und nackt wirkendem Adamsapfel. Sein bleiches, stumpfnäsiges Gesicht, aus dessen bartlosen Zügen schwer auf sein Alter zu schließen war, schien durchpflügt von Grimassen und Laster, und sonderbar wollten zum Grinsen seines beweglichen Mundes die beiden Furchen passen, die trotzig, herrisch, fast wild zwischen seinen rötlichen Brauen standen. Was jedoch des Einsamen tiefe Achtsamkeit eigentlich auf ihn lenkte, war die Bemerkung, daß die verdächtige Figur auch ihre eigene verdächtige Atmosphäre mit sich zu führen schien. Jedesmal nämlich, wenn der Refrain wieder einsetzte, unternahm der Sänger unter Faxen und grüßendem Handschütteln einen grotesken Rundmarsch, der ihn unmittelbar unter Aschenbachs Platz vorüberführte, und jedesmal, wenn das geschah, wehte, von seinen Kleidern, seinem Körper ausgehend, ein Schwaden starken Karbolgeruchs zur Terrasse empor.

Nach geendigtem Couplet begann er, Geld einzuziehen. Er fing bei den Russen an, die man bereitwillig spenden sah, und kam dann die Stufen herauf. So frech er sich bei der Produktion benommen, so demütig zeigte er sich hier oben. Katzbuckelnd, unter Kratzfüßen schlich er zwischen den Tischen umher, und ein Lächeln tückischer Unterwürfigkeit entblößte seine starken Zähne, während doch immer noch die beiden Furchen drohend zwischen seinen roten Brauen standen. Man musterte das fremdartige, seinen Unterhalt einsammelnde Wesen mit Neugier und einigem Abscheu, man warf mit spitzen Fingern Münzen in seinen Filz und hütete sich, ihn zu berühren. Die Aufhebung der physischen Distanz zwischen dem Komödianten und den Anständigen erzeugt, und war das Vermögen noch so groß, stets eine gewisse Verlegenheit. Er fühlte sie und suchte, sich durch Kriecherei zu entschuldigen. Er kam zu Aschenbach und mit ihm der Geruch, über den niemand ringsum sich Gedanken zu machen schien.

»Höre!« sagte der Einsame, gedämpft und fast mechanisch. »Man desinfiziert Venedig. Warum?« – Der Spaßmacher antwortete heiser. »Von wegen der Polizei! Das ist Vorschrift, mein Herr, bei solcher Hitze und bei Scirocco. Der Scirocco drückt. Es ist der Gesundheit nicht zuträglich...« Er sprach wie verwundert darüber, daß man dergleichen fragen könne, und demonstrierte mit der flachen Hand, wie sehr der Scirocco drücke. – »Es ist also kein Übel in Venedig?« fragte Aschenbach sehr leise und zwischen den Zähnen. – Die muskulösen Züge des Possenreißers fielen in eine Grimasse komischer Ratlosigkeit. »Ein Übel? Aber was für ein Übel? Ist der Scirocco ein Übel? Ist vielleicht unsere Polizei ein Übel? Sie belieben zu scherzen! Ein Übel! Warum nicht gar! Eine vorbeugende Maßregel, verstehen Sie doch! Eine polizeiliche Anordnung gegen die Wirkungen der drückenden Witterung...« Er gestikulierte. – »Es ist gut«, sagte Aschenbach wiederum kurz und leise und ließ rasch ein ungebührlich bedeutendes Geldstück in den Hut fallen. Dann winkte er dem Menschen mit den Augen, zu gehen. Er gehorchte grinsend, unter Bücklingen. Aber er hatte noch nicht die Treppe erreicht, als zwei Hotel-Angestellte sich auf ihn warfen und ihn, ihre

Gesichter dicht an dem seinen, in ein geflüstertes Kreuzverhör nahmen. Er zuckte die Achseln, er gab Beteuerungen, er schwor, verschwiegen gewesen zu sein; man sah es. Entlassen, kehrte er in den Garten zurück, und nach einer kurzen Verabredung mit den Seinen unter der Bogenlampe trat er zu einem Dank- und Abschiedsliede noch einmal vor.

Es war ein Lied, das jemals gehört zu haben der Einsame sich nicht erinnerte; ein dreister Schlager in unverständlichem Dialekt und ausgestattet mit einem Lach-Refrain, in den die Bande regelmäßig aus vollem Halse einfiel. Es hörten hierbei sowohl die Worte wie auch die Begleitung der Instrumente auf, und nichts blieb übrig als ein rhythmisch irgendwie geordnetes, aber sehr natürlich behandeltes Lachen, das namentlich der Solist mit großem Talent zu täuschendster Lebendigkeit zu gestalten wußte. Er hatte bei wiederhergestelltem künstlerischen Abstand zwischen ihm und den Herrschaften seine ganze Frechheit wiedergefunden, und sein Kunstlachen, unverschämt zur Terrasse emporgesandt, war Hohngelächter. Er schluchzte, seine Stimme schwankte, er preßte die Hand gegen den Mund, er verzog die Schultern, und im gegebenen Augenblick brach, heulte und platzte das unbändige Lachen aus ihm hervor, mit solcher Wahrheit, daß es ansteckend wirkte und sich den Zuhörern mitteilte, daß auch auf der Terrasse eine gegenstandslose und nur von sich selbst lebende Heiterkeit um sich griff. Dies aber eben schien des Sängers Ausgelassenheit zu verdoppeln. Er beugte die Knie, er schlug die Schenkel, er hielt sich die Seiten, er wollte sich ausschütten, er lachte nicht mehr, er schrie; er wies mit dem Finger hinauf, als gäbe es nichts Komischeres als die lachende Gesellschaft dort oben, und endlich lachte denn alles im Garten und auf der Veranda, bis zu Kellnern, Liftboys und Hausdienern in den Türen.

Aschenbach ruhte nicht mehr im Stuhl, er saß aufgerichtet wie zum Versuche der Abwehr oder Flucht. Aber das Gelächter, der heraufwehende Hospitalgeruch und die Nähe des Schönen verwoben sich ihm zu einem Traumbann, der unzerreißbar und unentrinnbar sein Haupt, seinen Sinn umfangen hielt. In der allgemeinen Bewegung und Zerstreuung wagte er es, zu Tadzio hinüberzublikken, und indem er es tat, durfte er bemerken, daß der Schöne, in Erwiderung seines Blickes, ebenfalls ernst blieb, ganz so, als richte er Verhalten und Miene nach der des anderen und als vermöge die allgemeine Stimmung nichts über ihn, da jener sich ihr entzog. Diese kindliche und beziehungsvolle Folgsamkeit hatte etwas so Entwaffnendes, Überwältigendes, daß der Grauhaarige sich mit Mühe enthielt, sein Gesicht in den Händen zu verbergen. Auch hatte es ihm geschienen, als bedeute Tadzio's gelegentliches Sichaufrichten und Aufatmen ein Seufzen, eine Beklemmung der Brust. ›Er ist kränklich, er wird wahrscheinlich nicht alt werden‹, dachte er wiederum mit jener Sachlichkeit, zu welcher Rausch und Sehnsucht bisweilen sich sonderbar emanzipieren; und reine Fürsorge zugleich mit einer ausschweifenden Genugtuung erfüllte sein Herz.

Die Venezianer unterdessen hatten geendigt und zogen ab. Beifall begleitete sie, und ihr Anführer versäumte nicht, noch seinen Abgang mit Späßen auszuschmücken. Seine Kratzfüße, seine Kußhände wurden belacht, und er verdoppelte sie daher. Als die Seinen schon draußen waren, tat er noch, als renne er rückwärts empfindlich gegen einen Lampenmast, und schlich scheinbar krumm vor Schmerzen zur Pforte. Dort endlich warf er auf einmal die Maske des komischen Pechvogels ab, richtete sich, ja schnellte elastisch auf, bleckte den Gästen auf der Terrasse frech die Zunge heraus und schlüpfte ins Dunkel. Die Badegesellschaft verlor sich; Tadzio stand längst nicht mehr an der Balustrade. Aber der Einsame saß noch lange, zum Befremden der Kellner, bei dem Rest seines Granatapfel-Getränks an seinem Tischchen. Die Nacht schritt vor, die Zeit zerfiel. Im Hause seiner Eltern, vor vielen Jahren, hatte es eine Sanduhr gegeben, – er sah das gebrechliche und bedeutende Gerätchen auf einmal wieder, als stünde es vor ihm. Lautlos und fein rann der rostrot gefärbte Sand durch die gläserne Enge, und da er in der oberen Höhlung zur Neige ging, hatte sich dort ein kleiner, reißender Strudel gebildet.

Schon am folgenden Tage, nachmittags, tat der Starrsinnige einen neuen Schritt zur Versuchung der Außenwelt, und diesmal mit allem möglichen Erfolge. Er trat nämlich vom Markusplatz in das dort gelegene englische Reisebureau, und nachdem er an der Kasse einiges Geld gewechselt, richtete er mit der Miene des mißtrauischen Fremden an den ihn bedienenden Clerk seine fatale Frage. Es war ein wollig gekleideter Brite, noch jung, mit in der Mitte geteiltem Haar, nahe beieinanderliegenden Augen und von jener gesetzten Loyalität des Wesens, die im spitzbübisch behenden Süden so fremd, so merkwürdig anmutet. Er fing an: »Kein Grund zur Besorgnis, Sir. Eine Maßregel ohne ernste Bedeutung. Solche Anordnungen werden häufig getroffen, um gesundheitsschädlichen Wirkungen der Hitze und des Sciroccos vorzubeugen ...« Aber seine blauen Augen aufschlagend, begegnete er dem Blicke des Fremden, einem müden und etwas traurigen Blick, der mit leichter Verachtung auf seine Lippen gerichtet war. Da errötete der Engländer. »Dies ist«, fuhr er halblaut und in einiger Bewegung fort, »die amtliche Erklärung, auf der zu bestehen man hier für gut befindet. Ich werde Ihnen sagen, daß noch etwas anderes dahintersteckt.« Und dann sagte er in seiner redlichen und bequemen Sprache die Wahrheit.

Seit mehreren Jahren schon hatte die indische Cholera

eine verstärkte Neigung zur Ausbreitung und Wanderung an den Tag gelegt. Erzeugt aus den warmen Morästen des Ganges-Deltas, aufgestiegen mit dem mephitischen Odem jener üppig-untauglichen, von Menschen gemiedenen Urwelt- und Inselwildnis, in deren Bambusdikkichten der Tiger kauert, hatte die Seuche in ganz Hindustan andauernd und ungewöhnlich heftig gewütet, hatte östlich nach China, westlich nach Afghanistan und Persien übergegriffen und, den Hauptstraßen des Karawanenverkehrs folgend, ihre Schrecken bis Astrachan, ja selbst bis Moskau getragen. Aber während Europa zitterte, das Gespenst möchte von dort aus und zu Lande seinen Einzug halten, war es, von syrischen Kauffahrern übers Meer verschleppt, fast gleichzeitig in mehreren Mittelmeerhäfen aufgetaucht, hatte in Toulon und Malaga sein Haupt erhoben, in Palermo und Neapel mehrfach seine Maske gezeigt und schien aus ganz Kalabrien und Apulien nicht mehr weichen zu wollen. Der Norden der Halbinsel war verschont geblieben. Jedoch Mitte Mai dieses Jahres fand man zu Venedig an ein und demselben Tag die furchtbaren Vibrionen in den ausgemergelten, schwärzlichen Leichnamen eines Schifferknechtes und einer Grünwarenhändlerin. Die Fälle wurden verheimlicht. Aber nach einer Woche waren es deren zehn, waren es zwanzig, dreißig, und zwar in verschiedenen Quartieren. Ein Mann aus der österreichischen Provinz, der sich zu seinem Vergnügen einige Tage in Venedig aufgehalten, starb, in sein Heimatstädtchen zurückgekehrt, unter unzweideutigen Anzeichen, und so kam es, daß die ersten Gerüchte von der Heimsuchung der Lagunenstadt in deutsche Tagesblätter gelangten. Venedigs Obrigkeit ließ antworten, daß die Gesundheitsverhältnisse der Stadt nie besser gewesen seien, und traf die notwendigsten Maßregeln zur Bekämpfung. Aber wahrscheinlich waren Nahrungsmittel infiziert worden, Gemüse, Fleisch oder

Milch, denn geleugnet und vertuscht fraß das Sterben in der Enge der Gäßchen um sich, und die vorzeitig eingefallene Sommerhitze, welche das Wasser der Kanäle laulich erwärmte, war der Verbreitung besonders günstig. Ja, es schien, als ob die Seuche eine Neubelebung ihrer Kräfte erfahren, als ob die Tenazität und Fruchtbarkeit ihrer Erreger sich verdoppelt hätte. Fälle der Genesung waren selten; achtzig vom Hundert der Befallenen starben, und zwar auf entsetzliche Weise, denn das Übel trat mit äußerster Wildheit auf und zeigte häufig jene gefährlichste Form, welche »die trockene« benannt ist. Hierbei vermochte der Körper das aus den Blutgefäßen massenhaft abgesonderte Wasser nicht einmal auszutreiben. Binnen weniger Stunden verdorrte der Kranke und erstickte am pechartig zähe gewordenen Blut unter Krämpfen und heiseren Klagen. Wohl ihm, wenn, was zuweilen geschah, der Ausbruch nach leichtem Übelbefinden in Gestalt einer tiefen Ohnmacht erfolgte, aus der er nicht mehr oder kaum noch erwachte. Anfang Juni füllten sich in der Stille die Isolierbaracken des Ospedale civico, in den beiden Waisenhäusern begann es am Platz zu mangeln, und ein schauerlich reger Verkehr herrschte zwischen dem Quai der neuen Fundamente und San Michele, der Friedhofsinsel. Aber die Furcht vor allgemeiner Schädigung, die Rücksicht auf die kürzlich eröffnete Gemäldeausstellung in den öffentlichen Gärten, auf die gewaltigen Ausfälle, von denen im Falle der Panik und des Verrufes die Hotels, die Geschäfte, das ganze vielfältige Fremdengewerbe bedroht waren, zeigten sich mächtiger in der Stadt als Wahrheitsliebe und Achtung vor internationalen Abmachungen; sie vermochte die Behörde, ihre Politik des Verschweigens und des Ableugnens hartnäckig aufrechtzuerhalten. Der oberste Medizinalbeamte Venedigs, ein verdienter Mann, war entrüstet von seinem Posten zurückgetreten und unterderhand durch eine gefügigere Persönlichkeit ersetzt worden. Das Volk wußte das; und die Korruption der Oberen zusammen mit der herrschenden Unsicherheit, dem Ausnahmezustand, in welchen der umgehende Tod die Stadt versetzte, brachte eine gewisse Entsittlichung der unteren Schichten hervor, eine Ermutigung lichtscheuer und antisozialer Triebe, die sich in Unmäßigkeit, Schamlosigkeit und wachsender Kriminalität bekundete. Gegen die Regel bemerkte man abends viele Betrunkene; bösartiges Gesindel machte, so hieß es, nachts die Straßen unsicher; räuberische Anfälle und selbst Mordtaten wiederholten sich, denn schon zweimal hatte sich erwiesen, daß angeblich der Seuche zum Opfer gefallene Personen vielmehr von ihren eigenen Anverwandten mit Gift aus dem Leben geräumt worden waren; und die gewerbsmäßige Liederlichkeit nahm aufdringliche und ausschweifende Formen an, wie sie sonst hier nicht bekannt und nur im Süden des Landes und im Orient zu Hause gewesen waren.

Von diesen Dingen sprach der Engländer das Entscheidende aus. »Sie täten gut«, schloß er, »lieber heute als morgen zu reisen. Länger als ein paar Tage noch kann die Verhängung der Sperre kaum auf sich warten lassen.« – »Danke Ihnen«, sagte Aschenbach und verließ das Amt.

Der Platz lag in sonnenloser Schwüle. Unwissende Fremde saßen vor den Cafés oder standen, ganz von Tauben bedeckt, vor der Kirche und sahen zu, wie die Tiere, wimmelnd, flügelschlagend, einander verdrängend, nach den in hohlen Händen dargebotenen Maiskörnern pickten. In fiebriger Erregung, triumphierend im Besitze der Wahrheit, einen Geschmack von Ekel dabei auf der Zunge und ein phantastisches Grauen im Herzen, schritt der Einsame die Fliesen des Prachthofes auf und nieder. Er erwog eine reinigende und anständige Handlung. Er konnte heute abend nach dem Diner der perlengeschmückten

Frau sich nähern und zu ihr sprechen, was er wörtlich entwarf: ›Gestatten Sie dem Fremden, Madame, Ihnen mit einem Rat, einer Warnung zu dienen, die der Eigennutz Ihnen vorenthält. Reisen Sie ab, sogleich, mit Tadzio und Ihren Töchtern! Venedig ist verseucht.‹ Er konnte dann dem Werkzeug einer höhnischen Gottheit zum Abschied die Hand aufs Haupt legen, sich wegwenden und diesem Sumpfe entfliehen. Aber er fühlte zugleich, daß er unendlich weit entfernt war, einen solchen Schritt im Ernste zu wollen. Er würde ihn zurückführen, würde ihn sich selber wiedergeben; aber wer außer sich ist, verabscheut nichts mehr, als wieder in sich zu gehen. Er erinnerte sich eines weißen Bauwerks, geschmückt mit abendlich gleißenden Inschriften, in deren durchscheinender Mystik das Auge seines Geistes sich verloren hatte; jener seltsamen Wanderergestalt sodann, die dem Alternden schweifende Jünglingssehnsucht ins Weite und Fremde erweckt hatte; und der Gedanke an Heimkehr, an Besonnenheit, Nüchternheit, Mühsal und Meisterschaft widerte ihn in solchem Maße, daß sein Gesicht sich zum Ausdruck physischer Übelkeit verzerrte. »Man soll schweigen!« flüsterte er heftig. Und: »Ich werde schweigen!« Das Bewußtsein seiner Mitwisserschaft, seiner Mitschuld berauschte ihn, wie geringe Mengen Weines ein müdes Hirn berauschen. Das Bild der heimgesuchten und verwahrlosten Stadt, wüst seinem Geiste vorschwebend, entzündete in ihm Hoffnungen, unfaßbar, die Vernunft überschreitend und von ungeheuerlicher Süßigkeit. Was war ihm das zarte Glück, von dem er vorhin einen Augenblick geträumt, verglichen mit diesen Erwartungen? Was galt ihm noch Kunst und Tugend gegenüber den Vorteilen des Chaos? Er schwieg und blieb.

In dieser Nacht hatte er einen furchtbaren Traum, – wenn man als Traum ein körperhaft-geistiges Erlebnis bezeichnen kann, das ihm zwar im tiefsten Schlaf und in völlig-

ster Unabhängigkeit und sinnlicher Gegenwart widerfuhr, aber ohne daß er sich außer den Geschehnissen im Raume wandelnd und anwesend sah; sondern ihr Schauplatz war vielmehr seine Seele selbst, und sie brachen von außen herein, seinen Widerstand – einen tiefen und geistigen Widerstand – gewalttätig niederwerfend, gingen hindurch und ließen seine Existenz, ließen die Kultur seines Lebens verheert, vernichtet zurück.
Angst war der Anfang, Angst und Lust und eine entsetzte Neugier nach dem, was kommen wollte. Nacht herrschte, und seine Sinne lauschten; denn von weither näherte sich Getümmel, Getöse, ein Gemisch von Lärm: Rasseln, Schmettern und dumpfes Donnern, schrilles Jauchzen dazu und ein bestimmtes Geheul im gezogenen u-Laut, – alles durchsetzt und grauenhaft süß übertönt von tief girrendem, ruchlos beharrlichem Flötenspiel, welches auf schamlos zudringende Art die Eingeweide bezauberte. Aber er wußte ein Wort, dunkel, doch das benennend, was kam: *»Der fremde Gott!«* Qualmige Glut glomm auf: da erkannte er Bergland, ähnlich dem um sein Sommerhaus. Und in zerrissenem Licht, von bewaldeter Höhe, zwischen Stämmen und moosigen Felstrümmern wälzte es sich und stürzte wirbelnd herab: Menschen, Tiere, ein Schwarm, eine tobende Rotte, – und überschwemmte die Halde mit Leibern, Flammen, Tumult und taumelndem Rundtanz. Weiber, strauchelnd über zu lange Fellgewänder, die ihnen vom Gürtel hingen, schüttelten Schellentrommeln über ihren stöhnend zurückgeworfenen Häuptern, schwangen stiebende Fackelbrände und nackte Dolche, hielten züngelnde Schlangen in der Mitte des Leibes erfaßt oder trugen schreiend ihre Brüste in beiden Händen. Männer, Hörner über den Stirnen, mit Pelzwerk geschürzt und zottig von Haut, beugten die Nacken und hoben Arme und Schenkel, ließen eherne Becken erdröhnen und schlugen wütend auf Pauken,

während glatte Knaben mit umlaubten Stäben Böcke stachelten, an deren Hörner sie sich klammerten und von deren Sprüngen sie sich jauchzend schleifen ließen. Und die Begeisterten heulten den Ruf aus weichen Mitlauten und gezogenem u-Ruf am Ende, süß und wild zugleich wie kein jemals erhörter: – hier klang er auf, in die Lüfte geröhrt wie von Hirschen, und dort gab man ihn wieder, vielstimmig, in wüstem Triumph, hetzte einander damit zum Tanz und Schleudern der Glieder und ließ ihn niemals verstummen. Aber alles durchdrang und beherrschte der tiefe, lockende Flötenton. Lockte er nicht auch ihn, den widerstrebend Erlebenden, schamlos beharrlich zum Fest und Unmaß des äußersten Opfers? Groß war sein Abscheu, groß seine Furcht, redlich sein Wille, bis zuletzt das Seine zu schützen gegen den Fremden, den Feind des gefaßten und würdigen Geistes. Aber der Lärm, das Geheul, vervielfacht von hallender Bergwand, wuchs, nahm überhand, schwoll zu hinreißendem Wahnsinn. Dünste bedrängten den Sinn, der beizende Ruch der Böcke, Witterung keuchender Leiber und ein Hauch wie von faulenden Wassern, dazu ein anderer noch, vertraut: nach Wunden und umlaufender Krankheit. Mit den Paukenschlägen dröhnte sein Herz, sein Gehirn kreiste, Wut ergriff ihn, Verblendung, betäubende Wollust, und seine Seele begehrte, sich anzuschließen dem Reigen des Gottes. Das obszöne Symbol, riesig, aus Holz, ward enthüllt und erhöht: da heulten sie zügelloser die Losung. Schaum vor den Lippen, tobten sie, reizten einander mit geilen Gebärden und buhlenden Händen, lachend und ächzend, stießen die Stachelstäbe einander ins Fleisch und leckten das Blut von den Gliedern. Aber mit ihnen, in ihnen war der Träumende nun und dem fremden Gotte gehörig. Ja, sie waren er selbst, als sie reißend und mordend sich auf die Tiere hinwarfen und dampfende Fetzen verschlangen, als auf zerwühltem Moosgrund grenzenlose Vermischung begann, dem Gotte zum Opfer. Und seine Seele kostete Unzucht und Raserei des Unterganges.

Aus diesem Traum erwachte der Heimgesuchte entnervt, zerrüttet und kraftlos dem Dämon verfallen. Er scheute nicht mehr die beobachtenden Blicke der Menschen; ob er sich ihrem Verdacht aussetze, kümmerte ihn nicht. Auch flohen sie ja, reisten ab; zahlreiche Strandhütten standen leer, die Besetzung des Speisesaals wies größere Lücken auf, und in der Stadt sah man selten noch einen Fremden. Die Wahrheit schien durchgesickert, die Panik, trotz zähen Zusammenhaltens der Interessenten, nicht länger hintanzuhalten. Aber die Frau im Perlenschmuck blieb mit den Ihren, sei es, weil die Gerüchte nicht zu ihr drangen, oder weil sie zu stolz und furchtlos war, um ihnen zu weichen: Tadzio blieb; und jenem, in seiner Umfangenheit, war es zuweilen, als könne Flucht und Tod alles störende Leben in der Runde entfernen und er allein mit dem Schönen auf dieser Insel zurückbleiben, – ja, wenn vormittags am Meere sein Blick schwer, unverwandt auf dem Begehrten ruhte, wenn er bei sinkendem Tage durch Gassen, in denen verheimlichterweise das ekle Sterben umging, ihm unwürdig nachfolgte, so schien das Ungeheuerliche ihm aussichtsreich und hinfällig das Sittengesetz.

Wie irgendein Liebender wünschte er, zu gefallen, und empfand bittere Angst, daß es nicht möglich sein möchte. Er fügte seinem Anzuge jugendlich aufheiternde Einzelheiten hinzu, er legte Edelsteine an und benutzte Parfums, er brauchte mehrmals am Tage viel Zeit für seine Toilette und kam geschmückt, erregt und gespannt zu Tische. Angesichts der süßen Jugend, die es ihm angetan, ekelte ihn sein alternder Leib; der Anblick seines grauen Haares, seiner scharfen Gesichtszüge stürzte ihn in Scham und Hoffnungslosigkeit. Es trieb ihn, sich körperlich zu erquicken und wiederherzustellen; er besuchte häufig den Coiffeur des Hauses.

Im Frisiermantel, unter den pflegenden Händen des Schwätzers im Stuhle zurückgelehnt, betrachtete er gequälten Blickes sein Spiegelbild.

»Grau«, sagte er mit verzerrtem Munde.

»Ein wenig«, antwortete der Mensch. »Nämlich durch Schuld einer kleinen Vernachlässigung, einer Indifferenz in äußerlichen Dingen, die bei bedeutenden Personen begreiflich ist, die man aber doch nicht unbedingt loben kann, und zwar um so weniger, als gerade solchen Personen Vorurteile in Sachen des Natürlichen oder Künstlichen wenig angemessen sind. Würde sich die Sittenstrenge gewisser Leute gegenüber der kosmetischen Kunst logischerweise auch auf ihre Zähne erstrecken, so würden sie nicht wenig Anstoß erregen. Schließlich sind wir so alt, wie unser Geist, unser Herz sich fühlen, und graues Haar bedeutet unter Umständen eine wirklichere Unwahrheit, als die verschmähte Korrektur bedeuten würde. In Ihrem Falle, mein Herr, hat man ein Recht auf seine natürliche Haarfarbe. Sie erlauben mir, Ihnen die Ihrige einfach zurückzugeben?«

»Wie das?« fragte Aschenbach.

Da wusch der Beredte das Haar des Gastes mit zweierlei Wasser, einem klaren und einem dunklen, und es war schwarz wie in jungen Jahren. Er bog es hierauf mit der Brennschere in weiche Lagen, trat rückwärts und musterte das behandelte Haupt.

»Es wäre nun nur noch«, sagte er, »die Gesichtshaut ein wenig aufzufrischen.«

Und wie jemand, der nicht enden, sich nicht genugtun kann, ging er mit immer neu belebter Geschäftigkeit von einer Hantierung zur anderen über. Aschenbach, bequem ruhend, der Abwehr nicht fähig, hoffnungsvoll erregt vielmehr von dem, was geschah, sah im Glase seine

Brauen sich entschiedener und ebenmäßiger wölben, den Schnitt seiner Augen sich verlängern, ihren Glanz durch eine leichte Untermalung des Lides sich heben, sah weiter unten, wo die Haut bräunlich-ledern gewesen, weich aufgetragen, ein zartes Karmin erwachen, seine Lippen, blutarm soeben noch, himbeerfarben schwellen, die Furchen der Wangen, des Mundes, die Runzeln der Augen unter Creme und Jugendhauch verschwinden, – erblickte mit Herzklopfen einen blühenden Jüngling. Der Kosmetiker gab sich endlich zufrieden, indem er nach Art solcher Leute dem, den er bedient hatte, mit kriechender Höflichkeit dankte. »Eine unbedeutende Nachhilfe«, sagte er, indem er eine letzte Hand an Aschenbachs Äußeres legte. »Nun kann der Herr sich unbedenklich verlieben.« Der Berückte ging, traumglücklich, verwirrt und furchtsam. Seine Krawatte war rot, sein breitschattender Strohhut mit einem mehrfarbigen Bande umwunden.

Lauwarmer Sturmwind war aufgekommen; es regnete selten und spärlich, aber die Luft war feucht, dick und von Fäulnisdünsten erfüllt. Flattern, Klatschen und Sausen umgab das Gehör, und dem unter der Schminke Fiebernden schienen Windgeister üblen Geschlechts im Raume ihr Wesen zu treiben, unholdes Gevögel des Meers, das des Verurteilten Mahl zerwühlt, zernagt und mit Unrat schändet. Denn die Schwüle wehrte der Eßlust, und die Vorstellung drängte sich auf, daß die Speisen mit Ansteckungsstoffen vergiftet seien.

Auf den Spuren des Schönen hatte Aschenbach sich eines Nachmittags in das innere Gewirr der kranken Stadt vertieft. Mit versagendem Ortssinn, da die Gäßchen, Gewässer, Brücken und Plätzchen des Labyrinthes zu sehr einander gleichen, auch der Himmelsgegenden nicht mehr sicher, war er durchaus darauf bedacht, das sehnlich verfolgte Bild nicht aus den Augen zu verlieren, und, zu schmählicher Behutsamkeit genötigt, an Mauern gedrückt, hinter dem Rücken Vorangehender Schutz suchend, ward er sich lange nicht der Müdigkeit, der Erschöpfung bewußt, welche Gefühl und immerwährende Spannung seinem Körper, seinem Geiste zugefügt hatten. Tadzio ging hinter den Seinen, er ließ der Pflegerin und den nonnenähnlichen Schwestern in der Enge gewöhnlich den Vortritt, und einzeln schlendernd wandte er zuweilen das Haupt, um sich über die Schulter hinweg der Gefolgschaft seines Liebhabers mit einem Blick seiner eigentümlich dämmergrauen Augen zu versichern. Er sah ihn, und er verriet ihn nicht. Berauscht von dieser Erkenntnis, von diesen Augen vorwärts gelockt, am Narrenseile geleitet von der Passion, stahl der Verliebte sich seiner unziemlichen Hoffnung nach – und sah sich schließlich dennoch um ihren Anblick betrogen. Die Polen hatten eine kurz gewölbte Brücke überschritten, die Höhe des Bogens verbarg sie dem Nachfolgenden, und seinerseits hinaufgelangt, entdeckte er sie nicht mehr. Er forschte nach ihnen in drei Richtungen, geradeaus und nach beiden Seiten den schmalen und schmutzigen Quai entlang, vergebens. Entnervung, Hinfälligkeit nötigten ihn endlich, vom Suchen abzulassen.

Sein Kopf brannte, sein Körper war mit klebrigem Schweiß bedeckt, sein Genick zitterte, ein nicht mehr erträglicher Durst peinigte ihn, er sah sich nach irgendwelcher, nach augenblicklicher Labung um. Vor einem kleinen Gemüseladen kaufte er einige Früchte, Erdbeeren, überreife und weiche Ware, und aß im Gehen davon. Ein kleiner Platz, verlassen, verwunschen anmutend, öffnete sich vor ihm, er erkannte ihn, es war hier gewesen, wo er vor Wochen den vereitelten Fluchtplan gefaßt hatte. Auf den Stufen der Zisterne, inmitten des Ortes, ließ er sich niedersinken und lehnte den Kopf an das steinerne Rund. Es war still, Gras wuchs zwischen dem Pflaster, Abfälle lagen umher. Unter den verwitterten, unregelmäßig hohen Häusern in der Runde erschien eines palastartig, mit Spitzbogenfenstern, hinter denen die Leere wohnte, und kleinen Löwenbalkonen. Im Erdgeschoß eines anderen befand sich eine Apotheke. Warme Windstöße brachten zuweilen Karbolgeruch.

Er saß dort, der Meister, der würdig gewordene Künstler, der Autor des ›Elenden‹, der in so vorbildlich reiner Form dem Zigeunertum und der trüben Tiefe abgesagt, dem Abgrunde die Sympathie gekündigt und das Verworfene verworfen hatte, der Hochgestiegene, der, Überwinder seines Wissens und aller Ironie entwachsen, in die Verbindlichkeiten des Massenzutrauens sich gewöhnt hatte, er, dessen Ruhm amtlich, dessen Name geadelt war und an dessen Stil die Knaben sich zu bilden angehalten wurden, – er saß dort, seine Lider waren geschlossen, nur zuweilen glitt, rasch sich wieder verbergend, ein spöttischer und betretener Blick seitlich darunter hervor, und seine schlaffen Lippen, kosmetisch aufgehöht, bildeten einzelne Worte aus von dem, was sein halb schlummerndes Hirn an seltsamer Traumlogik hervorbrachte.

»Denn die Schönheit, Phaidros, merke das wohl, nur die Schönheit ist göttlich und sichtbar zugleich, und so ist sie denn also des Sinnlichen Weg, ist, kleiner Phaidros, der Weg des Künstlers zum Geiste. Glaubst du nun aber, mein Lieber, daß derjenige jemals Weisheit und wahre Manneswürde gewinnen könne, für den der Weg zum Geistigen durch die Sinne führt? Oder glaubst du vielmehr (ich stelle dir die Entscheidung frei), daß dies ein gefährlich-lieblicher Weg sei, wahrhaft ein Irr- und Sündenweg, der mit Notwendigkeit in die Irre leitet? Denn du mußt wissen, daß wir Dichter den Weg der Schönheit nicht gehen können, ohne daß Eros sich zugesellt und sich zum Führer aufwirft; ja mögen wir auch Helden auf unsere Art und züchtige Kriegsleute sein, so sind wir wie Weiber, denn Leidenschaft ist unsere Erhebung, und unsere Sehnsucht muß Liebe bleiben, – das ist unsere Lust und unsere Schande. Siehst du nun wohl, daß wir Dichter nicht weise noch würdig sein können? Daß wir notwendig in die Irre gehen, notwendig liederlich und Abenteurer des Gefühles bleiben? Die Meisterhaltung unseres Stiles ist Lüge und Narrentum, unser Ruhm und Ehrenstand eine Posse, das Vertrauen der Menge zu uns höchst lächerlich, Volks- und Jugenderziehung durch die Kunst ein gewagtes, zu verbietendes Unternehmen. Denn wie sollte wohl der zum Erzieher taugen, dem eine unverbesserliche und natürliche Richtung zum Abgrunde eingeboren ist? Wir möchten ihn wohl verleugnen und Würde gewinnen, aber wie wir uns wenden mögen, er zieht uns an. So sagen wir etwa der auflösenden Erkenntnis ab, denn die Erkenntnis, Phaidros, hat keine Würde und Strenge; sie ist wissend, verstehend, verzeihend, ohne Haltung und Form; sie hat Sympathie mit dem Abgrund, sie *ist* der Abgrund. Diese also verwerfen wir mit Entschlossenheit, und fortan gilt unser Trachten einzig der Schönheit, das will sagen der Einfachheit, Größe und neuen Strenge, der zweiten Unbefangenheit und der Form. Aber Form und Unbefangenheit, Phaidros, führen zum Rausch und zur Begierde, führen den Edlen vielleicht zu grauenhaftem Gefühlsfrevel, den seine eigene schöne Strenge als infam verwirft, führen zum Abgrund, zum Abgrund auch sie. Uns Dichter, sage ich, führen sie dahin, denn wir vermögen nicht, uns aufzuschwingen, wir vermögen nur auszuschweifen. Und nun gehe ich, Phaidros, bleibe du hier; und erst wenn du micht nicht mehr siehst, so gehe auch du.«

Einige Tage später verließ Gustav von Aschenbach, da er sich leidend fühlte, das Bäder-Hotel zu späterer Morgenstunde als gewöhnlich. Er hatte mit gewissen, nur halb körperlichen Schwindelanfällen zu kämpfen, die von einer heftig aufsteigenden Angst begleitet waren, einem Gefühl der Ausweg- und Aussichtslosigkeit, von dem nicht klar wurde, ob es sich auf die äußere Welt oder auf seine eigene Existenz bezog. In der Halle bemerkte er eine große Menge zum Transport bereitliegenden Gepäcks, fragte einen Türhüter, wer es sei, der reise, und erhielt zur Antwort den polnischen Adelsnamen, dessen er insgeheim gewärtig gewesen war. Er empfing ihn, ohne daß seine verfallenen Gesichtszüge sich verändert hätten, mit jener kurzen Hebung des Kopfes, mit der man etwas, was man nicht zu wissen brauchte, beiläufig zur Kenntnis nimmt, und fragte noch: »Wann?« Man antwortete ihm: »Nach dem Lunch.« Er nickte und ging zum Meere.

Es war unwirtlich dort. Über das weite, flache Gewässer, das den Strand von der ersten gestreckten Sandbank trennte, liefen kräuselnde Schauer von vorn nach hinten. Herbstlichkeit, Überlebtheit schien über dem einst so farbig belebten, nun fast verlassenen Lustorte zu liegen, dessen Sand nicht mehr reinlich gehalten wurde. Ein photographischer Apparat, scheinbar herrenlos, stand auf seinem dreibeinigen Stativ am Rande der See, und ein schwarzes Tuch, darübergebreitet, flatterte klatschend im kälteren Winde.

Tadzio, mit drei oder vier Gespielen, die ihm geblieben waren, bewegte sich zur Rechten vor der Hütte der Seinen, und, eine Decke über den Knien, etwa in der Mitte zwischen dem Meer und der Reihe der Strandhütten in seinem Liegestuhl ruhend, sah Aschenbach ihm noch einmal zu. Das Spiel, das unbeaufsichtigt war, denn die Frauen mochten mit Reisevorbereitungen beschäftigt sein, schien regellos und artete aus. Jener Stämmige, im Gürtelanzug und mit schwarzem, pomadisiertem Haar, der »Jaschu« gerufen wurde, durch einen Sandwurf ins

Gesicht gereizt und geblendet, zwang Tadzio zum Ringkampf, der rasch mit dem Fall des schwächeren Schönen endete. Aber als ob in der Abschiedsstunde das dienende Gefühl des Geringeren sich in grausame Realität verkehre und für eine lange Sklaverei Rache zu nehmen trachte, ließ der Sieger auch dann noch nicht von dem Unterlegenen ab, sondern drückte, auf seinem Rücken kniend, dessen Gesicht so anhaltend in den Sand, daß Tadzio, ohnedies vom Kampf außer Atem, zu ersticken drohte. Seine Versuche, den Lastenden abzuschütteln, waren krampfhaft, sie unterblieben auf Augenblicke ganz und wiederholten sich nur noch als ein Zucken. Entsetzt wollte Aschenbach zur Rettung aufspringen, als der Gewalttätige endlich sein Opfer freigab. Tadzio, sehr bleich, richtete sich zur Hälfte auf und saß, auf einen Arm gestützt, mehrere Minuten lang unbeweglich, mit verwirrtem Haar und dunkelnden Augen. Dann stand er vollends auf und entfernte sich langsam. Man rief ihn, anfänglich munter, dann bänglich und bittend; er hörte nicht. Der Schwarze, den Reue über seine Ausschreitung sogleich erfaßt haben mochte, holte ihn ein und suchte ihn zu versöhnen. Eine Schulterbewegung wies ihn zurück. Tadzio ging schräg hinunter zum Wasser. Er war barfuß und trug seinen gestreiften Leinenanzug mit roter Schleife.

Am Rande der Flut verweilte er sich, gesenkten Hauptes, mit einer Fußspitze Figuren im feuchten Sande zeichnend, und ging dann in die seichte Vorsee, die an ihrer tiefsten Stelle noch nicht seine Knie benetzte, durchschritt sie, lässig vordringend, und gelangte zur Sandbank. Dort stand er einen Augenblick, das Gesicht der Weite zugekehrt, und begann hierauf, die lange und schmale Strecke entblößten Grundes nach links hin langsam abzuschreiten. Vom Festlande geschieden durch breite Wasser, geschieden von den Genossen durch stolze Laune, wandelte er, eine höchst abgesonderte und verbindungslose Erscheinung, mit flatterndem Haar dort draußen im Meere, im Winde, vorm Nebelhaft-Grenzenlosen. Abermals blieb er zur Ausschau stehen. Und plötzlich, wie unter einer Erinnerung, einem Impuls, wandte er den Oberkörper, eine Hand in der Hüfte, in schöner Drehung aus seiner Grundpositur und blickte über die Schulter zum Ufer. Der Schauende dort saß, wie er einst gesessen, als zuerst, von jener Schwelle zurückgesandt, dieser dämmergraue Blick dem seinen begegnet war. Sein Haupt war an der Lehne des Stuhles langsam der Bewegung des draußen Schreitenden gefolgt; nun hob es sich, gleichsam dem Blicke entgegen, und sank auf die Brust, so daß seine Augen von unten sahen, indes sein Antlitz den schlaffen, innig versunkenen Ausdruck tiefen Schlummers zeigte. Ihm war aber, als ob der bleiche und liebliche Psychagog dort draußen ihm lächle, ihm winke; als ob er, die Hand aus der Hüfte lösend, hinausdeute, voranschwebe ins Verheißungsvoll-Ungeheure. Und, wie so oft, machte er sich auf, ihm zu folgen.

Minuten vergingen, bis man dem seitlich im Stuhle Hinabgesunkenen zu Hilfe eilte. Man brachte ihn auf sein Zimmer. Und noch desselben Tages empfing eine respektvoll erschütterte Welt die Nachricht von seinem Tode.

BIBLIOGRAPHISCHER NACHWEIS

Die Erstdrucke und ersten Buchveröffentlichungen

Die Hungernden. Studie. Erstmals in ›Die Zukunft‹, Berlin, Jg. 11, H. 17, 24. 1. 1903. Erste Buchveröffentlichung in ›Der kleine Herr Friedemann und andere Novellen‹, Berlin, S. Fischer Verlag [1909] (= Fischers Bibliothek zeitgenössischer Romane, Jg. 1, Bd. 6). Aufgenommen in ›Novellen‹, Bd. I, Berlin, S. Fischer Verlag 1922 (= Gesammelte Werke [in Einzelausgaben]), und in ›Erzählungen‹, Frankfurt am Main, S. Fischer Verlag 1958 (= Stockholmer Gesamtausgabe der Werke von Thomas Mann)

Tonio Kröger. Erstmals in ›Neue Deutsche Rundschau‹, Berlin, Jg. 14, H. 2, Februar 1903. Erste Buchveröffentlichungen in ›Tristan. Sechs Novellen‹, Berlin, S. Fischer Verlag 1903. Erste Buchausgabe: Berlin, S. Fischer Verlag 1903 (mit 18 Illustrationen und einer handkolorierten Einbandzeichnung von Erich M. Simon) (= Fischers Illustrierte Bücher, Bd. I). Aufgenommen in ›Novellen‹, Bd. II, Berlin, S. Fischer Verlag 1922 (= Gesammelte Werke [in Einzelausgaben]), und in ›Ausgewählte Erzählungen‹, Stockholm, Bermann-Fischer Verlag 1945 (= Stockholmer Gesamtausgabe der Werke von Thomas Mann), sowie in ›Erzählungen‹, Frankfurt am Main, S. Fischer Verlag (= Stockholmer Gesamtausgabe der Werke von Thomas Mann)

Ein Glück. Studie. Erstmals in ›Die Neue Rundschau‹, Berlin, Jg. 15, H. 1, Januar 1904. Erste Buchveröffentlichung in ›Das Wunderkind. Novellen‹, Berlin, S. Fischer Verlag [1914] (= Fischers Bibliothek zeitgenössischer Romane, Jg. 6, Bd. 6). Aufgenommen in ›Novellen‹, Bd. I, Berlin, S. Fischer Verlag 1922 (= Gesammelte Werke [in Einzelausgaben]), und in ›Erzählungen‹, Frankfurt am Main, S. Fischer Verlag 1958 (= Stockholmer Gesamtausgabe der Werke von Thomas Mann)

Das Wunderkind. Erstmals in ›Neue Freie Presse‹, Wien, Nr. 14, 25. 12. 1903. Erste Buchveröffentlichung in ›Das Wunderkind. Novellen‹, Berlin, S. Fischer Verlag [1914] (= Fischers Bibliothek zeitgenössischer Romane, Jg. 6, Bd. 6). Aufgenommen in ›Novellen‹, Bd. I, Berlin, S. Fischer Verlag 1922 (= Gesammelte Werke [in Einzelausgaben]), und in ›Ausgewählte Erzählungen‹, Stockholm, Bermann-Fischer Verlag 1945 (= Stockholmer Gesamtausgabe der Werke von Thomas Mann), sowie in ›Erzählungen‹, Frankfurt am Main, S. Fischer Verlag 1958 (= Stockholmer Gesamtausgabe der Werke von Thomas Mann)

Beim Propheten. Erstmals in ›Neue Freie Presse‹, Wien, 22. 5. 1904, Morgenblatt. Erste Buchveröffentlichung in ›Das Wunderkind. Novellen‹, Berlin, S. Fischer Verlag [1914] (= Fischers Bibliothek zeitgenössischer Romane, Jg. 6, Bd. 6). Aufgenommen in ›Novellen‹, Bd. I, Berlin, S. Fischer Verlag 1922 (= Gesammelte Werke [in Einzelausgaben]), und in ›Ausgewählte Erzählungen‹, Stockholm, Bermann-Fischer Verlag 1945 (= Stockholmer Gesamtausgabe der Werke von Thomas Mann), sowie in ›Erzählungen‹, Frankfurt am Main, S. Fischer Verlag 1958 (= Stockholmer Gesamtausgabe der Werke von Thomas Mann)

Schwere Stunde. Erstmals in ›Simplicissimus‹, München, Jg. 10, Nr. 6, 9. 5. 1905. Erste Buchveröffentlichung in ›Das Wunderkind. Novellen‹, Berlin, S. Fischer Verlag [1914] (= Fischers Bibliothek zeitgenössischer Romane, Jg. 6, Bd. 6) Aufgenommen in ›Novellen›, Bd. I, Berlin, S. Fischer Verlag 1922 (= Gesammelte Werke [in Einzelausgaben]), und in ›Ausgewählte Erzählungen‹, Stockholm, Bermann-Fischer Verlag 1945 (= Stockholmer Gesamtausgabe der Werke von Thomas Mann), sowie in ›Erzählungen‹, Frankfurt am Main, S. Fischer Verlag 1958 (= Stockholmer Gesamtausgabe der Werke von Thomas Mann)

Wälsungenblut. Erstmals gedruckt in ›Die Neue Rundschau‹, Berlin, Jg. 17, H. 1, Januar 1906; von Thomas Mann zurückgezogen. Erste Buchausgabe: München, Phantasus-Verlag 1921. (Mit 12 ganzseitigen und 20 kleineren Steinzeichnungen von Th. Th. Heine. – Diese Ausgabe erschien 1976 als fotomechanischer Nachdruck im S. Fischer Verlag, Frankfurt am Main.) Aufgenommen in ›Erzählungen‹, Frankfurt am Main, S. Fischer Verlag 1958 (= Stockholmer Gesamtausgabe der Werke von Thomas Mann)

Anekdote. Erstmals in ›März‹, München, Jg. 2, H. 11, 2. 6. 1908. Erste Buchveröffentlichung in ›Erzählungen‹, Frankfurt am Main, S. Fischer Verlag 1958 (= Stockholmer Gesamtausgabe der Werke von Thomas Mann)

Das Eisenbahnunglück. Erstmals in ›Neue Freie Presse‹, Wien, 6. 1. 1909. Erste Buchveröffentlichung in ›Der kleine Herr Friedemann und andere Novellen‹, Berlin, S. Fischer Verlag [1909] (= Fischers Bibliothek zeitgenössischer Romane, Jg. 1, Bd. 6). Aufgenommen in ›Novellen‹, Bd. I, Berlin, S. Fischer Verlag 1922 (= Gesammelte Werke [in Einzelausgaben]), und in ›Erzählungen‹, Frankfurt am Main, S. Fischer Verlag 1958 (= Stockholmer Gesamtausgabe der Werke von Thomas Mann)

Wie Jappe und Do Escobar sich prügelten. Erstmals in ›Süddeutsche Monatshefte‹, München, Jg. 8, H. 2, Februar 1911. Erste Buchveröffentlichung in ›Das Wunderkind. Novellen›, Berlin, S. Fischer Verlag [1914] (= Fischers Bibliothek zeitgenössischer Romane, Jg. 6, Bd. 6).

Aufgenommen in ›Novellen‹, Bd. I, Berlin, S. Fischer Verlag 1922 (= Gesammelte Werke [in Einzelausgaben]), und in ›Erzählungen‹, Frankfurt am Main, S. Fischer Verlag 1958 (= Stockholmer Gesamtausgabe der Werke von Thomas Mann)

Der Tod in Venedig. Erstmals in ›Die Neue Rundschau‹, Berlin, Jg. 23, H. 10, Oktober und November 1912. Erste Buchausgabe: München, Hyperionverlag Hans von Weber 1912. Aufgenommen in ›Novellen‹, Bd. II, Berlin, S. Fischer Verlag 1922 (= Gesammelte Werke [in Einzelausgaben]), und in ›Ausgewählte Erzählungen‹, Stockholm, Bermann-Fischer Verlag 1945 (= Stockholmer Gesamtausgabe der Werke von Thomas Mann), sowie in ›Erzählungen‹, Frankfurt am Main 1958 (= Stockholmer Gesamtausgabe der Werke von Thomas Mann)

Eine Inhalts-Übersicht
der 3 weiteren Taschenbücher von
Thomas Manns *Sämtlichen Erzählungen*

Band 9104 *Der Wille zum Glück und andere Erzählungen*
enthält die Erzählungen

Visionen
Gefallen
Der Wille zum Glück
Der Tod
Der kleine Herrr Friedemann
Enttäuschung
Der Bajazzo
Tobias Mindernickel
Luischen
Der Kleiderschrank
Gerächt
Der Weg zum Friedhof
Gladius Dei
Tristan

Band 9106 *Unordnung und frühes Leid und andere Erzählungen*
enthält die Erzählungen

Herr und Hund
Gesang vom Kindchen
Tristan und Isolde
Unordnung und frühes Leid
Mario und der Zauberer

Band 9107 *Die Betrogene und andere Erzählungen* enthält die Erzählungen

Die vertauschten Köpfe
Das Gesetz
Die Betrogene

Im Fischer Taschenbuch Verlag
liegen folgende Titel von Thomas Mann
in Einzelausgaben vor:

DIE ROMANE

Buddenbrooks
Verfall einer Familie
Band 661

Königliche Hoheit
Band 2

Bekenntnisse des Hochstaplers Felix Krull
Der Memoiren erster Teil
Band 639

Der Zauberberg
Band 800

Joseph und seine Brüder
Die Geschichten Jaakobs · Der junge Joseph
Joseph in Ägypten · Joseph, der Ernährer
Bände 1183, 1184, 1185

Lotte in Weimar
Band 300

Doktor Faustus
Das Leben des deutschen Tonsetzers Adrian Leverkühn
erzählt von einem Freunde
Band 1230

Die Entstehung des Doktor Faustus
Band 5779

Der Erwählte
Band 1532

DIE ERZÄHLUNGSBÄNDE

Der Tod in Venedig und andere Erzählungen
Band 54

Herr und Hund
Ein Idyll
Band 85

Wälsungenblut
Mit den Illustrationen von Th. Th. Heine
Band 5778

Tonio Kröger / Mario und der Zauberer
Band 1381

DIE ESSAYBÄNDE

Essays
Bd. 1: Ausgewählte Schriften zur Literatur.
Begegnungen mit Dichtern und Dichtung
In Zusammenarbeit mit Hunter Hannum herausgegeben
von Michael Mann
Bd. 2: Politische Reden und Schriften
Ausgewählt, eingeleitet und erläutert
von Hermann Kurzke
Bd. 3: Schriften über Musik und Philosophie
Ausgewählt, eingeleitet und erläutert
von Hermann Kurzke
Bände 1906, 1907, 1908

Goethe's Laufbahn als Schriftsteller
Zwölf Essays und Reden zu Goethe
Band 5715

Wagner und unsere Zeit
Aufsätze, Betrachtungen, Briefe
Herausgegeben von Erika Mann
Mit einem Geleitwort von Willi Schuh
Band 2534

DIE BRIEFBÄNDE

Thomas Mann. Briefwechsel mit seinem Verleger Gottfried Bermann Fischer 1932–1955
Herausgegeben von Peter de Mendelssohn
Band 1566

Briefe
1889–1936
1937–1947
1948–1955 und Nachlese
Herausgegeben von Erika Mann
Bände 2136, 2137, 2138

Thomas Mann. Eine Chronik seines Lebens
Zusammengestellt von Hans Bürgin
und Hans-Otto Mayer
Band 1470

THOMAS MANN
GESAMMELTE WERKE IN EINZELBÄNDEN
FRANKFURTER AUSGABE

Herausgegeben von Peter de Mendelssohn

Es sind erschienen

DOKTOR FAUSTUS
Das Leben des deutschen Tonsetzers Adrian Leverkühn erzählt von einem Freunde
Roman. 748 Seiten, davon 60 Seiten Nachbemerkungen des Herausgebers zur Werkgeschichte

DER ERWÄHLTE
Roman. 304 Seiten, davon 35 Seiten Nachbemerkungen des Herausgebers zur Werkgeschichte

BUDDENBROOKS
Verfall einer Familie
Roman. 816 Seiten, davon 38 Seiten Nachbemerkungen des Herausgebers zur Werkgeschichte

FRÜHE ERZÄHLUNGEN
718 Seiten, davon 52 Seiten Nachbemerkungen des Herausgebers zur Werkgeschichte

DER ZAUBERBERG
Roman. 1072 Seiten, davon 59 Seiten Nachbemerkungen des Herausgebers zur Werkgeschichte

SPÄTE ERZÄHLUNGEN
540 Seiten, davon 53 Seiten Nachbemerkungen des Herausgebers zur Werkgeschichte

LOTTE IN WEIMAR
Roman. 476 Seiten, davon 63 Seiten Nachbemerkungen des Herausgebers zur Werkgeschichte

LEIDEN UND GRÖSSE DER MEISTER
1200 Seiten, davon 109 Seiten Nachbemerkungen des Herausgebers zur Werkgeschichte

fi 210/1a

JOSEPH UND SEINE BRÜDER
DIE GESCHICHTEN JAAKOBS
Roman. 424 Seiten, davon 27 Seiten
Nachwort von Albert von Schirnding

DER JUNGE JOSEPH
Roman. 302 Seiten, davon 19 Seiten
Nachwort von Albert von Schirnding

JOSEPH IN ÄGYPTEN
Roman. 642 Seiten, davon 24 Seiten
Nachwort von Albert von Schirnding

JOSEPH, DER ERNÄHRER
Roman. 586 Seiten, davon 19 Seiten
Nachwort von Albert von Schirnding

BETRACHTUNGEN EINES UNPOLITISCHEN
614 Seiten, davon 18 Seiten
Nachwort von Hanno Helbling

ÜBER MICH SELBST
531 Seiten, davon 18 Seiten
Nachwort von Martin Gregor-Dellin

KÖNIGLICHE HOHEIT
Roman. 396 Seiten
Mit einem Nachwort von Albert von Schirnding

REDE UND ANTWORT
738 Seiten
Mit einem Nachwort von Helmut Koopmann

VON DEUTSCHER REPUBLIK
Politische Schriften und Reden in Deutschland
408 Seiten

BEKENNTNISSE DES HOCHSTAPLERS
FELIX KRULL
450 Seiten

AN DIE GESITTETE WELT
Politische Reden und Schriften im Exil
950 Seiten

DIE FORDERUNG DES TAGES
412 Seiten

S. FISCHER

fi 210/4b

ARTHUR SCHNITZLER

Das dramatische Werk

Taschenbuchausgabe in acht Bänden

BAND 1
Alkandi's Lied - Anatol - Anatols Größenwahn - Das Märchen
Die überspannte Person - Halbzwei - Liebelei

BAND 2
Freiwild - Reigen - Das Vermächtnis - Paracelsus
Die Gefährtin

BAND 3
Der grüne Kakadu - Der Schleier der Beatrice - Silvesternacht
Lebendige Stunden

BAND 4
Der einsame Weg - Marionetten - Zwischenspiel
Der Ruf des Lebens

BAND 5
Komtesse Mizzi oder Der Familientag
Die Verwandlungen des Pierrot - Der tapfere Kassian (Singspiel)
Der junge Medardus

BAND 6
Das weite Land - Der Schleier der Pierrette
Professor Bernhardi

BAND 7
Komödie der Worte - Fink und Fliederbusch
Die Schwestern oder Casanova in Spa

BAND 8
Der Gang zum Weiher - Komödie der Verführung
Im Spiel der Sommerlüfte

FISCHER TASCHENBUCH VERLAG

fi 199/2

ARTHUR SCHNITZLER

Das erzählerische Werk

Taschenbuchausgabe in sieben Bänden

BAND 1

Welch eine Melodie – Er wartet auf den vazierenden Gott
Amerika – Erbschaft – Mein Freund Ypsilon
Der Fürst ist im Haus – Der Andere – Reichtum – Der Sohn
Die drei Elixiere – Die Braut – Sterben – Die kleine Komödie
Komödiantinnen – Blumen – Der Witwer – Ein Abschied
Der Empfindsame – Die Frau des Weisen

BAND 2

Der Ehrentag – Die Toten schweigen – Um eine Stunde
Die Nächste – Andreas Thameyers letzter Brief
Frau Berta Garlan – Ein Erfolg – Leutnant Gustl
Der blinde Geronimo und sein Bruder – Legende
Wohltaten, still und rein gegeben – Die grüne Krawatte

BAND 3

Die Fremde – Exzentrik – Die griechische Tänzerin
Die Weissagung – Das Schicksal des Freiherrn von Leisenbogh
Das neue Lied – Der tote Gabriel – Geschichte eines Genies
Der Tod des Junggesellen – Die Hirtenflöte
Die dreifache Warnung – Das Tagebuch der Redegonda
Der Mörder – Frau Beate und ihr Sohn
Doktor Gräsler, Badearzt

BAND 4

Der Weg ins Freie

BAND 5

Der letzte Brief eines Literaten – Casanovas Heimfahrt
Flucht in die Finsternis – Fräulein Else

BAND 6

Die Frau des Richters – Traumnovelle – Spiel im Morgengrauen
Boxeraufstand – Abenteuernovelle – Der Sekundant

BAND 7

Therese

FISCHER TASCHENBUCH VERLAG

fi 200/1

Fischer Bibliothek

Ilse Aichinger
Die größere Hoffnung
Roman

Rose Ausländer
Mein Atem heißt jetzt
Gedichte

Herman Bang
Sommerfreuden
Roman

Albert Camus
Der Fremde
Erzählung

Joseph Conrad
Herz der Finsternis
Erzählung
Freya von den Sieben Inseln
Eine Geschichte von seichten Gewässern

Tibor Déry
Niki
oder Die Geschichte eines Hundes

William Faulkner
New Orleans
Skizzen und Erzählungen
Der Strom
Roman

Otto Flake
Die erotische Freiheit
Essay

Jean Giono
Ernte
Roman

Albrecht Goes
Das Brandopfer
Das Löffelchen
Zwei Erzählungen

Nadine Gordimer
Gutes Klima, nette Nachbarn
Erzählungen

Manfred Hausmann
Ontje Arps

Ernest Hemingway
Schnee auf dem Kilimandscharo
Das kurze glückliche Leben des Francis Macomber
Zwei Stories

Alice Herdan-Zuckmayer
Die Farm in den grünen Bergen
Das Kästchen
Die Geheimnisse einer Kindheit
Das Scheusal
Die Geschichte einer sonderbaren Erbschaft

Hugo von Hofmannsthal
Reitergeschichte und andere Erzählungen

Franz Kafka
Die Aeroplane in Brescia
und andere Texte

S. Fischer Verlag

fi 188/7a

Fischer Bibliothek

Franz Kafka
Die Verwandlung
Das Urteil
In der Strafkolonie
Drei Erzählungen

Annette Kolb
Die Schaukel
Roman

Sonja Kowalewski
Jugend-erinnerungen

Alexander Lernet-Holenia
Der Baron Bagge
Novelle

Erika Mann
Das letzte Jahr
Bericht über meinen Vater

Golo Mann
Nachtphantasien
Erzählte Geschichte

Heinrich Mann
Schauspielerin
Novelle

Katia Mann
Meine ungeschriebenen Memoiren

Klaus Mann
Kindernovelle

Thomas Mann
Das Gesetz
Erzählung
Herr und Hund
Ein Idyll
Der kleine Herr Friedemann
Der Wille zum Glück
Tristan
Novellen
Der Tod in Venedig
Novelle
Tonio Kröger
Novelle

Herman Melville
Billy Budd
Vortoppmann auf der »Indomitable«

Luise Rinser
Geh fort, wenn du kannst
Novelle
Die rote Katze
Erzählungen
Der schwarze Esel
Roman
Septembertag

Antoine de Saint-Exupéry
Nachtflug
Roman

Paul Schallück
Die unsichtbare Pforte
Roman

S. Fischer Verlag

fi 188/6b

Fischer Bibliothek

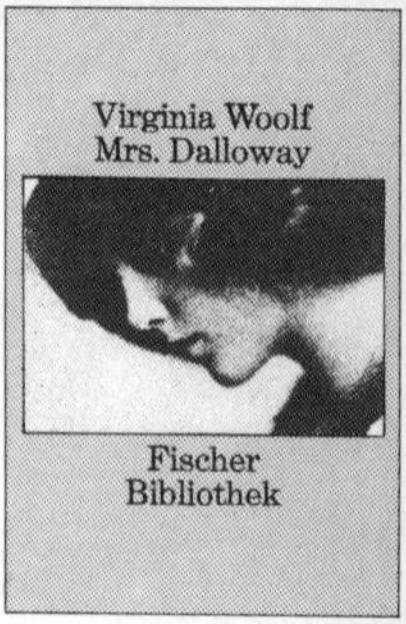

Arthur Schnitzler
Leutnant Gustl
Fräulein Else
Traumnovelle

Inge Scholl
Die Weiße Rose

Abram Terz
(Andrej Sinjawskij)
Klein Zores

Leo N. Tolstoi
Der Tod des
Iwan Iljitsch
Erzählung

Jakob Wassermann
Der Aufruhr um
den Junker Ernst
Erzählung

Franz Werfel
Eine blaßblaue
Frauenschrift

Thornton Wilder
Die Brücke von
San Luis Rey
Roman
Die Frau aus Andros
Roman
Die Iden des März
Roman

Tennessee Williams
Mrs. Stone und ihr
römischer Frühling

Virginia Woolf
Die Fahrt zum
Leuchtturm
Roman
Flush
Die Geschichte eines
berühmten Hundes
Mrs. Dalloway
Roman

Carl Zuckmayer
Die Fastnachts-
beichte
Eine Erzählung
Eine
Liebesgeschichte

Stefan Zweig
Brief einer
Unbekannten
Die Hochzeit
von Lyon
Der Amokläufer
Drei Erzählungen
Erstes Erlebnis
Vier Geschichten
aus Kinderland
Legenden
Schachnovelle
Vierundzwanzig
Stunden
aus dem Leben
einer Frau
Novelle

S. Fischer Verlag

fi 188/7c

Franz Werfel

Das Lied von Bernadette
Roman. Band 1621

Die Geschwister von Neapel
Roman. Band 1806

Der Abituriententag
Roman. Band 1893

Der Tod des Kleinbürgers
und andere Erzählungen. Band 2060

Verdi
Roman der Oper
Band 2061

Die vierzig Tage des Musa Dagh
Roman. Band 2062

Stern der Ungeborenen
Ein Reiseroman. Band 2063

Jeremias. Höret die Stimme
Roman. Band 2064

Der veruntreute Himmel.
Geschichte einer Magd
Roman. Band 5053

Nicht der Mörder, der Ermordete ist schuldig
und andere Erzählungen. Band 5054

Cella oder Die Überwinder
Versuch eines Romans. Band 5706

Jakobowsky und der Oberst
Komödie einer Tragödie. Band 7025

Fischer Taschenbuch Verlag

fi 198/1

Lion Feuchtwanger

Erfolg
Roman. Band 1650

Die Geschwister Oppermann
Roman. Band 2291

Exil
Roman. Bd. 2128

Jud Süß
Roman. Bd. 1748

Goya
Roman. Bd. 1923

Die häßliche Herzogin Margarete Maultasch
Roman. Band 5055

Die Jüdin von Toledo
Roman. Band 5732

Jefta und seine Tochter
Roman. Band 5730

Simone
Band 2530

Ein Buch nur für meine Freunde
Eine Auswahl aus den Essays
Band 5824

Heinrich Heines ›Rabbi von Bacherach‹
Eine kritische Studie
Band 5868

Josephus-Trilogie
Bd. 1: **Der jüdische Krieg**
Roman. Band 5707
Bd. 2: **Die Söhne**
Roman. Band 5710
Bd. 3: **Der Tag wird kommen**
Roman. Band 5711

Die Füchse im Weinberg
Bd. 1: **Waffen für Amerika**
Roman. Band 2545
Bd. 2: **Die Allianz**
Roman. Band 2546
Bd. 3: **Der Preis**
Roman. Band 2547

Die Brüder Lautensack
Roman. Band 5367

Der falsche Nero
Roman. Band 5364

Narrenweisheit oder Tod und Verklärung des Jean-Jacques Rousseau
Roman. Band 5361

Panzerkreuzer Potemkin
Erzählungen. Band 5834

Das Haus der Desdemona
oder Größe und Grenzen der historischen Dichtung. Band 5708

Fischer Taschenbuch Verlag

fi 223/5